Patriotyzm
gospodarczy

ERYK ŁON

Patriotyzm gospodarczy

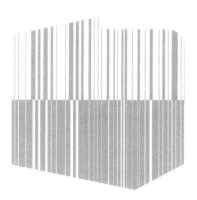

ZYSK I S-KA
WYDAWNICTWO

Copyright © by Zysk i S-ka Wydawnictwo s.j., Poznań 2018
All rights reserved

Recenzja naukowa
Prof. UJ dr hab. inż. Wiktor Adamus

Projekt okładki i stron tytułowych
Agnieszka Herman

Skład komputerowy
Teodor Jeske-Choiński

Wydanie I w tej edycji

ISBN 978-83-8116-229-6

Zysk i S-ka Wydawnictwo
ul. Wielka 10, 61-774 Poznań
tel. 61 853 27 51, 61 853 27 67
Dział handlowy, tel./faks 61 855 06 90
sklep@zysk.com.pl
www.zysk.com.pl

Spis treści

Wstęp 7

Rozdział 1: Naród, państwo i patriotyzm 9
Rozdział 2: Społeczna odpowiedzialność przedsiębiorstwa 35
Rozdział 3: Społeczna odpowiedzialność konsumenta 61
Rozdział 4: Struktura własnościowa polskiej gospodarki 85
Rozdział 5: Etnocentryzm, kosmopolityzm
oraz internacjonalizm konsumencki 105
Rozdział 6: Plan na rzecz Odpowiedzialnego Rozwoju 127
Rozdział 7: Media a patriotyzm gospodarczy 149
Rozdział 8: Waluta narodowa jako atrybut niepodległości 169
Rozdział 9: Rozwój rynku kapitałowego 191
Rozdział 10: Bitwa o polski handel 209
Rozdział 11: Problematyka emigracji 231
Rozdział 12: Praca organiczna wczoraj i dziś 253
Rozdział 13: Czym naprawdę są korporacje? 271
Rozdział 14: Rodzina nadzieją narodu 293

Zakończenie 315

Bibliografia 319
Spis wykresów 327
Spis zdjęć 333
Spis tabel 334
Spis rysunków 334

Wstęp

Od 2007 roku, gdy Narodowy Bank Polski opublikował na swych stronach internetowych mój raport „**Dlaczego Polska nie powinna wchodzić do strefy euro**"[1], zacząłem coraz bardziej wnikliwie zastanawiać się nad tematyką patriotyzmu gospodarczego. Stawiałem sobie wówczas pytanie, jak można rozpropagować idee patriotyzmu w sferze gospodarczej wśród naszych rodaków, szczególnie wśród **polskiej młodzieży**.

Dochodziłem stopniowo do wniosku (szczególnie po habilitacji), że powinienem przeprowadzić cykl publicznych wykładów poświęconych tematyce patriotyzmu gospodarczego. Postanowiłem w ten sposób rozpocząć długoterminowe przygotowania do obchodów **setnej rocznicy niepodległości** Polski przypadającej w 2018 roku.

Wygłoszone przeze mnie wykłady (na przełomie lat 2016/2017) były okazją do przemyśleń nad różnymi aspektami patriotyzmu gospodarczego. Każdy z **14 rozdziałów** książki jest omówieniem odrębnego zagadnienia poruszanego podczas cyklu wykładów z „Patriotyzmu gospodarczego".

Bardzo się cieszę, że te wykłady udało się wygłosić i chciałbym tu podziękować władzom Uniwersytetu Ekonomicznego w Poznaniu za wyrażenie zgody na ich przeprowadzenie, w szczególności Panu rektorowi profesorowi **Maciejowi Żukowskiemu** i Pani prorektor prof. **Annie Gliszczyńskiej-Świgło**.

W sposób szczególny składam podziękowania Panu doc. **Olgierdowi Baehrowi**[2], byłemu członkowi Trybunału Stanu, który wielokrotnie zaszczycał swoją obecnością wykłady dotyczące patriotyzmu gospodar-

---

[1] E. Łon, „Dlaczego Polska nie powinna wchodzić do strefy euro", NBP, (strona internetowa), październik 2007. Raport jest także dostępny pod następującym adresem internetowym: http://analizy-rynkowe.pl/wp-content/uploads/2014/11/raport1.pdf.

[2] Doc. Olgierd Baehr — wieloletni prezes Klubu Inteligencji Katolickiej w Poznaniu. Zasiadał w Prymasowskiej Radzie Społecznej. Zob.: https://pl.wikipedia.org/wiki/Olgierd_Baehr.

czego i podczas owych wykładów zabierał głos w ważnych sprawach dotyczących tej tematyki.

Wyrażam także wdzięczność Pani **Katarzynie Tomczyk** oraz Panu **Piotrowi Tomczykowi**, redaktorowi „Naszego Dziennika", którzy aktywnie uczestniczyli w naszych wykładach. Oboje dzielili się przemyśleniami dotyczącymi idei patriotyzmu gospodarczego.

W tym miejscu muszę wspomnieć o bardzo ważnej kwestii. W dzisiejszych czasach ogromne znaczenie ma promocja, dlatego chciałbym bardzo podziękować doktorantowi Katedry Finansów Publicznych Panu mgr. **Wojciechowi Świdrowi**, który w Internecie (szczególnie poprzez Facebook) promował ten cykl wykładów, a ponadto sporządzał sprawozdania z ich przebiegu.

Wielkie nadzieje pokładam w przedstawicielach najmłodszego pokolenia Polaków z Wojciechem Świdrem na czele, którzy podejmują konsekwentne działania mające na celu propagowanie idei patriotyzmu gospodarczego. To bardzo ważne i cenne.

Szczególne podziękowania chciałbym złożyć wybitnemu znawcy i strategowi rynku kapitałowego Panu **Sławomirowi Kłuskowi**, wykładowcy studiów podyplomowych „**Mistrzowie rynków finansowych**", który od samego początku wspierał wykłady z patriotyzmu gospodarczego i był ich aktywnym uczestnikiem, dając świadectwo głębokiego przywiązania i miłości do Polski.

Cieszy mnie zainteresowanie tematyką patriotyzmu gospodarczego ze strony wykładowców akademickich, studentów, przedsiębiorców i innych osób.

Rozdział 1: Naród, państwo i patriotyzm

Na początku rozważań niniejszej książki warto zaznajomić się z pewnymi zagadnieniami wstępnymi. Są one bardzo ważne i sygnalizują wagę problemów, które będzie się omawiać w kolejnych fragmentach.

Oglądając różnego typu audycje telewizyjne, słuchając audycji radiowych, czytając prasę, korzystając z Internetu, spotykamy się często z pojęciem **narodu**[3]. Mówi się bowiem o narodzie, o narodach. Powstaje tu pytanie: Właściwie czym jest naród? Jak można to pojęcie zdefiniować? Jak wkomponowuje się ono w pojęcie patriotyzmu[4], a następnie w pojęcie **patriotyzmu gospodarczego**[5]?

Myślę, że aby na te pytania odpowiedzieć, każdy z nas może zapytać siebie, do jakiego należy narodu. Zapewne dla wielu z nas odpowiedź jest dość oczywista, przynależność narodowa jest dosyć silna i jednoznaczna. Myślę, że dla większości z nas pojęcie narodowość polska jest bardzo ważne i naturalne jako coś, co nas określa[6]. Dla części z nas jest to innego typu określenie narodowe, dlatego że jesteśmy oczywiście różni.

Warto zauważyć, że pojęcie narodu nie jest jednoznacznie definiowane[7]. Możemy bowiem patrzeć na pojęcie narodu z dwóch punktów widzenia. Jeden to punkt widzenia **etniczny**, a drugi to punkt widzenia **obywatelski**[8]. Na czym polegają różnice między nimi?

---

[3] Z dziejów polskiego patriotyzmu, pod red. J. Kloczkowskiego, Ośrodek Myśli Politycznej, Kraków 2007. Zob. także: T. Żyro, Wstęp do politologii, Wydawnictwo PWN, Warszawa 2010, s. 30–33.

[4] Oblicza patriotyzmu, pod red. J. Sadowskiego, Wydawnictwo WAM, Kraków 2009.

[5] E. Łon, Polski Exim Bank, „Bank", 2004, nr 11, s. 20.

[6] Z dziejów polskiego patriotyzmu, op. cit., s. 320–331.

[7] M. Barwiński, Pojęcie narodu oraz mniejszości narodowej i etnicznej w kontekście geograficznym, politycznym i socjologicznym, „Acta Universitatis Lodziensis. Folia Geographica Socio-Oeconomica", 2004, nr 5, s. 59–72.

[8] Oblicza patriotyzmu, op. cit., s. 15–20.

Otóż z etnicznego punktu widzenia naród jest pewną wspólnotą, którą łączy silna świadomość członków tej wspólnoty, poczucie tego, że tworzą jedną grupę. Wyrasta ono bardzo często z posługiwania się przez wspólnotę tym samym **językiem ojczystym** i odwoływania się do pewnej wspólnotowej **kultury**, do przeszłości, czyli do pewnej tożsamości historycznej[9]. Warto zauważyć, że z takiego punktu widzenia można czuć się **Polakiem**, mieszkając w Polsce[10]. A przecież wiemy, że część naszych rodaków mieszka za granicą i też czuje się Polakami[11]. Widzimy zatem, że to ujęcie wspólnotowe, można powiedzieć świadomościowe, poczucie tego, że „jestem Polakiem", jest ujęciem nawiązującym do pewnego pochodzenia etnicznego, do pewnego wspólnego pnia, poczucia związanego silnie z tym, o czym już mówiliśmy, czyli właśnie z językiem polskim[12].

Naród w sensie etnicznym może być także pojęciem związanym z pewną charakterystyką religijną. Naród polski związany jest bardzo silnie z **katolicyzmem**[13], choć nie wszyscy są katolikami, to jednak odczuwamy, iż tradycja polska i tradycja katolicka się przenikają. Przykładem tego jest tradycja obchodzenia dnia **Wszystkich Świętych** oraz tradycja obchodzenia **imienin**. Wynika to z tego, że w katolicyzmie bardziej obchodzi się imieniny, a urodziny w krajach bardziej protestanckich lub innych[14].

Imieniny są tak ważne w krajach katolickich, gdyż upamiętniają one **chrzest** każdego człowieka i są równocześnie wspomnieniem patrona (świętego) chrześcijańskiego o tym imieniu. Ów święty patron ma być wzorem do naśladowania dla młodego człowieka.

---

[9] M.G. Bartoszewicz, Odnowić oblicze ziemi. Patriotyzm w nauczaniu Jana Pawła II, w: Solidarność krok po kroku, Centrum Myśli Jana Pawła II, Warszawa 2015.

[10] Oblicza dumy Polaków, konferencja WSKSiM z 25 stycznia 2017 roku.

[11] J. Łopuszański, O Polskę zgodną z wolą Bożą, Porozumienie Polskie, Warszawa 2014.

[12] G. Masłowska, „Jak budować polską wspólnotę", Blog „Naszego Dziennika", wpis z 3 czerwca 2015 roku.

[13] M. Ryba, Odkładać wczoraj i dziś, Wydawnictwo Prohibita, Warszawa 2014.

[14] Młodzieżowe Forum Chrześcijańskie, Skąd imieniny?, Czat z 2007 roku.

NARÓD, PAŃSTWO I PATRIOTYZM

Drugie podejście do pojęcia narodu można nazwać podejściem obywatelskim. Wówczas zakłada się, że naród to wspólnota wszystkich obywateli danego państwa[15]. Popatrzmy np. na państwo polskie. Gdybyśmy przyjęli, że ogół wszystkich naszych obywateli to naród (w sensie obywatelskim, inaczej mówiąc w sensie politycznym), to właśnie **ogół wszystkich obywateli** stanowi naród polski. Warto zauważyć, że w skład narodu rozumianego po obywatelsku wchodzą także i ci, którzy np. mówią po niemiecku, ukraińsku lub białorusku, i jest to dla nich język ojczysty. W każdym razie w skład tej grupy wchodzą różne osoby, które mają różne pochodzenie etniczne. Ale razem tworzą naród obywatelski. Nawiasem mówiąc, przedwojenny polski ekonomista, prof. **Stanisław Głąbiński** mawiał, że dla niego pojęcie np. **gospodarki narodowej** odnosi się do gospodarki danego kraju niezależnie od tego, czy w danym kraju żyje tylko jeden naród, czy też są może nawet silne mniejszości narodowe (w sensie etnicznym)[16].

Widzimy zatem, że pojęcie narodu w sensie obywatelskim jest dość często spotykane i można powiedzieć, że jest używane w mediach często w kontekście także **prawnym**. Dlaczego mówię o kontekście prawnym? Otóż dlatego, że pojęcie narodu występuje również w preambule do naszej **Konstytucji** (Konstytucji RP), gdzie mówi się, iż naród stanowią wszyscy obywatele, tj. wszyscy obywatele państwa zwanego Rzeczpospolitą Polską[17].

Warto zauważyć, że jest to właśnie rozgraniczenie, o czym była już mowa, na naród rozumiany etnicznie jako wspólnotę połączoną silną świadomością wyrastania z jednego pnia oraz naród rozumiany obywatelsko jako ogół wszystkich obywateli.

---

[15] Oblicza patriotyzmu. Rozprawy i szkice, pod red. H. Kieresia, Wydawnictwo WSKSiM, Toruń 2007, s. 154–182.

[16] S. Głąbiński, Ekonomika narodowa, Narodowa polityka ekonomiczna, Wyd. Ateneum, Lwów 1928.

[17] Preambuła Konstytucji RP oraz m.in. art. 1 i 35.

To pojęcie oczywiście dwojako rozumiane, może bowiem wchodzić w pewien konflikt. Jednak ta tożsamość etniczna jest silna dlatego, że dochodzi czasami do konfliktów z mniejszościami narodowymi[18] i to pokazuje znaczenie, wagę tej etnicznej definicji narodu.

W końcu nasze państwo też troszczy się o Polaków mieszkających za granicą, nawet jeśli są oni obywatelami innych państw[19]. To pokazuje wagę właśnie narodowości jako wspólnoty etnicznej. Warto o tym pamiętać i o tym dyskutować bardzo spokojnie i rzeczowo. Dlatego, że można by sobie teoretycznie wyobrazić, iż na świecie np. są tylko ludzie i każdy definiuje się jako człowiek, a jednocześnie w ogóle nie ma żadnych narodowości. Tylko nawet gdyby ktoś bardzo chciał, żeby tak było, to przecież tak się stać nie może i praktycznie jest to prawie niewykonalne, bo jednak ta **przynależność narodowa** jest wciąż silna.

Dlatego właśnie warto dyskutować o narodach, ponieważ one rzeczywiście występują i te ujęcia etniczne i obywatelskie wciąż mają znaczenie dla opisu różnych zjawisk, takich jak patriotyzm, w tym patriotyzm gospodarczy[20].

Oczywiście powstaje tu pytanie właśnie o to, czym charakteryzuje się naród w sensie etnicznym. Można tu podkreślić szczególnie ważną dla członków wspólnoty narodowej rolę **wspólnego języka**. W naszym przypadku chodzi rzecz jasna o szczególną rolę języka polskiego.

Ciekawe badania na swych łamach przytoczył w 2014 roku dziennik „Rzeczpospolita". Instytut Badań Rynkowych i Społecznych „IBRIS" przeprowadził wówczas sondaż wśród Polaków, gdzie zadawano m.in. pytanie, z czym kojarzy się ankietowanym pojęcie niepodległości[21]. To było

---

[18] M. Krąpiec, Rozważania o narodzie, Instytut Edukacji Narodowej, Lublin 1998.
[19] Jan Paweł II, Pamięć i tożsamość, Wydawnictwo Znak, Kraków 2005, s. 65–83.
[20] E. Łon, „Jestem naukowcem polskim, więc mam obowiązki polskie", wywiad dla PAP z 30 stycznia 2017 r. Tekst jest dostępny na stronie: http://eryklon.pl/.
[21] E. Olczyk, Niepodlegli mówią po polsku, „Rzeczpospolita" z 10 listopada 2014 roku.

pytanie zadane w kontekście **Święta Niepodległości**. Wówczas ankietowani odpowiadali, że im się niepodległość kojarzy z **językiem ojczystym**.

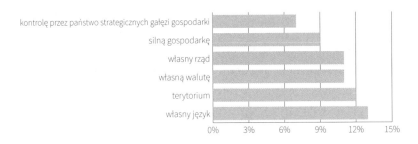

Wykres 1: Badania na temat patriotyzmu Polaków w 2014 roku. Źródło: opracowanie własne na podstawie badań sondażowych „IBRIS" w 2014 roku.

Warto zauważyć, że to jest bardzo ważne także w sferze gospodarczej. Dlaczego? Dlatego, że język jest tym zjawiskiem, które często podlega różnym wpływom związanym z **globalizacją**[22].

Po prostu istnieją dwie siły. Jest taka siła, która prowadzi do tego, aby wszystko w skali światowej ujednolicać, np. żeby używać jednego tylko języka, w obecnym wieku jest to **język angielski**. To właśnie ujednolicanie w skali ogólnoświatowej jest wynikiem globalizacji. Często jednak to tworzy pewne obronne ruchy. Można powiedzieć, że poczucie narodowe wtedy rośnie jako wyraz pewnego sprzeciwu wobec zbyt dużego ujednolicania i dominującej roli języka angielskiego. Warto zauważyć, że coraz częściej nawet w **mowie potocznej** język polski jest zastępowany przez język angielski[23].

---

[22] M. Krąpiec, Język i świat realny, Wydawnictwo KUL, Lublin 2015.

[23] G. Masłowska, „Jeżeli naród polski straci swój język ojczysty, przestanie istnieć", Blog „Naszego Dziennika", wpis z 13 czerwca 2013 roku.

W sferze gospodarczej zjawisko przenikania języka angielskiego też się dokonuje. Choć są pewne podmioty gospodarcze, które w swoim przekazie medialnym podkreślają, że są podmiotami polskimi, np. podają **nazwę w języku polskim**. Widzimy tutaj różnego typu **tendencje** zachodzące w życiu gospodarczym, które mają charakter globalizacyjny. Takim przykładem jest nazywanie **miejsc w pracy** w przedsiębiorstwach nazwami z języka angielskiego, tj. np. używanie w korporacjach w dyskusjach czy korespondencji mailowej nadmiernej liczby słów języka angielskiego.

Taka tendencja występuje również w bliskiej mi sferze finansowej, gdzie dokonuje się bardzo często rozpowszechnianie języka angielskiego **kosztem języka polskiego**.

Warto pamiętać, że oczywiście znajomość języków obcych jest **pożyteczną umiejętnością**. Można powiedzieć, że język angielski jest bardzo ważny. Jeżeli jednak chcemy zachować poczucie narodowe, zwłaszcza w sensie narodu etnicznego, to powinniśmy dbać o **zachowanie języka polskiego**. Mamy tutaj pewnego typu okazję do refleksji o tym, w jaki sposób kiedyś walczono o język polski, a jak dzisiaj to można czynić.

Z lekcji historii pamiętamy zapewne, że **dzieci z Wrześni**[24] były za to prześladowane w czasie zaborów przez niemieckich nauczycieli, że chciały się modlić po polsku. Wówczas germanizacja i rusyfikacja zmierzały do wyeliminowania języka polskiego i do promocji języka niemieckiego i rosyjskiego w obu zaborach.

Tymczasem dziś prawdopodobnie jest tak, że nadmierna ekspansja pojęć z języka angielskiego jest pewnym wyzwaniem. Nie wiemy dziś, w jakim kierunku to pójdzie. To od nas zależy, czy będziemy starali się jednak używać tam, gdzie to możliwe, **pojęć polskich**, czy będziemy jednak często nawiązywali do pojęć angielskich, używali ich bardzo często

---

[24] M. Konopnicka, Rota, „Przodownica", Kraków 1908.

nawet tam, gdzie nie jest to potrzebne. Dlatego, że to ma także swój ważny wymiar kulturowy, a powiedziałem o tym, że wedle ankietowanych przez dziennik „Rzeczpospolita" język ojczysty ma tak wielkie znaczenie z punktu widzenia tworzenia właśnie czegoś, co ankietowani nazwali niepodległością.

Oczywiście mówiąc o niepodległości, mówi się też o innych elementach. Jednak w ramach narodu rozumianego etnicznie, duże znaczenie ma też odwoływanie się do kultury narodowej, w szczególności np. do literatury, czy też do różnego typu publikacji w postaci **lektur szkolnych**, a także do **historii**.

Widzimy tutaj, że poszczególne narody się różnią. Warto podać pewien przykład. Mianowicie kiedyś, jeszcze kilkanaście lat temu, w telewizji publicznej był program **„Europa da się lubić"**. Prowadziła go dziennikarka Monika Richardson. W tym programie telewizyjnym występowali przedstawiciele różnych narodowości: Niemiec, Francuz, Grek, Duńczyk i inni. Każdy z uczestników programu mówił o swoich tradycjach narodowych, o tym co w jego kraju jest szczególnie typowe, co jest cechą charakterystyczną. Dlatego właśnie można powiedzieć, że mimo iż program nazywał się „Europa da się lubić", to jednak tak naprawdę okazało się (może nawet wbrew intencjom autorów tego programu), że **narody istnieją**, funkcjonują, mają swoje tradycje, zwyczaje, wady i zalety, mają swoje cechy narodowe. Okazuje się zatem, że to nie Europa, ale to **„Narody dadzą się lubić"**. Narody bowiem wciąż istnieją, narody wciąż trwają. One są wielkim wyzwaniem dla ekonomistów.

Podam pewien przykład. Na Uniwersytecie Ekonomicznym w Poznaniu spotykamy się z różnymi wykładowcami i możemy tych wykładowców różnie określić. Mówi się często: ten wykładowca jest pracownikiem katedry takiej czy innej. Katedry jednak mają swoje nazwy. Jeszcze do niedawna istniała na tej uczelni **Katedra Badań nad Gospodarką Narodową**. Ona potem została połączona z inną katedrą. Być może warto by w przyszłości wrócić do tego cennego pojęcia. Może powstanie znów Katedra Badań nad Gospodarką Narodową. Przecież to właśnie wynikało z przekonania, że takie pojęcie jak **gospodarka narodowa** występuje, że ono się łączy z pojęciem narodu. Warto być może po jakichś zmianach do nazewnictwa tych katedr wrócić. To pokazuje, jak wielkie znaczenie dla nas ekonomistów ma pojęcie narodu.

Warto podać jeszcze jeden przykład. Gdy mówimy o wskaźnikach dobrobytu społecznego, o tym co się łączy z poziomem życia, z sytuacją gospodarczą w danym kraju, to mamy przecież różne wskaźniki. Mamy Produkt Krajowy Brutto, ale mamy też **Produkt Narodowy Brutto**. To jest kwestia pokazania różnic między tymi dwoma pojęciami. Samo to, że pojęcie Produktu Narodowego Brutto odnosi się też do **struktury danej gospodarki** pokazuje, że wciąż problem narodu jest istotny w tym znaczeniu, że narody istnieją, są pewnym faktem obiektywnym. Ekonomista zatem powinien uwzględnić fakt istnienia narodów w swoich analizach. Pojęcie gospodarki narodowej warto wciąż poddawać refleksji w kontekście samego istnienia narodu.

Gospodarka narodowa jako gospodarka danego kraju (podejście prof. Stanisława Głąbińskiego)[25] mimo wszystko jest jednak związana z jakimś przeważającym narodem. To nie jest tak, że w różnych krajach jest wiele narodów i nie ma żadnego narodu dominującego w danym kraju.

Zasadniczo jednak większość państw na świecie są to **państwa narodowe** w tym sensie, że mamy w danym państwie jeden dominujący naród i mniejszości narodowe. Natomiast tych państw, gdzie jest wiele narodów i gdzie one są tak równomiernie wielkie, nie ma zbyt dużo.

Warto podać tu przykład nawiązujący do **historii Polski**[26]. Można powiedzieć, że w przeszłości były takie przypadki, że państwo polskie było

---

[25] S. Głąbiński, Nauka o skarbowości, Nakładem autora, Lwów 1925.
[26] Polskość jest przywilejem, pod red. J. i L. Sosnowskich, Biały Kruk, Warszawa 2016, s. 119–123.

państwem wielonarodowym, chociażby przed II wojną światową (II Rzeczpospolita). Było wówczas wiele narodów. Podobnie z państwem wielonarodowym mieliśmy do czynienia za czasów Polski Jagiellonów (unia lubelska). Jednak obecnie mamy Polskę raczej w duchu państwa narodowego w tym znaczeniu, że dominuje naród polski, a mniejszości narodowych jest mimo wszystko stosunkowo mało.

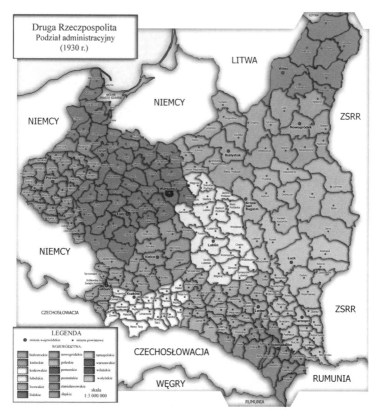

Rysunek 1: Mapa Polski w okresie międzywojennym. Źródło: https://pl.wikipedia.org/wiki/Historia_Polski_(1918%E2%80%931939).

To jest pewien fakt i warto dokonywać ciągłej refleksji nad pojęciem narodu i w sensie etnicznym, i w sensie obywatelskim, a także nad pojęciem gospodarki narodowej. Wszystko to jest bowiem ważne i warto poddawać to refleksjom w swoich pracach **magisterskich**, **doktorskich** czy **habilitacyjnych**. Warto też nawiązywać w ten sposób do bardzo pięknej tradycji Uniwersytetu Ekonomicznego w Poznaniu, gdzie istniała kiedyś Katedra Badań nad Gospodarką Narodową.

Rysunek 2: Mapa współczesnej Polski. Źródło: https://pl.wikipedia.org/wiki/Polska.

Skoro istnieją narody, to powstaje pytanie, do czego te **narody mają prawo**? Otóż można powiedzieć, że skoro są to pewne wspólnoty, to członkowie danego narodu chcą posiadać pewne prawa. Takim podstawowym prawem narodu jest prawo do posiadania **własnego państwa**[27].

---

[27] Repolonizacja Polski, pod red. J. i L. Sosnowskich, Biały Kruk, Warszawa 2016, s. 12–50.

W tym kontekście można mówić o tym, że dany naród przez dane państwo żyje, funkcjonuje[28]. Tak samo jak **mamy rodziny**. Rodzina ma prawo do życia w swoim mieszkaniu. Tak samo naród ma prawo do życia w swoim państwie. Każdy naród gdzieś jest usytuowany, ma jakby swoją bazę. Można powiedzieć ma swoje **gniazdo,** ma swoją taką „norę". To pokazuje, że naród ma prawo do własnego państwa.

Konwencja z Montevideo z 1933 roku określa państwo jako podmiot prawa międzynarodowego posiadający: stałą **ludność,** suwerenną **władzę,** określone **terytorium** oddzielone od innych granicą oraz zdolność wchodzenia w **relacje** międzynarodowe.

Z pojęciem państwa wiąże się pojęcie **suwerenności,** które też można różnie definiować[29]. Osobiście bliskie mi jest pojęcie suwerenności, które dotyka kwestii kompetencji państwa, czyli **uprawnień do decydowania.** Otóż to jest tak ważne, że nasza konstytucja przewiduje, że gdy Polska przekazuje kompetencje do decydowania w ręce zewnętrzne, to musi się to odbyć za pomocą oficjalnej procedury.

Mianowicie **art. 90** naszej polskiej konstytucji mówi, że gdyby Polska chciała w niektórych sprawach przekazać kompetencje w ręce organu ponadnarodowego, np. w ręce Unii Europejskiej, to musi się to odbyć za pomocą zgody wyrażonej w **referendum,** albo jeżeli odbywa się głosowanie w sejmie i senacie, to musi się zebrać odpowiednia większość, żeby można było te kompetencje przekazać[30]. Problem prawa do decydowania o swoich losach przez naród mieszkający w państwie jest bardzo ważny. Jeżeli się go narodom zabiera, gdy dużo uprawnień państwa narodowego się go pozbawia, to jest to poważne **ograniczenie suwerenności** danego kraju.

---

[28] R. Rybarski, Naród jednostka i klasa, Nakładem Gebethnera i Wolffa, Kraków 1926.
[29] T. Kubin, Polityczne implikacje wprowadzenia unii walutowej w Europie, Wydawnictwo Uniwersytetu Śląskiego, Katowice 2007, s. 149–163.
[30] J. Mazur, Likwidacja polskiego złotego likwidacją polskiego państwa, Tygodnik „Głos" z 1 lipca 2002 roku. Zob.: http://free.of.pl/w/wolnapolska/likwidacjapanstwapolskiego.htm.

Dzisiaj odbywa się to nie pod przymusem, ale poprzez **namawianie** do **przekazywania** tych **kompetencji**. Jeśli ten proces dokonuje się zbyt daleko, to rodzi się bunt. Na tym polega ta sytuacja, z którą mamy dziś do czynienia w Wielkiej Brytanii.

Moje pokolenie uczono, że integracja europejska jest takim procesem, gdzie właściwie poszczególne państwa do niej przystępują, budują ją[31]. Natomiast nie było mowy o tych procesach odwrotnych, które dzieją się dziś. Nie było bowiem takiego przypadku, aby dane państwo z Unii Europejskiej wystąpiło. Okazuje się, że teraz mamy ten proces, gdyż Wielka Brytania w referendum zdecydowała, że chce wyjść z Unii Europejskiej.

Warto wskazać, że państwo narodowe wydaje się bardziej zgodne. Z tego powodu **Unia Europejska** jest **eksperymentem**. Jest to twór ponad- i wielonarodowy. Może się rozpaść. Przykład Wielkiej Brytanii to pokazuje.

Zdaniem **prof. Lecha Morawskiego**, do Unii Europejskiej można odnosić metodę analizy typowej dla analizy państwa. W Unii Europejskiej występują bowiem **kompetencje wyłączne i dzielone**. Wyróżnia się tu też kompetencje do koordynowania, wspierania. Oznacza to, że UE może prowadzić działania mające na celu wspieranie, koordynowanie lub uzupełnianie działań państw członkowskich. Unia Europejska jest więc czasem traktowana jako **superpaństwo**. Formalnie jednak nadal Rzeczpospolita Polska jest państwem. Istnieje bowiem możliwość wyjścia z Unii Europejskiej. Można zauważyć, że zwiększanie kompetencji Unii Europejskiej zmniejsza zaufanie do tej organizacji.

Te procesy, które zachodzą obecnie w Unii Europejskiej, pokazują, jak wielką wagę ma problem suwerenności, problem prawa do decydowania. Jest to kwestia, która ma szereg rozmaitych aspektów. Osobiście

---

[31] J. Mazur, Unia walutowa jako instrumentalna przesłanka zbieżności makroekonomicznej państw członkowskich Unii Europejskiej, cykl artykułów opublikowanych na przełomie lat 2002–2003 w tygodniku „Głos". Zob.: https://ligaswiata.blogspot.com/2012/08/unia-walutowa--jako-instrumentalna_5349.html.

o tym często pisałem we wspomnianym na początku książki raporcie „Dlaczego Polska nie powinna wchodzić do strefy euro", opublikowanym na stronie internetowej NBP w roku 2007. W raporcie tym wskazuję na to, że problem suwerenności jest związany także z prawem do posiadania własnej **waluty narodowej** i własnego **banku centralnego**[32]. Będziemy w jednym z fragmentów niniejszej książki tę kwestię omawiali. Są to sprawy ogromnie istotne dla **współczesnego pokolenia** Polaków i **przyszłych** pokoleń.

To podejście do problemu suwerenności teraz się zmienia. Kiedy to pisałem w 2007 roku, większość ekonomistów w Polsce opowiadała się za wejściem do strefy euro. Mówiło się, że trzeba przyjąć euro i to jak najszybciej. Dziś się to zmieniło. Jednak występuje ta refleksja i to jest bardzo ważne. Mówiąc o suwerenności i pokazując przykład Wielkiej Brytanii, powinniśmy też pamiętać o tym, że są inne przykłady krajów, które bardzo dbają o to, żeby za bardzo tych swoich kompetencji, **swojej suwerenności** rozumianej jako prawo do decydowania, nie przekazywać w ręce zewnętrzne. Szczególnie chodzi o to, aby nie przekazywać zbyt dużej ilości kompetencji w wielu obszarach.

Warto podkreślić w tym miejscu, że były referenda organizowane w przeszłości, np. w **Danii, Szwecji i Norwegii**. W Norwegii było referendum na temat wejścia do EWG, a potem do Unii Europejskiej[33]. Okazuje się, że Norwegowie powiedzieli Unii Europejskiej: nie! Również w Szwajcarii przeprowadzono referendum na temat tego, czy Szwajcarzy chcą, aby w ogóle rząd rozpoczynał negocjacje o wejściu do Unii Europejskiej. W tym przypadku też była odpowiedź dla Unii Europejskiej: nie! Podobnie w Danii czy Szwecji, gdzie było pytanie, czy przyjąć euro, czy

---

[32] E. Łon, „Stabilność jako atut w polskiej polityce pieniężnej", wywiad dla PAP z 12 czerwca 2017 roku. Tekst jest dostępny na stronie: http://eryklon.pl/.
[33] Ks. biskup E. Frankowski, Kościół w obronie Polski. Homilia dla rolników w Godziszowie, „Nasz Dziennik" z 6 stycznia 2003 roku.

pozostawić własną walutę, też obywatele tych państw odpowiedzieli, że chcą **zachować własną walutę**[34].

To pokazuje, że wtedy, gdy narody są pytane o swe podstawowe **prawa suwerenne** (mówimy o pojęciu narodu w sensie etnicznym), to problem suwerenności okazuje się bardzo ważny[35]. Natomiast oczywiście też trzeba sobie powiedzieć, że pewną metodą namawiania narodów do rezygnacji ze swoich kompetencji jest oferowanie im tzw. **funduszy unijnych**[36]. Po prostu jest to przekonywanie ich, że dzięki tym wszystkim funduszom kraje mogą się szybciej rozwijać. Wówczas narody te swoje kompetencje chętniej przekazują w ręce zewnętrzne, w ręce tego, kto im te fundusze oferuje. Jednak może to być postrzegane różnie, dlatego że w pewnych sprawach nawet w przypadkach krajów uboższych też odżywa silny impuls zachowania suwerenności, także w zakresie **polityki pieniężnej** (np. Węgry czy Czechy).

Warto też przytoczyć słowa **św. Jana Pawła II**, który podkreślał, iż Polska, stając się członkiem Unii Europejskiej, **nie może stracić** niczego ze swoich dóbr materialnych i duchowych, których za cenę krwi broniły pokolenia naszych przodków[37]. Te słowa polskiego papieża są bardzo ważne w kontekście obrony takich polskich dóbr jak: ziemia, własność przedsiębiorstw oraz waluta narodowa.

W tym kontekście warto wskazać na rolę ziemi. Można przywołać przemyślenia **Wawrzyńca Surowieckiego**, który wskazywał na to, że duże znaczenie posiada **własność rzeczy nieruchomych,** gdyż utrwala ona przywiązanie do swojego kraju[38]. Jeśli bowiem konkretny czło-

---

[34] S. Kłusek, Z punktu widzenia zwolennika polskiego złotego, Informator Bankowości Spółdzielczej z 12 listopada 2008 roku. Zob.: http://www.ibs.edu.pl/content/view/1696/106/.

[35] S. Kłusek, Czym jest polityka, Informator Bankowości Spółdzielczej z 19 stycznia 2009 roku. Tekst jest dostępny na stronie: http://www.ibs.edu.pl/content/view/1940/28/.

[36] T. Cukiernik, Dziesięć lat w Unii. Bilans członkostwa, Wektory, Wrocław 2015, s. 79–135.

[37] Abp S. Gądecki, abp M. Jędraszewski, Dekalog, Wydawnictwo Świętego Wojciecha, Poznań 2016, s. 70–100.

[38] Z dziejów polskiego patriotyzmu, op. cit., s. 11–15.

nek narodu posiada tyko rzeczy ruchome, to zawsze może je szybko sprzedać albo się przenieść do innego kraju. Natomiast posiadając rzeczy nieruchome (ziemię, budynki itd.), jest bardziej ze swoim krajem związany.

Poza tym im więcej członków narodu będzie posiadać **własną ziemię** i inne nieruchomości, tym bardziej będą zdeterminowani bronić swej ojczyzny przed zewnętrznymi zagrożeniami. Dlatego tak ważne znaczenie ma ochrona własności ziemi. Warto wskazać na to, że członkowie narodu, posiadając różne **dobra materialne,** np. będąc przedsiębiorcami, przyczyniają się do wzrostu powszechnego dobrobytu i jest to także ważne w kontekście rywalizacji z wielkimi **korporacjami,** których znaczenie na przestrzeni ostatnich kilkudziesięciu lat istotnie wzrosło.

Mówiąc o aspekcie suwerenności, dotykamy tutaj kwestii i państwa, i **symboli narodowych** związanych z faktem istnienia państwa. Takie ważne symbole to: **flaga i godło**[39]. Dlatego o tym mówię, ponieważ tu na zdjęciu widzimy członków **Rady Polityki Pieniężnej,** czyli instytucji, do której mam zaszczyt należeć.

Okazuje się, że jeszcze do niedawna było tak, że na ścianie pokoju, gdzie obraduje Rada Polityki Pieniężnej, wisiał obraz, który miał charakter pejzażu nienawiązującego do symboliki narodowej. Natomiast teraz pojawiła się flaga i godło. To bardzo ważne, bo to pokazuje istotne znaczenie tych symboli narodowych.

Dużą rolę współcześnie w umacnianiu tożsamości narodowej rozumianej etnicznie, ale też i obywatelsko, odgrywa **sport.** Oczywiście reprezentacje narodowe wciąż występują i można się spotkać nawet z informacją, że zgłaszane są takie postulaty, żeby na koszulkach reprezentantów narodowych pojawiła się **flaga unijna.** To stanowisko zostało jednak

---

[39] Ustawa o godle, barwach i hymnie Rzeczypospolitej Polskiej oraz o pieczęciach państwowych z dnia 31 stycznia 1980 roku, tekst jednolity Dz.U. z 2016, poz. 625.

Zdjęcie 1: Członkowie Rady Polityki Pieniężnej IV kadencji. Patrząc od lewej: Eryk Łon, Łukasz Hardt, Jerzy Żyżyński, Marek Chrzanowski, Jerzy Osiatyński, Adam Glapiński, Grażyna Ancyparowicz, Jerzy Kropiwnicki, Kamil Zubelewicz, Eugeniusz Gatnar. Źródło: NBP.

odrzucone[40]. Zdecydowanie przeciwny temu pomysłowi był znany polski piłkarz **Jan Tomaszewski**. Okazuje się, że to jest przesada, że jednak na to się przedstawiciele poszczególnych krajów zgodzić nie chcą i to jest jak najbardziej naturalne.

Mówiąc o fladze, o godle, warto zwrócić uwagę, że te symbole są ważne dlatego, że one okazują się wartościowe w różnych momentach życia narodu i tych bardziej **radosnych,** i tych bardziej **tragicznych**. Kiedy reprezentacja Polski w piłce nożnej czy innych dyscyplinach sportu odnosi sukces, to wówczas właśnie pojawia się flaga narodowa i Polacy manifestują w ten sposób swoją radość i **dumę narodową**. Kiedy zaś doszło do tragedii w Smoleńsku, wielu Polaków, którzy pełnili funkcje publiczne, straciło życie, to też **żałoba** odbywała się pod **flagą biało--czerwoną,** a nie flagą unijną.

---

[40] J. Apelska, Polscy piłkarze z flagą UE na koszulkach?, „Wprost" z 14 marca 2012 roku. Tekst jest dostępny pod adresem: https://www.wprost.pl/tylko-u-nas/310942/Polscy-pilkarze--z-flaga-UE-na-koszulkach-Przyglupy-siedza-i-cos-wymyslaja.html.

To pokazuje wyraźnie, że naród też żyje poprzez to, że odwołuje się do symboli. To wszystko zatem świadczy, że narody istnieją, że symbole narodowe mają znaczenie, że narody w procesach związanych z integracją chcą zachować pewną suwerenność w swoich decyzjach, co wpływa też na życie gospodarcze, m.in. na to do jakiego stopnia poszczególne przedsiębiorstwa odwołują się w swoich kampaniach reklamowych, np. do **pojęcia polskości**, do pojęcia patriotyzmu.

Bardzo ważną rolę w procesie **jednoczenia** naszych rodaków odgrywają także **pieśni patriotyczne**. Kluczowe znaczenie ma oczywiście **hymn** narodowy „Jeszcze Polska nie zginęła". Warto jednak także wspomnieć o istotnym znaczeniu „**Roty**" **Marii Konopnickiej**. Znaczenie „Roty" jako jednej z najważniejszych pieśni patriotycznych jednoczących Polaków w walce o niepodległość zostało bardzo trafnie przedstawione w filmie dokumentalnym pt.: „Rota — pieśń dumy i chwały"[41].

Także inne pieśni utrwalają jedność Polaków. „**Bogurodzica**" albo pieśń „**Boże coś Polskę**" mogą być przedmiotem szacunku bardzo wielu osób, nie tylko osób wierzących. Pieśni te są bowiem wyrazem dążeń do jednoczenia naszych rodaków. Warto zauważyć, że odwoływanie się w „**Rocie**" czy w pieśniach „**Bogurodzica**" oraz „**Boże coś Polskę**" do imienia **Pana Boga** wyraźnie podkreśla **chrześcijańskie źródła** naszej rodzimej kultury. Dlatego tak ważne jest, aby w mediach, zwłaszcza publicznych, prezentowane były powyższe pieśni, w tym przede wszystkim hymn narodowy oraz „Rota"[42]. Warto pochwalić wszelkie przejawy promocji tych pieśni. Przykładowo hymn nadawany jest w Polskim Radio w programie I, a „Rota" w poznańskim Radio „Merkury".

Warto także podkreślać rolę innych pieśni oraz **piosenek**, które niosą przesłanie patriotyczne, np. piosenki Andrzeja Rosiewicza „**Pytasz**

---

[41] Film ten można obejrzeć pod następującym adresem: https://www.youtube.com/watch?v=96unhkyNr74.

[42] Pieśń „Rota" jest dostępna pod adresem: https://www.youtube.com/watch?v=EQ016cSV--AI.

mnie", piosenki Ireny Santor "**Powrócisz tu**", piosenki "**Jak długo w sercach naszych**" wykonywanej przez Jacka Lecha[43] lub innych piosenek, np. Braci Golców "**Młody maj**" czy zespołu Bayer Full "**Bo wszyscy Polacy to jedna rodzina**". Warto podkreślić, iż ta ostatnia piosenka często jest wykonywana na uroczystych koncertach, gdyż jednoczy Polaków różnych pokoleń. Piosenka "Bo wszyscy Polacy to jedna rodzina" była wykonywana m.in. na zakończenie koncertu charytatywnego w Kielcach 19 sierpnia 2017 roku. Koncert ten był zorganizowany przez Telewizję Polską jako wsparcie dla poszkodowanych w nawałnicach[44].

Można powiedzieć ogólnie, że im silniejsze poczucie narodowe, im silniejszy nacisk wśród ogółu obywateli na to, żeby to, co polskie właśnie popierać, tym bardziej chętnie przedsiębiorstwa odwołują się wówczas do **motywacji patriotycznej** także właśnie w sferze **marketingu**, w sferze **reklamy**.

Aby tożsamość narodowa się powiększała, ważne jest, aby istniał jako pewne zjawisko społeczne **patriotyzm**. I tu dochodzimy do kolejnego ważnego pojęcia, do pojęcia patriotyzmu. Patriotyzm to **miłość do ojczyzny**. Ta prosta definicja jest bardzo ważna, gdyż bardzo trafnie dotyka istoty omawianego zagadnienia.

Warto w tym miejscu przytoczyć słowa św. Jana Pawła II. Nasz wielki rodak wywodzi to pojęcie z **czwartego przykazania Dekalogu**[45]. W pierwszej kolejności patriotyzm to miłość do swoich rodziców, **ojca i matki**, zakorzeniona w miłości do **Boga**. Następnie do swych dziadków i babć, braci i sióstr, a także dalszych krewnych. Zatem można powiedzieć, że patriotyzm zaczyna się od miłości do swej najbliższej rodziny.

---

[43] Jacek Lech, „Jak długo w sercach naszych". Zob.: https://www.youtube.com/watch?v=chwjJg14EJw.

[44] Koncert „Gwiazdy letniego nieba" w TVP 1. Zob.: http://www.telemagazyn.pl/artykuly/gwiazdy-letniego-nieba-kukulska-mos-lisowska-i-bayer-full-w-kielcach-wideo-zdjecia-59684.html.

[45] Jan Paweł II, Pamięć i tożsamość, Wydawnictwo Znak, Kraków 2005, s. 65–93.

Miłość ta poszerza się w dalszej kolejności na inne rodziny i obejmuje całą wspólnotę narodową. Święty Jan Paweł II traktuje bowiem **naród** jako jedną wielką rodzinę będącą swoistą **rodziną rodzin**[46]. Równie ważną (i bardzo zbieżną z myślą Jana Pawła II) koncepcję patriotyzmu przedstawił Prymas Tysiąclecia kardynał **Stefan Wyszyński**. Często powtarzał on następujące zdanie: „Dla nas po **Bogu** największa miłość — to **Polska**!". Można jeszcze przytoczyć inną cenną wypowiedź polskiego prymasa: „Musimy po Bogu dochować wierności przede wszystkim naszej ojczyźnie i narodowej kulturze polskiej. Będziemy kochali wszystkich ludzi na świecie, ale w porządku miłości. Po Bogu więc, po **Jezusie Chrystusie** i **Matce Najświętszej**, po całym ludzie Bożym, nasza miłość należy się przede wszystkim naszej ojczyźnie, **mowie, dziejom i kulturze**, z której wyrastamy na **polskiej ziemi**"[47].

Koncepcja patriotyzmu oparta na nauce naszych wielkich rodaków (Jana Pawła II i Stefana Wyszyńskiego) jest mi bardzo bliska i będę się do niej często odwoływał w dalszych fragmentach niniejszej książki.

Myśl prymasa Stefana Wyszyńskiego związana jest z koncepcją „ordo caritatis" (porządek miłowania). Warto jednak pamiętać, że tego typu sposób myślenia jest ogólnie rzecz biorąc charakterystyczny dla **myśli katolickiej**. Przykładowo **Jacek Woroniecki**, teolog, filozof i dominikanin zauważył, że przykazanie miłości bliźniego nie zobowiązuje nas bynajmniej do tego, aby wszystkich ludzi kochać w równej mierze. Zakaz nienawiści odnosi się do wszystkich jednakowo, ale co się tyczy żywienia do nich miłości i okazywania im jej, to obowiązek ten jest większy tam, gdzie istnieje związek ściślejszy, głębszy. Najściślejszy jest on między

---

[46] Podręcznik pokolenia JP 2, Duszpasterstwo Akademickie Dominikanów, Poznań 2008, s. 762–770.

[47] Kard. Stefan Wyszyński, Homilia wygłoszona podczas uroczystości św. Stanisława w Krakowie w dniu 12 maja 1974 roku. Tekst jest dostępny pod adresem: http://wpolityce.pl/polityka/114097-dla-nas-po-bogu-najwieksza-milosc-to-polska-musimy-po-bogu-dochowac--wiernosci-przede-wszystkim-naszej-ojczyznie.

rodzicami i dziećmi, później rozszerza się na całą rodzinę, a następnie obejmuje naród związany **jednością obyczajów**, a zwykle także **języka, religii oraz ziemi**, którą się zamieszkuje.

W **aspekcie gospodarczym** patriotyzm to **wspieranie** wszystkiego **co polskie, rodzime**, własne w obszarze **produkcji, wymiany** oraz **konsumpcji** dóbr. Z jednej strony będzie to dbanie o to i pielęgnowanie tego, co odziedziczyliśmy po swych rodzicach, przodkach, a także pomnażanie otrzymanych dóbr dla kolejnych pokoleń. Z drugiej zaś strony chodzi tu o korzystanie z tych dóbr w taki sposób, aby przyczyniać się do wspierania i umacniania **dobra wspólnego** obejmującego całą wspólnotę narodową.

Ciekawą koncepcję patriotyzmu przedstawia prof. **Małgorzata Zaleska**. Przyjmuje ona, że istotą patriotyzmu jest to, że uważa się dobro wspólne za ważniejsze od dobra własnego. W jednym z artykułów opublikowanych w „Rzeczpospolitej" określa ona patriotyzm jako miłość do ojczyzny, tzn. umiejętność tego, by w różnego typu sytuacjach starać się dostrzegać oprócz dobra własnego czy dobra swojej rodziny dobro pozostałych naszych rodaków[48]. Chodzi o to, by tak działać, aby przynosiło to pożytek ogółowi, a więc Polsce.

Warto też zauważyć, że patriotyzm inaczej wygląda w **okresie wojny**, a inaczej w **okresie pokoju**. W czasie wojny wiadomo, że działalność patriotyczna głównie się koncentruje na walce zbrojnej, a także konspiracji. Inaczej z kolei wyglądała działalność patriotyczna w **okresie zaborów**[49]. To nie była sytuacja tak tragiczna jak wojna, ale mimo to było to dla polskich ziem nieszczęście.

Pojawia się tu pewien spór, czy można porównywać czasy **zaborów** i czasy **obecne**. Są oczywiście różnice. Nie ma obecnie w Polsce wojny. Panuje wolność słowa. Jest to sytuacja inna. Natomiast jest też pewne

---

[48] M. Zaleska, Patriotyzm może przynieść wymierne korzyści, „Rzeczpospolita" z 23 czerwca 2016 roku.

[49] Służebnica Boża Jadwiga z Działyńskich Zamoyska mówi do nas, „Scriptor", Gniezno 2013, s. 21–90.

podobieństwo, bo i podczas zaborów, i obecnie jesteśmy świadkami intensywnej aktywności **czynników zewnętrznych,** zagranicznych. Przejawiają się one w różnych sposobach działalności i tu oczywiście rodzi się pewien konflikt między tym co globalne a tym co narodowe, tym co własne. Można się odwołać do rankingów. Są np. **rankingi globalizacji**[50]. Pokazują one, w jakim stopniu dane państwo jest włączone w obieg wymiany międzynarodowej, w jakim stopniu jest otwarte, a w jakim stopniu stara się chronić swoją gospodarkę narodową przed wpływem zagranicy. Generalnie jest tak, że państwa **dojrzałe** (kraje bogate, wysoko rozwinięte) są uważane za bardziej otwarte na globalizację. Natomiast kraje uboższe, tzw. państwa **wschodzące,** są mniej otwarte na globalizację, bardziej strzegą swoich interesów. Starają się one silniej chronić swoją gospodarkę przed dostępem **kapitału zagranicznego**[51]. Widzimy zatem, że problem patriotyzmu związany jest także z postawą wobec procesów globalizacji i rankingiem globalizacji.

Mówiąc o postawach patriotycznych, warto zauważyć, że są różne badania pokazujące to, jak my jako ludzie się definiujemy. Pamiętam badanie prowadzone przez CBOS, gdzie zapytano ankietowanych, czy czują się tylko Polakami, czy też Polakami i Europejczykami, czy też Europejczykami i Polakami, czy też tylko Europejczykami[52].

Gdyby te **cztery postawy** poklasyfikować, to można przyjąć, że postawa pierwsza to postawa **silnie patriotyczna,** druga to umiarkowanie patriotyczna, trzecia to umiarkowanie kosmopolityczna, a czwarta **skrajnie kosmopolityczna.**

Można powiedzieć, że mimo wszystko postawa skrajnie kosmopolityczna występuje bardzo rzadko, postawa umiarkowanie kosmopolitycz-

---

[50] E. Łon, Konwergencja makroekonomiczna a koniunktura na rynku akcji, Studia Prawno--Ekonomiczne, tom LXXXII, 2005, s. 225–250.

[51] E. Łon, Odbudowa polskiego stanu własności w systemie bankowym jako przesłanka rozwoju gospodarczego Polski, „Actum", 2009, nr 5.

[52] Instytucje i obywatele UE, CBOS, kwiecień 2014, s. 7.

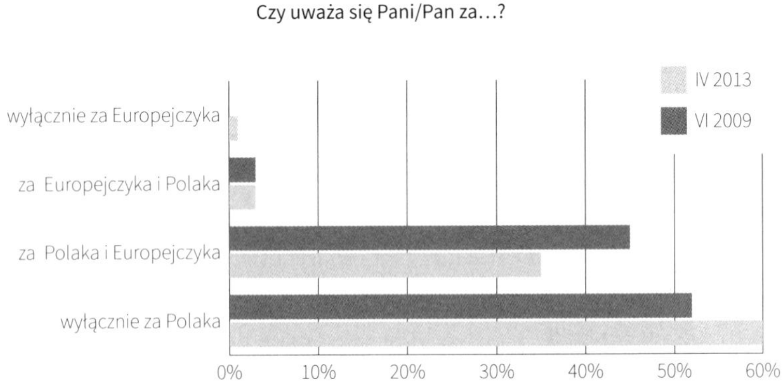

Czy uważa się Pani/Pan za…?

- wyłącznie za Europejczyka
- za Europejczyka i Polaka
- za Polaka i Europejczyka
- wyłącznie za Polaka

IV 2013
VI 2009

Wykres 2: Wyniki sondażu CBOS w odpowiedzi na pytanie, za kogo uważają się nasi rodacy. Źródło: opracowanie na podstawie danych CBOS. Patrz przypis 52.

na występuje też stosunkowo rzadko. Natomiast te dwie postawy: silnie patriotyczna i umiarkowanie patriotyczna są dominujące wśród Polaków. Z badań wynika, że **rolnicy i robotnicy** bardziej są skłonni uznawać się tylko za Polaków. Wśród osób wykonujących zaś pracę bardziej umysłową występuje zrównoważenie w tym sensie, że ta tożsamość europejska się pojawia. Niemniej jednak wciąż widać, że tożsamość narodowa jawi się jako postawa podstawowa, co się wiąże z pojęciem patriotyzmu.

Ciekawe badania na temat opinii Polaków w sprawie **sporów o uchodźców** w Unii Europejskiej przeprowadził instytut „IBRIS" w czerwcu 2017 roku[53].

Z badań tych wynika, iż **Polacy sami chcą decydować,** czy przyjmować do naszego kraju uchodźców. Polacy są raczej skłonni zrezygnować ze środków unijnych, a nawet wyjść z Unii Europejskiej niż przyjmować uchodźców.

---

[53] Badania na ten temat można znaleźć pod adresem: https://polskaniepodlegla.pl/kraj-swiat/item/12231-druzgocacy-sondaz-dla-europejskich-elit-polacy-wola-wyjsc-z-ue-niz-przyjmowac-imigrantow.

Czy Polska powinna odmówić przyjęcia uchodźców z krajów muzułmańskich, nawet gdyby groziła jej utrata funduszy unijnych?

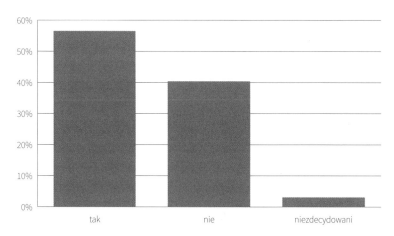

Wykres 3: Opinie Polaków na temat przyjmowania uchodźców (badanie odnośnie do funduszy unijnych). Źródło: opracowanie na podstawie badań „IBRIS".

Czy Polska powinna odmówić przyjęcia uchodźców z krajow muzułmańskich, nawet gdyby wiązało się to z koniecznością opuszczenia Unii Europejskiej?

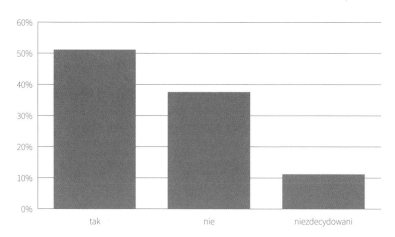

Wykres 4: Opinie Polaków na temat przyjmowania uchodźców (badanie odnośnie do członkostwa w UE). Źródło: opracowanie na podstawie badań „IBRIS".

Przyjmując, iż patriotyzm to miłość do ojczyzny, warto wskazać, że postawa ta przekłada się na konkretne czyny, na konkretne działania. Wiadomo, że jednym z przejawów patriotyzmu jest troska o własny kraj, np. poprzez branie udziału w wyborach. Jest też tak, że troska o Polskę jest w pewnym stopniu przejawem polityki, bo polityka to roztropna troska o dobro wspólne.

Warto tu podkreślić, iż **art.** 82 polskiej konstytucji mówi wyraźnie o tym, że **obowiązkiem** każdego obywatela, czyli można powiedzieć, że obowiązkiem każdego przedstawiciela narodu rozumianego obywatelsko jest **wierność Rzeczpospolitej Polskiej** oraz troska o dobro wspólne[54]. Tak więc jest to bardzo ważne. Oczywiście my jesteśmy w sytuacji takiej, jaka jest. W tych uwarunkowaniach, jakie teraz występują, kiedy mówimy, że narody istnieją, one funkcjonują, mają swoje prawa, jest potrzeba **dbania o suwerenność**. Dlatego jest dziś potrzeba zachowania postaw patriotycznych. W tym kontekście będziemy się zastanawiali w dalszej części książki nad tym, w jaki sposób patriotyzm w tych wszystkich uwarunkowaniach przekłada się i przekładać powinien na postawy patriotyzmu rozumianego jako miłość do ojczyzny na obszarze gospodarczym (**patriotyzm gospodarczy**).

Pojęcie patriotyzmu gospodarczego w nauce było już znane 100 lat temu. Tego pojęcia używał m.in. **prof. Roman Rybarski** w swej książce pt.: „**Bojkoty ekonomiczne w krajach obcych**". Uważał on, że rozwój przemysłu danego kraju zależy nie tylko od czynników gospodarczych, ale również bardzo duże znaczenie ma tu patriotyzm przemysłowy przejawiający się w popieraniu własnej rodzimej produkcji[55]. Roman Rybarski analizował przykład gospodarki czeskiej, gdzie firmy rodzime, czeskie

---

[54] Jan Paweł II, List o ustanowieniu św. Tomasza Morusa patronem rządzących i polityków, Rzym, 31 października 2000 roku. Tekst jest dostępny pod adresem: http://www.opoka.org.pl/biblioteka/W/WP/jan_pawel_ii/listy/tomasz_morus_31102000.html.

[55] R. Rybarski, Bojkoty ekonomiczne w krajach obcych, Księgarnia Gebethnera i Sp., Kraków 1916, s. 109–111.

rywalizowały z bardziej zasobnymi firmami niemieckimi. Był on zdania, iż siła ówczesnej gospodarki czeskiej opierała się na **łączności narodowej**. Zgodnie z tym poglądem, kupiec czeski dawał zawsze pierwszeństwo czeskiemu fabrykantowi, konsument czeski szukał towaru u kupca Czecha. Działał tu nie tylko podświadomy instynkt, który kazał iść do swoich, lecz także poczucie wielkiej siły płynącej z solidarności narodowej.

Warto zauważyć, iż **patriotyzm** na polu **gospodarczym** może się dokonywać zarówno „**od dołu**", jak i „**od góry**". Patriotyzm gospodarczy „od dołu" to np. kupowanie polskich towarów i wspieranie polskich przedsiębiorców, ale również płacenie podatków do polskiego budżetu. Patriotyzm gospodarczy „od góry" zaś to prowadzenie **jawnej i faktycznej** polityki gospodarczej ze strony **władz publicznych** dla dobra Polski, np. ze strony rządu czy banku centralnego.

Patriotyzm w wymiarze gospodarczym przyjmuje jako prawdziwe następujące hasło „**kapitał ma narodowość**". Z badań CBOS wynika bowiem, że **61% Polaków** zgadza się, że trzeba zwiększać udział **polskiej własności** w gospodarce, a 21% twierdzi, że kapitał nie ma raczej narodowości[56]. Wskazuje to na stosunkowo silny potencjał dla rozwoju patriotyzmu gospodarczego w naszym kraju[57]. Patriotyzm gospodarczy zatem z polskiego punktu widzenia (zarówno „od dołu", jak i „od góry") to przede wszystkim **odzyskiwanie, poszerzanie i utrwalanie polskiej własności** w poszczególnych sferach krajowej gospodarki.

Jednocześnie warto zdawać sobie sprawę, iż patriotyzm gospodarczy[58] może przejawiać się także w **inny sposób**, o czym wspominał w swoim artykule zamieszczonym na łamach „Gazety Prawnej" prezes Asseco Po-

---

[56] Recepcja Planu na rzecz Odpowiedzialnego Rozwoju, CBOS, nr 66, 2016 rok. Tekst dostępny jest pod adresem: http://www.cbos.pl/SPISKOM.POL/2016/K_044_16.PDF.

[57] D. Kaczyńska, Kapitał ma narodowość. Polscy gracze przechodzą do ofensywy, Instytut Jagielloński, Warszawa, sierpień 2016.

[58] A. Kaźmierczak, „Czas na patriotyzm ekonomiczny", Blog „Naszego Dziennika" z 25 marca 2015 roku.

land **Adam Góral**. Autor utożsamia patriotyzm gospodarczy z **mądrością gospodarczą**. Uważa on, że o dobrobycie i pomyślnej przyszłości Polaków decyduje siła gospodarki. Dlatego jego zdaniem budowanie silnej gospodarki narodowej wymaga **codziennego**, konkretnego działania i myślenia w kategoriach wspólnego interesu[59]. Patriotyzm gospodarczy to dla Adama Górala mądrość gospodarcza, z całym jej **pragmatycznym i przyziemnym wymiarem**. Bardzo ważne jest tutaj zejście z poziomu ideowego do wymiaru praktycznego. Ponadto Adam Góral sprowadza patriotyzm gospodarczy do pięciu ważnych zasad.

Po pierwsze, trzeba zachęcać podmioty gospodarcze do płacenia podatków w miejscu powstawania przychodów. Przez to okazywany jest **szacunek dla społeczności** kraju, gdzie przedsiębiorstwo sprzedaje swoje produkty i usługi.

Po drugie, należy wspierać szczególnie te produkty i usługi rodzimych polskich producentów, którzy w swej jakości i cenie mogą skutecznie konkurować z zagranicznymi konkurentami.

Po trzecie, należy utrzymywać silne kontakty z Polakami mieszkającymi poza granicami naszego kraju. Dzięki temu polskie firmy będą miały silnych propagatorów **polskich marek**.

Po czwarte, należy również współpracować z partnerami zagranicznymi po to, aby lepiej poznać mechanizmy funkcjonowania gospodarki światowej. Przez to możemy się lepiej przygotować do konkurencji zagranicznej.

Po piąte, można wspierać polską gospodarkę, pracując nawet w firmach zagranicznych. Szczególnie cenne są te firmy zagraniczne, które promują nasz kraj i przyciągają dodatkowe kapitały na **inwestycje w Polsce**.

---

[59] A. Góral, Pięć zasad patriotyzmu gospodarczego, „Gazeta Prawna" z 25 października 2016 roku. Zob.: http://wiadomosci.dziennik.pl/opinie/artykuly/534030,adam-goral-piec-zasad--patriotyzmu-gospodarczego.html.

Rozdział 2: Społeczna odpowiedzialność przedsiębiorstwa

Kiedy przeglądamy prasę, słuchamy radia, śledzimy informacje w Internecie, to spotykamy się coraz częściej z pojęciem **społecznej odpowiedzialności przedsiębiorstwa**[60]. O tym pojęciu mówi się wiele. Poszczególne osoby zastanawiają się, czym jest ta odpowiedzialność społeczna, czym powinna być, czy ona faktycznie jest realizowana.

Ciekawe badania na temat tego, jakie cechy powinna posiadać dana organizacja gospodarcza, aby można ją określić mianem społecznie odpowiedzialnej, znajdziemy w książce **Magdaleny Kaźmierczak** pt. „Determinanty zarządzania społecznie odpowiedzialnego w sektorze małych i średnich przedsiębiorstw"[61].

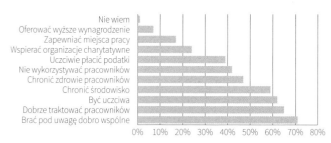

Wykres 5: Badania ankietowe na temat społecznej odpowiedzialności polskich małych i średnich przedsiębiorstw. Źródło: opracowanie na podstawie książki pt. „Determinanty zarządzania społecznie odpowiedzialnego w sektorze małych i średnich przedsiębiorstw".

---

[60] Relacje inwestorskie spółek kapitałowych, pod red. G. Łukasik, Difin, Warszawa 2013, s. 183–202.

[61] M. Kaźmierczak, Determinanty zarządzania społecznie odpowiedzialnego w sektorze małych i średnich przedsiębiorstw, Wydawnictwo Uniwersytetu Ekonomicznego w Poznaniu, Poznań 2017, s. 147.

Z badań przedstawionych na wykresie wynika, iż to właśnie **troska o dobro wspólne** naszych rodaków jest jedną z najważniejszych przesłanek, którą warto brać pod uwagę przy postrzeganiu danej organizacji za bardziej społecznie odpowiedzialną. Taki pogląd wyraża aż 72% przedstawicieli ankietowanych polskich małych i średnich przedsiębiorstw. Równie wysoko cenionymi cechami świadczącymi o wysokiej społecznej odpowiedzialności są: **dobre traktowanie** pracowników (65%) oraz **uczciwość** (63%). Jednak nieco niepokoić może stosunkowo niski odsetek ankietowanych wskazujących na to, że elementem społecznej odpowiedzialności jest **zapewnienie miejsc pracy**. Nie należy jednak tracić nadziei. Trzeba wskazywać na to, że wielkim plusem wyników badań jest to, iż największy odsetek ankietowanych wskazuje na troskę o dobro wspólne jako przejaw społecznej odpowiedzialności. Być może z czasem uda się poszerzyć tego typu sposób rozumowania, zgodnie z którym ważnym elementem troski o dobro wspólne jest **stabilność miejsc pracy**. Można podejrzewać, że preferowanie takiego celu działania przedsiębiorstwa, jak stabilność miejsc pracy może charakteryzować w dużym stopniu **firmy rodzinne**.

Problematyka społecznej odpowiedzialności przedsiębiorstw jest bardzo ważna w kontekście rozważań o patriotyzmie gospodarczym, dlatego że problem społecznej odpowiedzialności wiąże się z tematyką **celów** działania **przedsiębiorstwa**.

Nasuwa się pytanie, jakie cele przedsiębiorstwo powinno realizować w danym kraju, w tym przypadku w Polsce, aby można było uznać, że jest to przedsiębiorstwo społecznie odpowiedzialne? Oczywiście powstaje kwestia, w jakim stopniu ten problem społecznej odpowiedzialności przedsiębiorstwa wiąże się z zagadnieniem patriotyzmu gospodarczego.

W tym kontekście warto wskazać na to, że są generalnie **dwa podejścia** do tego, co powinno być celem działalności przedsiębiorstwa. Podejście pierwsze mówi o tym, że celem działalności przedsiębiorstwa powinno być praktycznie **wyłącznie maksymalizowanie zysku**. Najważniejsze jest to, żeby przedsiębiorstwo powiększało zysk i czyniło to konsekwentnie. To też jest tak, że są pewne różnice w tym znaczeniu, bo jedni twierdzą, że ważne jest maksymalizowanie zysku netto, inni twierdzą, że ważne jest maksymalizowanie poziomu dywidendy wypłacanej przez przedsiębiorstwo akcjonariuszom. Inni zaś uważają np., że ważne jest to, żeby spółka, jeśli jest spółką giełdową, maksymalizowała swoją wartość rynkową (przemnożenie liczby akcji przez cenę jednej akcji). Wartość rynkowa to inaczej kapitalizacja spółki akcyjnej. Zatem zysk w tym przypadku jest w centrum zainteresowań działalności przedsiębiorstwa. **Drugie** zaś podejście jest **podejściem szerszym**. Ono oczywiście nie neguje potrzeby uzyskiwania przez przedsiębiorstwo zysku. Uważa się, że zysk jest bardzo ważny, by przedsiębiorstwo mogło przetrwać, rozwijać się. Ale jest to podejście, które zakłada, że przedsiębiorstwo powinno być odpowiedzialne wobec różnych grup interesów (grup społecznych). W tej koncepcji **cele** przedsiębiorstwa powinny być bardziej **wielowątkowe**. To podejście nabiera coraz szerszego znaczenia.

Jest taka książka pt.: „**Siedem kultur kapitalizmu**", w której przeprowadzono bardzo ciekawe badania międzynarodowe[62]. W rozmaitych krajach zadawano ankietowanym wiele pytań dotyczących funkcjonowania przedsiębiorstwa w ich krajach. Chodziło o odpowiedź na pytanie, jakiego typu **model kapitalizmu** dotyczący sposobu funkcjonowania przedsiębiorstwa występuje w poszczególnych krajach.

Jedno z zadanych pytań było następujące: czy to jest tak, że celem przedsiębiorstwa powinien być tylko zysk, czy też cele te powinny być szersze. Można ogólnie powiedzieć, że we wszystkich krajach większość ankietowanych uważa, że jednak cele przedsiębiorstwa powinny być szersze. Nie tylko zysk powinien być brany pod uwagę. Do krajów, w których uważa się, że cele przedsiębiorstwa powinny być wielowątkowe, należą Japonia, Singapur oraz Włochy.

---

[62] Ch. Hampden-Turnner, A. Trompenaars, Siedem kultur kapitalizmu, Wolters Kluwer, Warszawa 2012, s. 175–202.

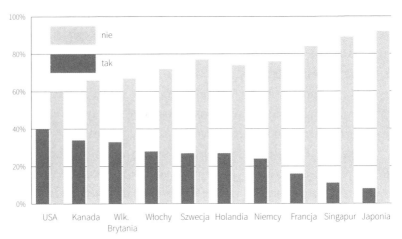

Wykres 6: Cele przedsiębiorstwa w wybranych krajach. Źródło: opracowanie na podstawie książki „Siedem kultur kapitalizmu".

Innym ciekawym krajem, gdzie celów działalności przedsiębiorstwa nie ogranicza się tylko do zysku, jest Korea Południowa. Mający wieloletnie doświadczenie w pełnieniu funkcji publicznych dr **Jerzy Kropiwnicki**[63] w swym artykule „Planowanie makroekonomiczne w Korei Południowej" na łamach „Gospodarki Narodowej" zwraca uwagę na szczególną rolę długookresowego planowania w gospodarce po II wojnie światowej. Korea Południowa poprzez sprawną i skuteczną politykę gospodarczą wyszła z biedy i stała się jednym z najszybciej rozwijających się krajów Azji Południowo-Wschodniej. W artykule Jerzego Kropiwnickiego przytoczone są ciekawe wypowiedzi południowokoreańskich ekonomistów. Zdaniem **Byang Nak Songa** w gospodarce Korei Południowej bardzo dużą rolę odgrywa tzw. **apel moralny do narodu**. Koreańczycy podobnie jak inne narody Azji Południowo-Wschodniej silnie reagują na apele odwołu-

---

[63] Dr Jerzy Kropiwnicki pełnił następujące funkcje: ministra pracy i polityki socjalnej w rządzie Jana Olszewskiego, ministra szefa Centralnego Urzędu Planowania w rządzie Hanny Suchockiej, kierownika Rządowego Centrum Studiów Strategicznych w rządzie Jerzego Buzka.

jące się do poczucia lojalności w stosunku do rodziny, firmy i kraju[64]. W okresie szybkiego rozwoju gospodarki Korei Południowej (lata 70. i 80. XX wieku) zalecano tamtejszym przedsiębiorcom konieczność rezygnacji z maksymalizacji zysku na rzecz **maksymalizacji eksportu**. Krajami zaś, gdzie przeważa pogląd, że to bardziej zysk powinien być brany pod uwagę w działalności przedsiębiorstwa, są USA i Kanada, czyli kraje anglosaskie.

I tu mamy ciekawą kwestię. Takim krajem, gdzie się szczególnie patrzy na to, że cele przedsiębiorstwa powinny być wielowątkowe, jest **Japonia**.

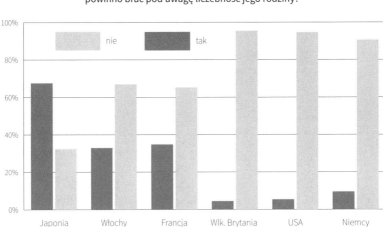

Wykres 7: Wynagrodzenie a liczebność rodziny pracownika w wybranych krajach. Źródło: opracowanie na podstawie książki „Siedem kultur kapitalizmu".

Kolejne pytanie brzmiało: czy przedsiębiorstwo, ustalając poziom **wynagrodzenia,** powinno uwzględniać **sytuację rodzinną** pracowni-

---

[64] J. Kropiwnicki, Planowanie makroekonomiczne w Korei Południowej, „Gospodarka Narodowa", 1995, nr 10, s. 34.

ka? Odpowiedź „tak" oddawano częściej w takich krajach jak: Japonia, Włochy i Francja. Odpowiedź „nie" oddawano zaś w takich krajach jak: USA i Wlk. Brytania.

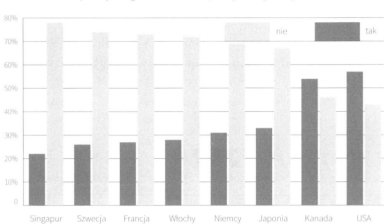

Wykres 8: Zatrudnianie pracowników a staż pracy w wybranych krajach. Źródło: opracowanie na podstawie książki „Siedem kultur kapitalizmu".

Inne zaś pytanie brzmiało: czy jeżeli pracownik jest już starszy i nie tak efektywny, jak dawniej, to czy może to być podstawą, by go zwolnić z pracy? Odpowiedź „nie" padała częściej w krajach azjatyckich (Japonia, Singapur). Z kolei odpowiedź „tak" spotykana była w krajach anglosaskich (Kanada, USA).

Warto podać polski przykład troski o pracownika w duchu patriotyzmu gospodarczego. Otóż znany przedsiębiorca **Marek Jakubiak** kiedyś w wywiadzie przyznał, że w swojej firmie wprowadził **dodatki płacowe** dla pracowników, którzy mają na utrzymaniu więcej dzieci. Co ciekawe czynił tak nawet dużo wcześniej, zanim wprowadzono program wsparcia rodzin 500+.

Warto w tym miejscu wspomnieć o pewnym wywiadzie (wywiad publikowała „Rzeczpospolita") kilkanaście miesięcy temu, którego udzielił prezes jednej z japońskich spółek samochodowych (**Masamichi Kogai**, prezes Mazdy). Prezes został zapytany o to, czy jego spółka, w sytuacji gdy podatki korporacyjne w różnych krajach są różne, bierze pod uwagę poziom **stopy opodatkowania zysku** przy swoich decyzjach. Został on zapytany wprost, czy jeżeli np. w Polsce ta stopa podatku od zysków korporacyjnych jest mniejsza, a w Japonii jest większa, to czy będzie to zachęcało tę spółkę z Japonii do tego, by przenieść swoją działalność do Polski. Wówczas prezes Mazdy powiedział, że to nie będzie dla niego silnym motywem. Przedsiębiorcy japońscy nie mogą tak postąpić, gdyż są odpowiedzialni za rozwój swego regionu, w którym funkcjonują ich firmy, bo to bardzo ważny obszar ich działania związany z Japonią. Gdyby przenieśli swoją działalność do Polski, to wówczas musieliby dokonać zwolnienia ludzi w Japonii. Wielu Japończyków straciłoby pracę. Oni tak nie mogą postąpić.

To właśnie jest przykład podejścia w duchu społecznej odpowiedzialności przedsiębiorstwa. Podejście to jest związane wprost z patriotyzmem gospodarczym.

Warto również wspomnieć o ciekawych badaniach opublikowanych na stronach portalu „**wGospodarce**". W jednym z wpisów zatytułowanych „Zagraniczne koncerny płacą znacznie mniejsze podatki niż firmy polskie" pokazano dane liczbowe za lata 2014–2015. Okazało się, że 500 największych polskich firm w 2015 roku do budżetu państwa odprowadziło 7,2 mld zł podatku dochodowego.

Było to o ponad 13% więcej niż **500 największych** firm zagranicznych działających w naszym kraju. Spółki zagraniczne w 2015 roku łącznie do budżetu państwa odprowadziły 6,3 mld zł[65]. Więcej podatku dochodo-

---

[65] Tekst jest dostępny pod następującym adresem: http://wgospodarce.pl/informacje/33--239-zagraniczne-koncerny-placa-znacznie-mniejsze-podatki-niz-polskie-firmy-a-zarabiaja--wiecej.

wego zapłaciły polskie firmy również w roku 2014. Szczegółowe dane przedstawiają poniższe wykresy i tabela.

Tabela 1: Zestawienie podatku dochodowego z przychodami firm polskich i zagranicznych za lata 2014–2015.

Lata	Firmy	CIT w mld zł	Przychód w mld zł	% przychodu
2015	polskie	7,2	493,18	1,46
2014	polskie	8,64	496,96	1,74
2015	zagraniczne	6,35	502,36	1,27
2014	zagraniczne	6,16	426,15	1,45

Źródło: opracowanie na podstawie portalu „wGospodarce".

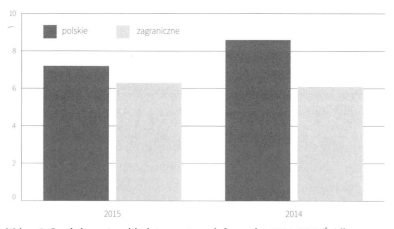

Wykres 9: Opodatkowanie polskich i zagranicznych firm za lata 2014–2015. Źródło: opracowanie na podstawie portalu „wGospodarce".

Listę największych polskich i zagranicznych firm, które odprowadziły najwięcej podatku dochodowego do polskiego budżetu za rok 2015, zawierają poniższe wykresy.

SPOŁECZNA ODPOWIEDZIALNOŚĆ PRZEDSIĘBIORSTWA 43

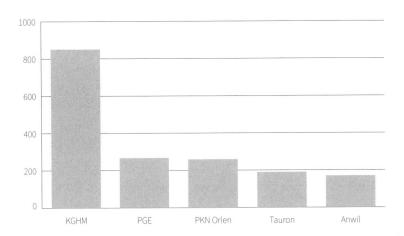

Wykres 10: Wielkość podatku CIT w 2015 roku zapłacona przez 5 polskich największych płatników. Źródło: opracowanie na podstawie portalu „wGospodarce".

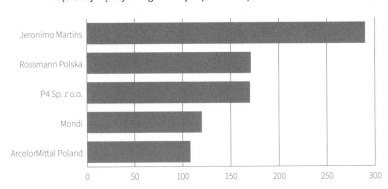

Wykres 11: Wielkość podatku CIT w 2015 roku zapłacona przez 5 zagranicznych największych płatników. Źródło: opracowanie na podstawie portalu „wGospodarce".

Z Wykresu 10 wynika, że podmiotem, który zdecydowanie najwięcej podatku CIT zapłacił w 2015 roku do polskiego budżetu, był **KGHM**.

Z Wykresu 11 wynika zaś, iż najwięcej podatku CIT spośród firm zagranicznych zapłacił Jeronimo Martins.

Warto zauważyć, że coraz więcej polskich przedsiębiorców dostrzega potrzebę uwzględniania w swojej działalności aspektów społecznych. Pamiętam wywiad z jednym z przedsiębiorców polskich, **Romanem Karkosikiem**, także inwestorem giełdowym, właścicielem różnego typu przedsiębiorstw. Gdy został on zapytany, dlaczego pewną fabrykę utrzymuje w jakimś **małym mieście**, odpowiedział, że mógłby ją przenieść, ale tego nie uczyni, ponieważ tam jest stosunkowo duże bezrobocie i gdyby tę fabrykę przeniósł, to wielu ludzi straciłoby pracę. Też jest to podejście, które wskazuje na **odpowiedzialność za swój teren**, swój obszar. Jest to bardzo istotne z punktu widzenia łączenia tego, czym jest społeczna odpowiedzialność przedsiębiorstwa, z patriotyzmem gospodarczym. Zatem jest to odpowiedzialność za pewien teren, za obszar, za obszar, za kraj, za Polskę.

Gdy mówi się o wielkich **korporacjach** działających w skali międzynarodowej, które funkcjonują w różnych branżach handlowych, bankowych, budowlanych, przemysłowych, to okazuje się, że przy wyborze obszarów, w które inwestują, korporacje te uwzględniają różne kryteria. Jednym z tych kryteriów jest to, czy tam są **niskie płace**. Jeżeli będzie tak, że płace w danych krajach są niskie, to wtedy one zainwestują swoje pieniądze i tam utworzą fabrykę. Gdy te płace po pewnym czasie nie będą już takie niskie, bo w innym kraju będą niższe, to korporacja wówczas „bez mrugnięcia okiem" zlikwiduje te miejsca pracy i przeniesie się do innego kraju. To zjawisko nazywa się **delokalizacją**, czyli likwidowaniem miejsc pracy w jednym obszarze po to, żeby przenieść przedsiębiorstwo do innego obszaru. Tego typu postawa korporacji jest wkomponowana w myślenie, że liczy się tylko zysk. Ta postawa jest krytykowana. Społeczna odpowiedzialność przedsiębiorstwa wiąże się zatem w dużym stopniu właśnie z zagadnieniem patriotyzmu gospodarczego z punktu widzenia utrzymywania miejsc pracy na danym obszarze, w tym przypadku w Polsce.

Tak więc zarysowaliśmy sobie te dwa sposoby patrzenia na przedsiębiorstwo. Jeden sposób patrzenia, gdy liczy się tylko zysk i jego maksymalizacja. Drugi zaś, **podejście wielowątkowe**, gdzie się bierze odpowiedzialność i za społeczność lokalną, ale także i za pracowników, jak również odpowiedzialność wobec dostawców. To jest bardzo istotne. To pokazuje zatem, że ta odpowiedzialność społeczna nabiera coraz większego znaczenia. Są różne opinie na temat, do jakiego stopnia ta społeczna odpowiedzialność jest rzeczywiście realizowana w przedsiębiorstwie. Są tacy, którzy twierdzą, że jest to wyłącznie pewien **chwyt marketingowy**. Przedsiębiorstwo tak się przedstawia, że jest społecznie odpowiedzialne po to, by zyskać pewnego typu zaufanie klientów. Nawiasem mówiąc, to zaufanie klientów będzie zależne od tego, czy klienci, czyli „my", jesteśmy chętni do kierowania się w swoich wyborach tym, czy przedsiębiorstwo, z którego usług korzystamy, jest lub przynajmniej deklaruje się jako społecznie odpowiedzialne. To pokazuje bardzo wyraźnie **rolę konsumentów**, o czym będziemy mówili w kolejnym rozdziale pracy. Widzimy wyraźnie, że społeczna odpowiedzialność ma coraz większe znaczenie. Może być traktowana jako chwyt marketingowy, ale jest możliwe, że rzeczywiście w przedsiębiorstwie działają ludzie, którzy biorą pod uwagę tę społeczną odpowiedzialność w sposób bardzo poważny i rzeczywiście starają się ją realizować.

Jak popatrzymy na działalność spółek giełdowych, to możemy dostrzec, że w raportach rocznych przedsiębiorstw są ujęte **elementy społeczne** w tym znaczeniu, że się omawia, jakiego typu działalność z zakresu społecznej odpowiedzialności przedsiębiorstwa dane przedsiębiorstwo prowadzi. To jest tak, że te **obszary funkcjonowania** związane z odpowiedzialnością społeczną dotyczą różnych dziedzin życia. Mogą być one widoczne np. w kwestii sponsorowania różnego typu działań społecznych, np. edukacyjnych. Ta sfera edukacyjna ma istotne znaczenie np. w obszarze instytucji finansowych, które starają się pokazać jako te instytucje, którym zależy na edukacji klientów. Często te instytucje finansowe są oskarżane o to, że starają się pozyskać jak najwięcej klientów i oferują im pewne **usługi finansowe**, które de facto nie są potrzebne klientom, a i tak na siłę są im oferowane („wciskane"). Otóż te instytucje finansowe bronią się tym, że starają się prowadzić **działalność edukacyjną** wśród społeczeństwa i w ten sposób realizują swoją misję w zakresie społecznej odpowiedzialności przedsiębiorstwa.

Mówiąc o tym, że społeczna odpowiedzialność przedsiębiorstwa jest obecna w różnych krajach, trzeba też powiedzieć, że ona mimo pewnego upodabniania się poszczególnych krajów do siebie jest jednak różnie rozumiana także i dlatego, że mechanizmy funkcjonowania przedsiębiorstwa w różnych krajach są odmienne. Odmienny jest typ tzw. **ładu korporacyjnego**, czyli sposobu kierowania przedsiębiorstwem.

Są takie kraje, w których istnieje tradycja, że w akcjonariatach spółki jest bardzo wielu rozmaitych inwestorów i nie ma inwestora dominującego. W takiej sytuacji dużą rolę odgrywają **inwestorzy instytucjonalni** związani z funduszami inwestycyjnymi, funduszami emerytalnymi. Często oni traktują inwestycje w przedsiębiorstwo jako inwestycje krótkookresowe — tak to funkcjonuje w krajach **anglosaskich**.

Natomiast inne kraje, które mają inny typ ładu korporacyjnego (**niemiecko-japoński**) to kraje z takich obszarów geograficznych jak: Japonia, Niemcy. Tam jest tak, że struktura akcjonariatu jest bardziej stabilna, występuje jakiś dominujący akcjonariusz, który traktuje inwestycje w spółkę bardzo długookresowo. Tam relacje banku z przedsiębiorstwem są bardziej długookresowe.

W kontekście ładu korporacyjnego warto wspomnieć także i o tym, że różnego typu **instytucje rynku kapitałowego** podejmują działania mające na celu propagowanie idei społecznej odpowiedzialności przedsiębiorstwa. Warto w tym momencie przejść do inicjatywy, która jest podejmowana od kilku lat przez **Giełdę Papierów Wartościowych w Warszawie**.

Jeżeli spojrzymy na giełdę warszawską, to widzimy, że sytuacja na giełdzie może być opisywana przez **różne indeksy giełdowe**. To są indeksy dużych, średnich i małych spółek. Obok tych indeksów, w skład których wchodzą spółki wedle kryteriów wielkości, są także inne indeksy, np. **indeksy branżowe** jak: indeks WIG Energetyka, WIG Spożywczy, WIG Budowlany itp. Występuje jeszcze inny bardzo ciekawy indeks, tj. **indeks Respect**.

Ten indeks Respect jest indeksem spółek społecznie odpowiedzialnych. Obejmuje on obecnie 24 spółki (wg stanu na dzień 29 czerwca 2017 r.). Jeżeli popatrzymy na skład tego indeksu, to będzie widać wyraźnie, że często wśród tych spółek są obecne także spółki z udziałem Skarbu Państwa (Tabela 2).

Choć większość to spółki z udziałem kapitału prywatnego. Spółki społecznie odpowiedzialne to spółki, które muszą się cechować pewnymi kryteriami[66]. Te kryteria są kryteriami nie tyle liczbowymi, ile przede wszystkim **kryteriami jakościowymi**.

Giełda warszawska wysyła do spółek pewne ankiety, gdzie zadawane są **pytania**, w których istnieje możliwość odpowiedzi na różne sposoby.

Tabela 2: Lista spółek należących do indeksu Respect (stan na 29 czerwca 2017 r.).

Nazwa spółki	Pakiet	Udział w portfelu [%]	Udział w obrocie [%]	Zmiana kursu spółki [%]	Kurs [zł]
Apator	2 5505 000	0,80	1,10	+1,37	35,50
Bank Millennium	605 345 000	3,83	0,65	+0,70	7,21
Bogdanka	11 564 000	0,67	0,09	+2,11	65,70
Budimex	11 451 000	2,40	0,91	-0,27	238,50
BZ WBK	30 353 000	9,20	2,26	-2,99	345,05
Elektrobudowa	4 747 000	0,50	0,03	+1,81	120,95
Energa	200 740 000	1,89	1,51	+0,19	10,70

---

[66] Informacje o kryteriach doboru spółek do indeksu można znaleźć pod tym linkiem: http://www.odpowiedzialni.gpw.pl/kryteria_oceny_spolek.

Nazwa spółki	Pakiet	Udział w portfelu [%]	Udział w obrocie [%]	Zmiana kursu spółki [%]	Kurs [zł]
Forte	16 137 000	1,16	0,15	−1,13	81,50
GPW	27 192 000	1,17	0,17	+1,16	48,80
Grupa Azoty	41 439 000	2,31	2,74	−0,02	63,49
Grupa Lotos	86 543 000	3,96	3,74	−2,55	52,04
Bank Handlowy	32 664 000	2,08	1,07	−0,52	72,60
ING Bank Śląski	32 525 000	5,25	0,07	+0,41	183,75
KGHM Polska Miedź	103 972 000	10,28	12,46	+2,04	112,60
Kogeneracja	7 449 000	0,62	0,02	+0,00	94,00
Orange Polska	647 357 000	2,93	2,36	−0,39	5,15
PCC Rokita	3 144 000	0,24	0,07	−0,44	88,59
Pekao	79 636 000	8,74	18,92	−1,03	124,90
PGE	796 776 000	8,52	6,48	−3,18	12,17
PGNiG	1 624 608 000	9,30	3,63	−0,31	6,52
PKN Orlen	103 531 000	10,46	23,77	+2,86	115,00
PZU	247 910 000	9,93	15,89	−0,02	45,59
Tauron Polska Energia	1 043 590 000	3,29	1,65	−0,55	3,59
Trakcja PRKII	35 556 000	0,49	0,22	+0,58	15,57

Źródło: opracowanie własne na podstawie strony internetowej GPW.

Są to pytania dotyczące trzech dziedzin funkcjonowania przedsiębiorstwa: **ład** korporacyjny, **środowisko i kwestie ekonomiczne** oraz stosunek do **pracowników**. Ostatnio była wysłana kolejna ankieta w ramach tworzenia nowego składu indeksu. Tam też są te pytania zadawane. Te pytania można znaleźć na stronach internetowych GPW w Warszawie. Przeglądając pytania w kwestiach stosunku do pracowników, znalazłem takie ciekawe pytanie. Zapytano przedsiębiorstwa o wskaźnik **rotacji ich kadry**. Przedsiębiorstwa, chcąc na to pytanie odpowiedzieć, muszą podać poziom wskaźnika bieżącego, czyli relacji liczby osób, które się zwolniły czy zostały zwolnione, w stosunku do ogółu zatrudnionych.

To pokazuje, że można kierować się przy ocenie społecznej odpowiedzialności także **kryterium ilościowym** wskazującym na pewnego typu miernik. Zatem przedsiębiorstwo społecznie odpowiedzialne to takie, gdzie **kadra jest stabilna**, gdzie nie ma zbyt dużej rotacji, gdzie ludzie za bardzo nie odchodzą, nie są zwalniani. Przyznam, że kryterium to mi się podoba, bo pokazuje rolę **przedsiębiorstwa** jako pewnego typu **wspólnoty osób**.

Na stronie jednej z firm konsultingowych (polska firma), która zajmuje się doradztwem finansowym i zarządzaniem kadrami, znalazł się pewien fragment encykliki społecznej św. **Jana Pawła II „Centesimus annus"**[67]. Ten fragment mówi, że celem działalności przedsiębiorstwa powinien być nie tylko zysk (który oczywiście jest ważny), ale celem przedsiębiorstwa powinno być jego **przetrwanie** jako **wspólnoty** osób, które zaspokajają swoje potrzeby i służą całemu społeczeństwu. Z kolei **prof. Andrzej Kaźmierczak** w swym artykule pt.: „Współczesny przedsiębiorca jako dobry Samarytanin" nawiązuje do encykliki Jana Pawła II „**Laborem exercens**"[68]. Autor ów uważa, iż pomyślność w przedsięwzięciach gospodarczych zależy głównie od kreatywności, myślenia strategicznego, cierpliwości i wiary[69].

Encykliki „Centesimus annus" oraz „Laborem exercens" nawiązują do równie ważnej innej encykliki ogłoszonej przez papieża **Leona XIII** pod koniec XIX wieku. Ta encyklika to „**Rerum novarum**". Była to encyklika, która odnosiła się jako jedna z pierwszych do kwestii społecznych, w szczególności pracowniczych (robotniczych)[70].

---

[67] Encyklika ta jest dostępna pod adresem: http://www.opoka.org.pl/biblioteka/W/WP/jan_pawel_ii/encykliki/centesimus_1.html.

[68] Zob.: http://www.opoka.org.pl/biblioteka/W/WP/jan_pawel_ii/encykliki/laborem.html.

[69] A. Kaźmierczak, Współczesny przedsiębiorca jako dobry Samarytanin, w: Twarze świętości, pod red. K. Dybel, Z. Zarębianki, Wyd. Uniwersytetu Papieskiego Jana Pawła II, Kraków 2016.

[70] Encyklika ta jest dostępna pod adresem: http://www.nonpossumus.pl/encykliki/Leon_XIII/rerum_novarum/index.php.

Na sprawy społeczne zwraca też uwagę **Katechizm Kościoła Katolickiego**. Można w nim przeczytać, że sprowadzanie osoby do narzędzia realizacji zysku jest nie do przyjęcia. Takie postępowanie zniewala człowieka, prowadzi do bałwochwalczego stosunku do pieniądza i przyczynia się do szerzenia ateizmu[71].

Chciałbym tu nawiązać do pewnej koncepcji związanej z wykorzystaniem tej wiedzy o społecznej odpowiedzialności spółek giełdowych. Otóż indeks Respect nie powstał przypadkiem. On prawdopodobnie ma do czegoś służyć. Ma służyć do zachęcania do różnego typu inwestycji także inwestorów instytucjonalnych takich jak: fundusze **emerytalne** czy fundusze **inwestycyjne**, do tego żeby przy wyborze spółek kierować się także kwestiami **społecznej odpowiedzialności**. Służy to do oceny, czy spółka jest społecznie odpowiedzialna, czy odbiega od tego ideału. Indeks Respect będzie miał wtedy znaczenie o wiele większe, jeżeli np. wiele **funduszy inwestycyjnych** będzie starało się koncentrować swoją **politykę inwestycyjną** na spółkach z tego indeksu. Wówczas będzie tak, że w ramach tego portfela będą dominować te spółki.

Ciekawym dylematem jest to, czy **polityka funduszy emerytalnych** lub inwestycyjnych bierze pod uwagę tego typu **kryteria**. Otóż nie wnikając w kwestie reklamowe, mogę powiedzieć, że istnieje pewien podmiot, powszechne towarzystwo emerytalne **(PTE Pocztylion)**, które deklaruje, że w swojej polityce inwestycyjnej chce przestrzegać **standardów etycznych** związanych z dokonywaniem pewnych wyborów swoich inwestycji. To towarzystwo **eliminuje pewne spółki** ze swego portfela i deklaruje, że w spółki nieprzestrzegające kryteriów etycznych inwestować nie będzie.

Warto wskazać, że są takie fundusze w różnych krajach, które deklarują, że inwestować będą tylko w spółki, które wykluczają pewne działania uważane przez te fundusze za **ryzykowne etycznie**. Chodzi np. o inwe-

---

[71] Dokument ten jest dostępny pod adresem: http://www.archidiecezja.pl/include/user_file/kkk.pdf.

stycje w akcje spółek producentów broni czy wytwórców alkoholi, a także jeszcze inne szersze kryteria.

Tu dotykamy tego, do jakiego stopnia w gospodarce opartej na **patriotyzmie gospodarczym** powinna być realizowana zasada społecznej odpowiedzialności przedsiębiorstwa. To w dużym stopniu zależy od **postawy instytucji finansowych**, które będą bądź nie kierować się także takimi przesłankami w swojej polityce inwestycyjnej. Warto bowiem zauważyć, że w różnych krajach występują tzw. **fundusze etyczne**, które stosują pewne kryteria związane z inwestowaniem na rynku akcji.

W ostatnich latach pojawiła się pewnego typu moda, pewnego typu skłonność do zainteresowania się tzw. **finansami islamskimi**. Wiele się mówi o islamie w kontekście zagrożeń terrorystycznych, ale warto też wskazać na elementy pokojowe związane z funkcjonowaniem tej kultury przejawianej także na polu gospodarki. Otóż w ramach myślenia gospodarczego dotyczącego gospodarki krajów muzułmańskich tworzy się fundusze inwestycyjne czy banki, których sposób funkcjonowania przeniknięty jest myśleniem związanym z islamem, gdzie też się w procesach gospodarczych pewne działania wyklucza a inne podejmuje.

Widzimy, że tego typu sektor bankowości islamskiej czy szerzej finansów islamskich w ostatnich latach się rozwija. Te instytucje też odgrywają pewną rolę w obszarze społecznej odpowiedzialności przedsiębiorstwa.

Mówiąc o roli społecznej odpowiedzialności przedsiębiorstwa, warto wskazać na to, że rozmaite korporacje czy instytucje finansowe przyjmują pewien **katalog preferowanych wartości**. Pamiętam, że były prezes jednego z banków działających w Polsce **Sławomir Lachowski** napisał książkę pt.: „Droga ważniejsza niż cel"[72].

W tej książce autor przyznał się do tego, że gdy tworzył katalog kluczowych wartości, które w przedsiębiorstwie powinny być preferowane, to po prostu wysłał do pracowników wiadomość, w której zapytał się

---

[72] S. Lachowski, Droga ważniejsza niż cel, Studio Emka, Warszawa 2012.

ich, jakiego typu wartości powinny być w przedsiębiorstwie uważane za najważniejsze.

Doszedł on wówczas do takiego wniosku, że ważne jest to, aby katalog tych wartości był bardzo zbliżony do katalogu **wartości** obowiązujących w **życiu osobistym, rodzinnym**, czyli preferowanych w tych bardziej osobistych sferach życia człowieka. Dlaczego to jest ważne? Gdy np. zobaczymy dokument, który nazywa się „Wartości korporacyjne w instytucjach finansowych"[73], to tam jest powiedziane, do jakiego typu wartości odwołują się instytucje finansowe.

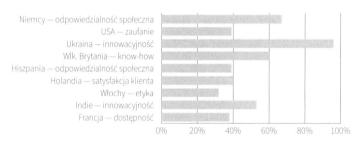

Wykres 12: Wartości korporacyjne instytucji finansowych w wybranych krajach. Źródło: opracowanie na podstawie dokumentu „Wartości korporacyjne w instytucjach finansowych".

Z wykresu wynika, iż aspekty społecznej odpowiedzialności szczególnie cenione są przez instytucje finansowe działające w takich krajach jak: Hiszpania, Niemcy oraz Włochy.

Do bardzo **ważnych wartości,** do których odwołują się instytucje finansowe działające w Polsce, należą: jakość, dokładność, różnorodność, równość, demokracja i pluralizm, **patriotyzm**, dobro pracowników.

---

[73] Dokument ten jest dostępny pod adresem: http://www.onboard.pl/data/file/pdf/Raport_CVI_dla_branzy_finansowej.pdf.

W każdym razie są tam różnego typu wartości, które w korporacjach są **preferowane** jako wartości, którymi będzie się instytucja kierować.

Moją uwagę zwróciło to, że w ramach tych wartości był wymieniony także jako jeden z elementów właśnie patriotyzm. To pokazuje bardzo wyraźnie, że **patriotyzm gospodarczy** jest także ceniony, gdyż może być przez te instytucje finansowe wprost wymieniany w katalogu wartości, którymi stara się dane przedsiębiorstwo kierować.

Popatrzmy na rzecz następującą. Mianowicie, gdy spojrzymy na różnego typu strony internetowe, np. dziennika „Puls Biznesu", to widzimy wyraźnie, że portal ten utworzył dział o nazwie „Patriotyzm gospodarczy", gdzie są preferowane różnego typu dyskusje na temat tego, czym powinien być patriotyzm gospodarczy, w jaki sposób powinien się realizować. To jest bardzo ważna kwestia, która powinna być przedmiotem oczywiście dalszej refleksji. Podobnie dziennik „**Rzeczpospolita**" organizuje sukcesywnie poszczególne gale poświęcone tzw. **Indeksowi Patriotyzmu Polskiego Biznesu**. Ostatnia taka gala odbyła się w siedzibie Giełdy Papierów Wartościowych w Warszawie w **czerwcu 2017 roku** i miałem w niej przyjemność uczestniczyć[74].

Mówiąc o kwestiach społecznej odpowiedzialności przedsiębiorstwa, musimy o tym też powiedzieć, że ta społeczna odpowiedzialność wiąże się nie tylko z wizją funkcjonowania przedsiębiorstwa, ale w ogóle z **wizją funkcjonowania gospodarki.**

Miejmy świadomość, że Konstytucja RP stanowi wręcz o tym, że w Polsce jest przyjęty model **społecznej gospodarki rynkowej**. Słowo „społeczna" jest oczywiście różnie definiowane. Różnie można to interpretować, ale to niewątpliwie pojęcie społecznej gospodarki rynkowej jest tutaj ujęte. Kiedy to pojęcie było wpisywane do Konstytucji RP, to prawdopodobnie wzięto to pojęcie z pewnych tradycji **gospodarki niemieckiej**. W Niem-

---

[74] Informacje na ten temat można znaleźć pod tym adresem: http://www.rp.pl/Indeks-Patriotyzmu-Polskiego-Biznesu/306139863-Ci-ktorzy-dbaja-o-rozwoj-firm-oraz-gospodarki-kraju.html.

czech bowiem po II wojnie światowej zaczęto używać pojęcia „**Soziale Marktwirtschaft**", tzn. społeczna, socjalna gospodarka rynkowa. Można powiedzieć, że tego typu model mógł przyświecać części osób, które tworzyły polską konstytucję. W ramach ujęcia niemieckiego wydaje się, że stosunkowo ważne jest tu położenie nacisku na duży **udział pracowników** w **kierowaniu** przedsiębiorstwami, np. udział pracowników w radach nadzorczych. W każdym razie zaznaczano, że przy podejmowaniu decyzji w przedsiębiorstwach są ci pracownicy istotni.

Jest to o tyle ważne, że ten model kapitalizmu jest szczególnie preferowany przez obecnego prezesa NBP **prof. Adama Glapińskiego**. Ów ekonomista zapytany o różne modele kapitalizmu podczas przesłuchania na Komisji Finansów Publicznych Sejmu RP wskazał, że kapitalizm o **modelu**, jak się wyraził **reńskim,** jest bardziej **przyjazny** dla **społeczeństwa.** Tu widzimy wyraźnie, że kwestia społecznej odpowiedzialności przedsiębiorstwa wiąże się też z zapisem o społecznej gospodarce rynkowej w obecnej polskiej konstytucji.

Mówiąc o tej społecznej gospodarce rynkowej, warto wskazać na to, że społeczna gospodarka rynkowa oparta jest bądź być powinna na pewnym **zmniejszeniu** różnego typu **nierówności**. Dlatego, że gdy w gospodarce te nierówności są nadmierne, to wówczas może prowadzić to do różnego typu buntów, konfliktów i poczucia pewnej niesprawiedliwości, jakkolwiek by to definiować. Z tego punktu widzenia warto różnego typu gospodarki oceniać za pomocą różnych kryteriów.

Ważnym kryterium jest kryterium różnicowania dochodów między poszczególnymi grupami ludności w danym kraju. Otóż z tego punktu widzenia warto wskazać na tzw. **współczynnik Giniego**, który pokazuje stopień zróżnicowania dochodów. Mówiąc ogólnie, ten współczynnik im niższy, tym gospodarka **bardziej równościowa**, czyli wówczas dochody są mało zróżnicowane.

Jeżeli współczynnik Giniego jest wysoki, to mamy silne rozwarstwienie dochodowe społeczeństwa. Krajami, gdzie gospodarka jest raczej mało zróżnicowana pod względem dochodowym, są kraje skandynawskie (Finlandia, Norwegia, Szwecja), ale także Szwajcaria. Nawiasem mówiąc, podam pewien przykład, który może być też okazją do refleksji. Wiadomo, że w Europie są **różne modele integracji.** Te kraje, które były sceptyczne wobec członkostwa w Unii Europejskiej i chciały swoją suwerenność zachować, to były kraje, w których rozwarstwienie dochodów było stosunkowo małe.

Być może właśnie **naród w sensie gospodarczym** istnieje przede wszystkim **wówczas, gdy większość** przedstawicieli tego narodu może **o sobie** powiedzieć „My". W sensie gospodarczym istnieje skłonność do mówienia „My" wówczas, gdy członkowie narodu są w miarę mało zróżnicowani pod względem poziomu życia. Jeżeli te różnice są wielkie, to wówczas trudno się jakiemuś biedakowi utożsamiać z kimś, kto ma bardzo duże dochody, czy dużą wartość aktywów.

W związku z tym naród w sensie gospodarczym jest stabilny, trwa i jest wzajemne zaufanie ludzi do siebie wówczas, gdy istnieją stosunkowo małe różnice dochodowe. To jest bardzo istotne, gdyż jednym z elementów odpowiedzialności społecznej przedsiębiorstwa jest to, żeby ten model funkcjonowania przedsiębiorstw był taki, aby budował więzi między ludźmi w postaci sprzyjania **wzajemnemu zaufaniu.**

Pojawia się tu ciekawy problem. Mianowicie od wielu lat pod patronatem prof. **Janusza Czaplińskiego** odbywają się różnego typu ankiety („Diagnoza społeczna"[75]) związane z badaniami na temat sytuacji polskiego narodu rozumianego obywatelsko, czyli Polaków jako obywateli.

Tam zadawanych jest bardzo **wiele pytań** dotyczących życia obywateli, m.in. jest też takie pytanie: czy większości ludziom można wierzyć, czy raczej trzeba być bardzo ostrożnym? Otóż odpowiedź na to pytanie pokazuje stopień wzajemnego zaufania między polskimi obywatelami.

---

[75] Tekst Diagnozy społecznej można znaleźć pod tym adresem: http://www.diagnoza.com/pliki/raporty/Diagnoza_raport_2015.pdf.

Z badań tych wynika, że występuje między naszymi rodakami (gdyby przyjąć badania prof. Czaplińskiego za wiarygodne) pewnego typu nieufność, ostrożność w kontaktach międzyludzkich i raczej jest mała chęć do współpracy. W innych krajach jest lepiej, zwłaszcza w krajach skandynawskich, gdzie zaufanie jest większe.

Są tacy ekonomiści, którzy twierdzą, iż małe zaufanie Polaków do siebie utrudnia współpracę na polu gospodarczym i warto je zwiększyć także w innych dziedzinach. To jest jedna z barier dalszego rozwoju gospodarki. Były członek Rady Polityki Pieniężnej **prof. Jerzy Hausner** w swoich wypowiedziach na temat barier w rozwoju gospodarczym Polski wskazuje na niski stopień wzajemnego zaufania.

To nazywa się też niskim poziomem **kapitału społecznego**. Kapitał ten jest wówczas duży, gdy zaufanie ludzi do siebie jest duże. Natomiast jeżeli to zaufanie jest małe, to ten kapitał społeczny jest niezbyt wielki.

Z kolei z innych badań wynika, iż **zaufanie Polaków** jednak sukcesywnie **zwiększa się**. Badania na ten temat przeprowadzono w latach 2002–2008 na przykładzie **młodzieży krakowskiej**[76] i porównano je z próbą ogólnopolską.

Co ciekawe, najwyższy poziom zaufania Polacy przejawiają wobec członków **swej najbliższej rodziny** (Wykres 14).

Ważne, aby wzajemne zaufanie Polaków jeszcze bardziej się zwiększało. Jest to nieodzowne z punktu widzenia budowania społecznej gospodarki rynkowej opartej na patriotyzmie gospodarczym, czyli zdolności do współpracy.

Warto wskazać, że problem społecznej odpowiedzialności przedsiębiorstwa wiąże się jeszcze w pewien sposób z relacją pomiędzy prawami klienta a prawami pracownika. Szczególnie to jest istotne w korporacjach, a zwłaszcza w instytucjach finansowych, w tym w **bankach**.

---

[76] Zaufanie społeczne jako nowoczesna forma patriotyzmu i obywatelskości, pod red. S. Rudnickiego, Wyd. Wyższa Szkoła Europejska im. ks. Józefa Tischnera, Kraków 2008, s. 27–28.

SPOŁECZNA ODPOWIEDZIALNOŚĆ PRZEDSIĘBIORSTWA 57

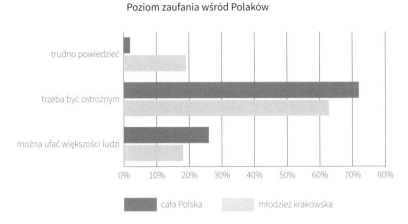

Wykres 13: Zaufanie wśród Polaków w latach 2002–2008. Źródło: opracowanie na podstawie badań z przypisu 76.

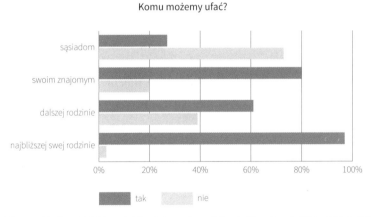

Wykres 14: Zaufanie Polaków wśród rodzin, znajomych i sąsiadów w latach 2002–2008. Źródło: opracowanie na podstawie badań z przypisu 76.

Mianowicie w bankach są tworzone tzw. **plany sprzedażowe**[77], które polegają na tym, że pracownicy są oceniani wedle tego, ile różnego typu

---

[77] Informacje na ten temat można znaleźć pod tym adresem: http://samcik.blox.pl/2010/10/Jak-wykonac-plan-sprzedazowy-czyli-bank-buduje.html.

usług finansowych są w stanie sprzedać klientom. Tego typu nacisk na maksymalizowanie celów sprzedażowych może właśnie skłaniać pracowników do tego, żeby na siłę starać się maksymalnie takie działania podjąć, aby sprzedać jak najwięcej usług finansowych, kredytów, lokat, innego typu funduszy itd.

Można powiedzieć, że wówczas **pracownicy banków** są bardziej **sprzedawcami** niż doradcami. Tymczasem klient prawdopodobnie bardziej by się czuł bezpieczny, gdyby dany pracownik bankowy był **bardziej doradcą,** a nie sprzedawcą. Aby to było możliwe, warto zastanowić się, jakie znaczenie mają zasady etyki. Nawet w bankowości istnieje zbiór **zasad etyki bankowej**[78] opracowanych kilka lat temu. Tam jest wskazane na to, iż klientom powinny być oferowane usługi, które im są potrzebne faktycznie, a nie które im się wmawia. Aby to było możliwe, to te zasady etyczne muszą być jak najbardziej wkomponowane w funkcjonowanie przedsiębiorstwa, a wówczas idea społecznej odpowiedzialności przedsiębiorstwa stanie się jeszcze bardziej wiarygodna, bardziej wartościowa.

Ciekawe badania na temat zgodności oferty banków z potrzebami ich klientów znajdziemy w książce **Katarzyny Majchrzak i Tomasza J. Dąbrowskiego** pt.: „Społeczna odpowiedzialność banków w kontekście walutowych kredytów hipotecznych"[79].

Autorzy ci zauważają, że **stopień dopasowania oferty** bankowej do rzeczywistych potrzeb ich klientów jest generalnie niezbyt wysoki. Ponadto jest on bardzo zróżnicowany w zależności od stopnia ich zaufania do banków. Najniższy stopień zaspokojenia potrzeb klientowskich utrzymuje się wśród klientów wykazujących **niskie** (13%) bądź **umiarkowane** zaufanie do banków (40%).

---

[78] Kodeks ten można znaleźć pod tym adresem: https://zbp.pl/public/repozytorium/dla_konsumentow/rekomendacje/KEB_final_WZ.pdf.

[79] T.J. Dąbrowski, K. Majchrzak, Społeczna odpowiedzialność banków w kontekście walutowych kredytów hipotecznych, Ce De Wu, Warszawa 2016, s. 117.

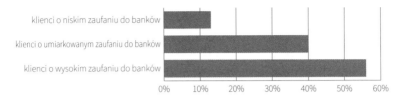

Wykres 15: Zaufanie do banków ze strony ich klientów (stan na 2016 rok). Źródło: opracowanie na podstawie badań z przypisu 79.

Idea społecznej odpowiedzialności przedsiębiorstwa, jak to podano już na wielu przykładach, jest związana z ideą patriotyzmu gospodarczego. Ciekawą inicjatywą propagującą idee społecznej odpowiedzialności w działalności instytucji bankowych w naszym kraju jest **Duszpasterstwo Bankowców**. Duszpasterstwo to organizuje corocznie pielgrzymki pracowników banków na **Jasną Górę**. Pierwsza taka pielgrzymka była zapoczątkowana w dniu 1 czerwca 1997 roku[80].

---

[80] Informacje na ten temat można znaleźć pod adresem: http://bankowcy.idw.info.pl/index.php?act=history.

Rozdział 3: Społeczna odpowiedzialność konsumenta

Podczas jednej z dyskusji, które odbywały się z udziałem przedstawicieli polskiego rządu, ówczesny wiceminister finansów **Konrad Raczkowski** przedstawił bardzo ciekawą sytuację, która wystąpiła kiedyś w Norwegii. Otóż w pewnym mieście został wybudowany **hipermarket o kapitale niemieckim**. Okazało się, że po kilku miesiącach ten hipermarket został zlikwidowany. Stało się tak dlatego, że klienci dość rzadko go odwiedzali. De facto można powiedzieć, że został tutaj prowadzony **pewnego typu bojkot**. Klienci, konsumenci norwescy woleli jeździć nawet nieco dalej, niż mieszkali, aby znaleźć hipermarket o **kapitale norweskim** i tam poczynić zakupy. Tego typu przykład pokazuje, że norwescy konsumenci dali wyraz swojemu **preferowaniu towarów krajowych**. Minister Konrad Raczkowski w tej dyskusji wskazał na to, że oni nie dlatego bojkotowali ten sklep, że był niemiecki, lecz dlatego, że nie był norweski. Chodzi tu o to, że owi konsumenci nie kierowali się jakąś niechęcią do konkretnej narodowości czy kapitału z innego kraju, lecz tym, że nie był to właśnie **kapitał rodzimy**. Myślę, że tak samo postąpiliby, gdyby ten sklep był nie niemiecki, ale francuski, japoński czy amerykański. Okazało się, że po kilku miesiącach sklep niemiecki został zlikwidowany, a na jego miejsce powstał sklep o kapitale norweskim. Tego typu przykład jest wart pewnego przemyślenia. Pokazuje rolę, jaką mają do odegrania konsumenci w ramach idei patriotyzmu gospodarczego. Widać tu bardzo wyraźnie, że **postawa konsumentów** jest bardzo istotna. Więcej na temat stosowania bojkotu na polu gospodarczym można przeczytać w książce Romana Rybarskiego „**Bojkoty ekonomiczne w krajach obcych**"[81].

---

[81] R. Rybarski, Bojkoty ekonomiczne w krajach obcych, Księgarnia Gebethnera i Sp., Kraków 1916.

Roman Rybarski opisuje w swej książce przypadki bojkotów ekonomicznych, które stosowały **różne narody** na przełomie XIX i XX wieku. Autor podaje przykłady bojkotów stosowanych przez Turków wobec towarów z Austro-Węgier, Finów wobec towarów z carskiej Rosji, Czechów wobec towarów niemieckich. Niezwykle ciekawe są przypadki bojkotów stosowanych przez narody azjatyckie: Chińczyków przeciw dominacji gospodarczej USA i Japonii, Hindusów przeciw dominacji handlowej Wielkiej Brytanii. Bardzo inspirującym przykładem bojkotów ekonomicznych jest **przypadek hinduski**. Pod koniec XIX wieku na terenie dzisiejszych Indii pojawił się ruch zwany „**Saudeshi**". Warto tu na początku zaznaczyć, iż Indie w tamtym czasie były kolonią brytyjską. Na przełomie XIX i XX wieku Indie podejmowały próby odzyskania niepodległości. Wszystkie te próby były krwawo tłumione przez Anglików. Dlatego poszukiwano innych, bardziej pokojowych metod walki ze znienawidzonymi kolonizatorami. Wówczas pojawił się ruch „Saudeshi", inaczej **„Moja Ojczyzna"**. „Saudeshi" miał dwojakie znaczenie. Po pierwsze, chodziło tu o zmierzanie do poparcia **rodzimej wytwórczości** przez zjednywanie sobie klienteli. Po drugie, były to działania na polu politycznym i moralnym dążące do odrodzenia narodowego i do liczenia na własne siły. „Saudeshi" to ruch propagujący rozwój kultury narodowej we wszystkich dziedzinach, który każe tę kulturę cenić wyżej od obcej. Co ciekawe, ruch ten został zapoczątkowany przez hinduskie organizacje studenckie pod koniec XIX wieku. Owe organizacje studenckie wzywały do oparcia rozwoju gospodarczego na patriotyzmie i dawania **pierwszeństwa wytwórczości rodzimej**. Ruch ten był aktywny szczególnie w Pendżabie, a później na obszarze Bengalu. Kontynuatorem ruchu „Saudeshi" stał się później indyjski **Kongres Narodowy**. Jedna z uchwał tegoż kongresu wzywała mieszkańców kraju do pracy nad jego zwycięstwem przez poważne i wytrwałe wysiłki popierające wzrost przemysłu rodzimego i pobudzające produkcję artykułów rodzimych przez udzielanie im pierwszeństwa nad importowanymi nawet kosztem pewnej **ofiary**.

SPOŁECZNA ODPOWIEDZIALNOŚĆ KONSUMENTA 63

Co ciekawe, późniejsi hinduscy propagatorzy ruchu „Saudeshi" dostrzegali nawet korzyści ze współpracy z cudzoziemcami. Wykorzystywali w tym względzie przykład patriotyzmu gospodarczego stosowanego w XIX-wiecznej Japonii. Otóż patrioci japońscy dbali o to, aby przyciągnąć obcy kapitał do swego kraju dla celów rozwoju przemysłowego. Równocześnie jednak nie dozwalali, by zyski z przemysłu wychodziły poza granice ich kraju. Chodziło tu o to, aby **zużytkować obcy kapitał** dla rozwoju kraju i zapłacić zań odpowiednią cenę. Jednocześnie nie pozwalano, by kraj był eksploatowany przez obcy kapitał na własny jego rachunek.

Ciekawe badania na temat preferowania produktów krajowych względem zagranicznych przez polskich konsumentów przedstawia **Adam Figiel** w swej książce pt.: „Etnocentryzm konsumencki. Produkty krajowe czy zagraniczne"[82].

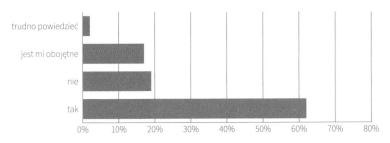

Wykres 16: Preferencje zakupowe polskich konsumentów. Źródło: opracowanie na podstawie książki Adama Figla pt.: „Etnocentryzm konsumencki. Produkty krajowe czy zagraniczne".

Patrząc na wykres, widzimy, że silna **preferencja dla produktów krajowych** w procesie podejmowania decyzji zakupowych jest rów-

---

[82] A. Figiel, Etnocentryzm konsumencki. Produkty krajowe czy zagraniczne, Polskie Wydawnictwo Ekonomiczne, Warszawa 2004, s. 12–13.

nież obecna u Polaków. Okazało się, iż ponad 60% Polaków w swych zakupach jest skłonna w większym stopniu preferować produkty krajowe niż zagraniczne. Najbardziej preferowane są polskie **produkty żywnościowe**.

Wspomniałem tutaj o zjawisku pewnego bojkotu przejawianego przez konsumentów w odniesieniu do produktów zagranicznych. Można powiedzieć, że bojkot jest jedną z form aktywności konsumenckiej czy de facto powstrzymania się od tej aktywności, który to bojkot wynika z przesłanek patriotycznych. Może być tak, że konsumenci, jeśli ich sposób rozumowania jest utrwalony, po prostu będą skłonni bojkotować towary produkowane przez zagranicznych producentów albo bojkotować np. sieci handlowe o kapitale zagranicznym, jeśli będą przekonani do popierania tego co własne, tego co rodzime.

Mówiąc o bojkocie, warto nawet wspomnieć jeszcze o tym, że kiedy np. **spółki giełdowe** publikują różnego typu prospekty emisyjne, raporty roczne i w tych dokumentach prezentują czynniki ryzyka, to być może warto by wśród czynników ryzyka także uwzględniać np. **ryzyko bojkotu** związanego z funkcjonowaniem danego przedsiębiorstwa. Dlatego, że ten bojkot byłby wtedy stosowany, gdyby konsumenci z jakichś powodów uznali, że warto powstrzymać się od nabywania towarów czy usług oferowanych przez danego producenta czy usługodawcę. Tak więc tego typu bojkot może także wynikać z pobudek patriotycznych. Warto o tym pamiętać. Ten przykład norweski pokazuje rolę konsumentów jako uczestników życia gospodarczego. **Konsumenci** zaś są **bardzo ważni**, dlatego że przecież jeżeli popatrzymy na PKB, to wiadomo, że PKB jest pewną miarą, która składa się z różnego typu elementów, a bardzo ważnym elementem PKB jest konsumpcja. Przy czym mamy do czynienia z konsumpcją publiczną, ale także z konsumpcją prywatną. **Konsumpcja prywatna** stanowi znaczny procent PKB. Są takie kraje, gdzie np. udział nakładów inwestycyjnych czy eksportu do PKB jest bardzo wysoki. Tym niemniej jednak i tak podstawą rozwoju gospodarczego jest konsumpcja wewnętrzna. Dlatego, że **wszyscy obywatele**, czyli wszyscy przedstawiciele narodu obywatelskiego, są de facto konsumentami. Konsumpcja prywatna jest bardzo ważnym elementem składowym PKB. Biorąc pod uwagę dane makroekonomiczne Eurostatu, widzimy, iż znaczenie konsumpcji prywatnej w wytwarzaniu krajowego PKB poszczególnych krajów jest nadal bardzo duże. Jeśli chodzi o Polskę, to udział konsumpcji prywatnej w PKB w ostatnich latach utrzymuje się na poziomie ok. 60%. Krajami, w których udział konsumpcji prywatnej w PKB w 2014 roku przekroczył poziom 60% są: Włochy (60,3%), Wlk. Brytania (61,6%) oraz Portugalia (64%).

Tabela 3: Udział konsumpcji prywatnej w PKB oraz PKB *per capita* w wybranych krajach.

Kraje	Udział konsumpcji prywatnej w PKB w %			PKB *per capita* w EUR		
	2004	2009	2014	2004	2009	2014
Czechy	48,5	48,2	47,8	4 600	6 800	7 000
Niemcy	55,8	55,8	53,7	15 400	16 700	18 900
Irlandia	44,1	47,3	43,3	16 900	17 500	17 400
Hiszpania	57,1	55,1	58,0	11 500	12 800	13 200
Francja	52,9	54,2	53,1	14 500	16 300	17 200
Włochy	58,6	60,1	60,3	14 700	15 900	16 000
Węgry	53,3	51,9	49,0	4 400	4 800	5 100
Polska	63,1	60,8	59,2	3 400	5 000	6 400
Portugalia	61,8	62,8	64,0	9 000	10 400	10 600
Szwecja	44,3	45,6	45,0	15 100	15 200	20 000
Wlk. Brytania	61,4	61,3	61,6	19 000	16 400	21 200
Norwegia	42,5	40,3	39,0	19 700	23 200	28 600
Szwajcaria	56,4	53,5	52,7	24 000	26 700	33 600

Źródło: opracowanie na podstawie danych Eurostatu.

Również dane dotyczące PKB *per capita* pokazują, iż Polacy sukcesywnie podnoszą swą zamożność. Wskaźnik ten zwiększył się bowiem z poziomu 3 400 euro w roku 2004 do poziomu 6 400 euro w roku 2014.

Świadczy to o coraz większej sile polskich konsumentów na szeroko pojętym rynku. **Umacnia** to coraz bardziej naszą **polską wspólnotę** narodową.

Naród obywatelski bowiem, rozumiany jako wszyscy obywatele, stanowi pewną całość, obejmuje wszystkich konsumentów będących członkami całej wspólnoty. To pokazuje znaczenie konsumentów w procesie podejmowania decyzji i w zakresie wpływania na sytuację gospodarczą. Jest to bardzo ważne. Należy pamiętać, że **konsumenci działają** w pewnych warunkach. Warunkami tymi są np. stopień poinformowania konsumentów o **źródłach pochodzenia** towarów czy usługi świadczonej przez jakiegoś usługodawcę. Warto podkreślić, iż konsumenci, jeśliby motywowani byli inspiracją patriotyczną, to mogliby dokonywać tego typu **wyborów patriotycznych** w duchu patriotyzmu gospodarczego, wówczas gdyby mieli świadomość, że pewne towary i usługi są związane z **rodzimą własnością**, a inne z własnością zagraniczną.

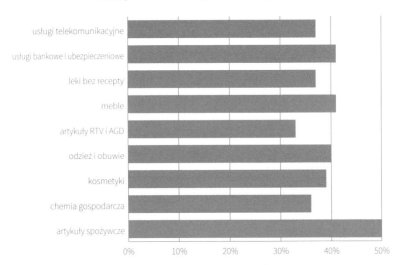

Wykres 17: Pochodzenie produktów a skłonność do zakupów. Źródło: opracowanie na podstawie badań przeprowadzonych przez Open Research w 2016 roku.

Ciekawe badania na temat wpływu kraju pochodzenia produktu na wybory zakupowe Polaków zawiera opracowanie „Patriotyzm konsumencki Polaków? Analiza zjawiska" wykonane przez ośrodek **Open Research**. Autorzy opracowania dowodzą, iż siła patriotyzmu konsumenckiego naszych rodaków zależy od rodzaju produktów i usług. Z badań wynika, iż Polacy preferują najbardziej krajowe produkty i usługi z takich grup asortymentu jak: **artykuły spożywcze** (50%), **meble** (41%) oraz **usługi finansowe** (41%).

Warto tu wspomnieć, iż w sytuacji globalizacji dochodzi czasami do pewnego typu **utrudnienia rozpoznania**, który podmiot gospodarczy jest podmiotem o kapitale rodzimym, a który o kapitale zagranicznym. Są publikowane dane o **strukturze własnościowej** różnego typu instytucji, ale często **nie są** to dane takie publicznie bardzo znane. Przykładowo można powiedzieć, że dziennik „Rzeczpospolita" każdego roku publikuje **ranking 500** największych przedsiębiorstw działających w Polsce. Każde przedsiębiorstwo posiada określoną przynależność do **sektora własności**. To jest tak, że część przedsiębiorstw to są przedsiębiorstwa o **kapitale rodzimym** (różnym oczywiście: publicznym, samorządowym i prywatnym), a część to są przedsiębiorstwa o **kapitale zagranicznym**. Warto jednak pamiętać, że tego typu rankingi nie są powszechnie znane. Często klienci pytani o to, jakie przedsiębiorstwa są własnością kapitału zagranicznego czy kapitału polskiego, mogą mieć **trudności z odpowiedzią**. Przykładowo kiedyś w Polsce działał pewien bank o nazwie **Polbank**. On się potem połączył z Raiffeisenem. Ten Polbank z uwagi na swoją nazwę mógł być przez część naszych konsumentów **kojarzony** jako bank o polskim kapitale. Okazuje się, że to nie był bank o polskim kapitale, tylko bank o **kapitale greckim**. To pokazuje, że ważne znaczenie ma to, aby poszczególni klienci mieli informacje o tym, które przedsiębiorstwa działające w naszym kraju są przedsiębiorstwami o kapitale rodzimym, a które o kapitale zagranicznym.

Mówiąc o **motywacjach** konsumenta, na początku tego rozdziału wskazałem na przykład norweski. Jest to bardzo ważne i warto wspomnieć o **Norwegach** jako o pewnym narodzie, który jest bardzo silnie przywiązany do popierania tego, **co własne**. Jest to naród, który mocno wierzy w swoje możliwości i jest skłonny do tego, aby **decydować** sam **o sobie**. Przykładowo warto powiedzieć, że w latach 70. XX wieku w Norwegii odbyło się **referendum** w sprawie **wejścia Norwegii** do Europejskiej Wspólnoty Gospodarczej (EWG).

Ks. bp **Edward Frankowski** przytacza ciekawy przykład wielkiej ofiarności i nieustępliwości w walce o zachowanie **suwerenności Norwegii**[83]. Otóż podczas referendum w sprawie wejścia Norwegii do EWG w 1972 roku, 23-letnia Norweżka **Anna Enger** zorganizowała we wszystkich gminach Norwegii **grupy patriotyczne**. Była ona bowiem zaniepokojona manipulacją sondażami w sprawie ewentualnego członkostwa Norwegii w EWG. Jeszcze na pół roku przed referendum do publicznej wiadomości podawano, że blisko 70% Norwegów rzekomo opowiadało się za przystąpieniem Norwegii do EWG. Anna Enger uważała, że stało się to z powodu **manipulacji mediów**, które nie brały pod uwagę interesów narodowych, tylko działały we własnych interesach finansowych. Postanowiła ona więc temu przeciwdziałać, podejmując działalność edukacyjną pokazującą rzeczowe **argumenty za suwerennością** Norwegii. Opracowywano wówczas odpowiednie książki, broszury i ulotki. Odbywały się liczne spotkania i dyskusje. W wyniku tych działań liczba euroentuzjastów szybko zmniejszała się. Na tydzień przed referendum liczba zwolenników stopniała z 70% do 46%. A gdy przyszedł dzień głosowania, 54% Norwegów odrzuciło wstąpienie ich kraju do EWG.

Można powiedzieć, że Norwegia była wówczas i nadal jest w organizacji wolnego handlu **EFTA**. Natomiast EWG była przykładem organizacji

---

[83] E. Frankowski, Każdy idzie na referendum, Homilia wygłoszona w grudniu 2002 roku w Godziszowie, „Nasz Dziennik" z 6 stycznia 2003 roku.

o ściślejszej integracji gospodarczej, gdzie więcej kompetencji było przekazywanych **w ręce ponadnarodowe** i to nie spodobało się Norwegom. Dlatego powiedzieli „nie" tej organizacji.

Można powiedzieć, że tego typu postawa chęci do tego, ażeby **samodzielnie się rządzić**, przekłada się dalej na pewną postawę konsumentów w stosunku do wspomnianego wcześniej niemieckiego hipermarketu. Co ciekawe, w Norwegii było **kolejne referendum** w latach 90. XX wieku. Tym razem dotyczące wejścia Norwegii do Unii Europejskiej. Również wówczas Norwegowie powiedzieli tej organizacji „nie!". Ten przykład pokazuje, że **motywacja patriotyczna** u **konsumentów** na polu gospodarczym może być związana z ogólnym nastawieniem danego narodu w zakresie chęci do samodzielnego decydowania o swoich sprawach, do popierania tego co własne. To się może bardzo silnie ze sobą wiązać. Można domniemywać, że osoby o silnej dumie narodowej, o silnym poczuciu własnej narodowości będą bardziej skłonne preferować towary rodzime niż osoby o skłonności kosmopolitycznej, dla których cały świat jest jedną wioską, ich ojczyzną. Tymczasem osoby, dla których **Polska** jest po prostu ojczyzną, są prawdopodobnie bardziej skłonne do wyrażania postaw patriotycznych także na polu gospodarczym.

Ciekawe badania na temat siły patriotyzmu konsumenckiego Polaków w zależności od stopnia poczucia tożsamości narodowej prezentują **Dominika Maison i Tomasz Baran** w swoim artykule na łamach „Marketingu i Rynku"[84].

Autorzy owego artykułu dowodzą, iż silniejsze postawy patriotyzmu konsumenckiego wykazują konsumenci cechujący się **silnym przywiązaniem** do własnej wspólnoty.

Mówiąc o motywacji konsumentów w kontekście motywacji patriotycznej, warto oczywiście pamiętać, że motywacji działania kon-

---

[84] D. Maison, T. Baran, Dobre, bo (nie)polskie? O uwarunkowaniach i konsekwencjach etnocentryzmu konsumenckiego, „Marketing i Rynek", 2014, nr 10, s. 1–10.

sumentów jest wiele. Mówi się dużo o **psychologicznych aspektach** związanych z zachowaniem konsumentów[85]. Warto pamiętać, że działania konsumentów nie są związane tylko i wyłącznie z poziomem **ceny produktu** czy usługi.

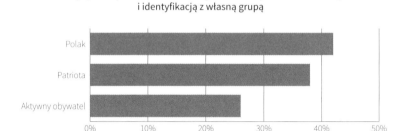

Wykres 18: Patriotyzm konsumencki a poczucie tożsamości narodowej. Źródło: opracowanie na podstawie badań Dominiki Maison i Tomasza Barana.

Ciekawe badania dotyczące czynników wyboru przez konsumentów sieci handlowej Biedronka zawiera artykuł **Katarzyny Bilińskiej-Reformat** i **Anny Dewalskiej-Opitek** pt.: „Wykorzystanie etnocentryzmu konsumenckiego w kształtowaniu wizerunku sieci handlowych"[86].

Patrząc na poniższy wykres, można zauważyć, iż obok **atrakcyjnych cen produktów** czy dogodnej lokalizacji ważnymi czynnikami wyboru sieci Biedronka były: możliwość kupna **marek polskich** producentów (37%).

Co ciekawe, autorki w artykule dowodzą, iż jedną z przyczyn sukcesu tej sieci na polskim rynku jest **przekonanie wielu Polaków**, że jest to **polska firma** (a wiadomo przecież, że to zagraniczna sieć handlowa).

---

[85] J. Zweig, Twój mózg, twoje pieniądze, Edit Biznes, Warszawa 2010, s. 11–21.
[86] K. Bilińska-Reformat, A. Dewalska-Opitek, Wykorzystanie etnocentryzmu konsumenckiego w kształtowaniu wizerunku sieci handlowych, w: Etnocentryzm na rynku produktów żywnościowych. Stan i perspektywy rozwoju, s. 50–57.

Autorki wspominają w swym artykule, iż „twarzą" reklamy telewizyjnej był znany polski aktor, **Daniel Olbrychski**. Hasłem reklamowym było zaś powiedzenie „**My Polacy tak mamy**".

Wykres 19: Determinanty wyboru sieci handlowej Biedronka przez polskich konsumentów. Źródło: opracowanie na podstawie badań K. Bilińskiej-Reformat oraz A. Dewalskiej-Opitek.

Kiedy na zajęciach z **mikroekonomii** omawia się **kwestie związku** między **ceną a popytem** na jakieś dobra, wskazuje się na to, że im **niższa cena**, tym **popyt wyższy**. Tego typu relacja jest modyfikowana przez **różne czynniki**, które powodują np., że popyt na pewne dobra jest **bardziej stały**. Do tej stałości popytu mogą się przyczyniać także postawy patriotyczne.

Nasuwa się pytanie, kiedy mogą się te postawy patriotyczne wśród konsumentów zdarzać?

One w praktyce mogą się pojawiać wówczas, kiedy jest taka sytuacja, że na danym osiedlu w stosunkowo bliskim otoczeniu działają obok siebie hipermarket będący własnością kapitału zagranicznego, np. portugalskiego, oraz obok niego jakiś **polski** mały **sklep spożywczy**. Otóż jest to wówczas okazja do posłużenia się **motywacją patriotyczną**, do preferowania korzystania z usług **o polskim kapitale**.

Można powiedzieć, że trudno się domagać od konsumentów, żeby masowo tego typu motywację przejawiali. Jest to naturalnie tylko jedna z motywacji. Niemniej jednak oczywiście to ma duży wpływ na działanie przedsiębiorstw, także tych małych, które są może mniej znane i mają mniej środków na **kampanie reklamowe**, na marketing. Dlatego postawa konsumentów w duchu patriotyzmu konsumenckiego jest dla tych małych polskich sklepów szczególnie cenna.

Badania na temat wykorzystywania w reklamach **polskich nazw** przy oznaczaniu sprzedawanych produktów prezentuje wspomniany już w niniejszym rozdziale ośrodek Open Research.

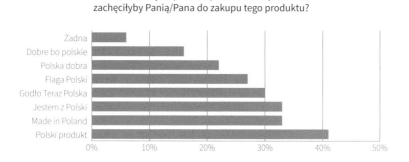

Wykres 20: Wykorzystanie polskich nazw do promocji produktów. Źródło: opracowanie na podstawie badań przeprowadzonych przez Open Research w 2016 roku.

Z badań przedstawionych przez Open Research wynika, że najmłodsze generacje Polaków (wiek: do 24 lat) najbardziej przekonuje do zakupów polskich produktów nazwa „**Jestem z Polski**". Wyniki te są bardzo pocieszające z punktu widzenia szerzenia się postaw patriotycznych w naszym kraju.

Mówiąc o kwestiach działalności konsumentów, warto o tym pamiętać, że konsumenci często działają w sytuacji, gdy trudno im odróżnić usługi czy produkty oferowane przez zagraniczny kapitał od tych oferowanych przez kapitał polski. Dlatego do tego odróżnienia mogłyby im służyć różnego typu pomoce, także technologiczne. Niedawno powstała aplikacja „Pola", która ułatwia rozpoznawanie pochodzenia produktów podczas wizyty w sklepie[87]. Ciekawe, że twórcy tej aplikacji otrzymali od prezydenta RP **Andrzeja Dudy** odznaczenie państwowe w związku ze **Świętem Niepodległości**. To pokazuje, że także władze publiczne dostrzegają rolę właśnie uświadomienia klientów w zakresie rozróżniania między produktami zagranicznymi a produktami polskimi. To jest bardzo ważne w sensie pozyskiwania wiedzy o **źródłach pochodzenia** danego produktu. Gdy chodzi o usługi finansowe, często jest tak, że regulacje międzynarodowe, zwłaszcza **unijne**, powodują, że jest pewnego typu **standaryzacja** warunków działania przedsiębiorstw i dokumentacji, dotyczącej np. warunków oferowania jednostek funduszy inwestycyjnych zarówno w przypadku funduszy o kapitale polskim, jak i kapitale zagranicznym. Taka sytuacja **utrudnia** często uzyskanie wiedzy o strukturze własnościowej towarzystw funduszy inwestycyjnych.

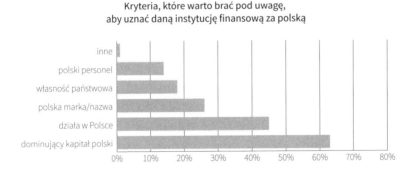

Wykres 21: Cechy polskich instytucji finansowych. Źródło: opracowanie na podstawie badań przeprowadzonych przez Agnieszkę Hat i Sławomira Smyczka.

---

[87] Aplikację „Pola" można znaleźć pod adresem: https://www.pola-app.pl/.

Ciekawe badania na temat **postrzegania** przez konsumentów **polskich** instytucji finansowych działających w naszym kraju przeprowadzili **Agnieszka Hat i Sławomir Smyczek** w książce pt.: „Etnocentryzm konsumencki na rynku usług finansowych"[88].

Z badań przedstawionych w owej publikacji wynika, iż za polskie instytucje finansowe są uważane te, w których **dominuje polski kapitał** (66%).

Również gdy chodzi o kwestie **funduszy emerytalnych**, to też są z tym pewne problemy. Warto wskazać, że podczas dyskusji na posiedzeniu komisji sejmowej jedna z posłanek **Gabriela Masłowska** pytała przedstawicieli rządu w poprzednich latach o to, które powszechne **towarzystwa emerytalne** są pod kontrolą kapitału polskiego, a które zagranicznego. Tu też był pewien problem z wymienieniem ilości tego typu ofert z jednej i z drugiej kategorii. Dużą rolę w tym zakresie powinna odgrywać **Komisja Nadzoru Finansowego**, która mogłaby **służyć pomocą konsumentom** przy określaniu, które instytucje są pod kontrolą kapitału polskiego, a które pod kontrolą kapitału zagranicznego.

Chciałbym tutaj nawiązać do sytuacji, która występowała jeszcze kilka lat temu, a mianowicie gdy jeszcze istniał **nadzór bankowy** odrębny od innych form nadzoru finansowego. Tego typu nadzór **publikował** co jakiś czas informację o **strukturze własnościowej** sektora bankowego i nawet podawał, które banki są pod kontrolą kapitału polskiego, a które pod kontrolą kapitału zagranicznego. Było to tak, że klienci i tak mogli się kierować przy wyborze usług bankowych swoimi preferencjami. Niemniej jednak było to dość wyraźnie oznaczone. Obecnie od kilku lat KNF już tego nie czyni, tzn. nie jest dokładnie określone, które banki są własnością kapitału polskiego, a które zagranicznego. Być może **warto by powrócić** do tej poprzedniej **metody** podawania informacji o bankach.

---

[88] A. Hat, S. Smyczek, Etnocentryzm konsumencki na rynku usług finansowych, Wydawnictwo Uniwersytetu Ekonomicznego w Katowicach, Katowice 2016, s. 159.

Wówczas ta informacja o **strukturze własnościowej** byłaby szczegółowo podawana. To jest bardzo istotne, aby postawy konsumenckie w duchu odpowiedzialności społecznej mogły się rozwijać.

Warto pamiętać o tym, że mówiąc o motywacjach patriotycznych, mamy na myśli motywację, która się sprowadza do **preferowania** tego, **co własne**, co rodzime, np. produktów czy usług. Trzeba o tym też pamiętać, że motywacja taka może mieć bardzo różne źródło. **Abraham Maslow** wyróżnił kilka rodzajów **potrzeb człowieka**. Najważniejsze potrzeby to takie, które muszą być zaspokojone jako pierwsze, a więc potrzeby **biologiczne**, przetrwania, potem są potrzeby **bezpieczeństwa** i później potrzeby **przynależności**, a na końcu są inne jeszcze potrzeby[89].

Potrzeba przynależności jest szczególnie ważna w kontekście zjawiska patriotyzmu gospodarczego. Dlatego że patriotyzm wiąże się z poczuciem potrzeby wyrażania tej przynależności. W tym przypadku **przynależności narodowej**. Z przynależnością tą wiążą się określone prawa, zwyczaje i obowiązki. Można powiedzieć, że ta potrzeba przynależności powoduje, że może się bardziej dogodnie rozwijać patriotyzm gospodarczy. Idea patriotyzmu gospodarczego może jednak napotykać różnego typu **przeszkody**, pewne problemy.

Kiedyś było tak, że towary produkowane przez przedsiębiorstwa o kapitale polskim nie były na tak wysokim poziomie jakościowym. Jakość tych usług czy produktów nie była zbyt wysoka. Wówczas hasło preferowania tego co polskie, własne wzbudzało pewnego typu opór. Towary zagraniczne były wówczas wyraźnie lepsze. Natomiast teraz, kiedy nastąpiła **poprawa jakościowa** polskich towarów, usług świadczonych przez polskich usługodawców, konsumenci mogą jednak dochodzić często do takiego wniosku, że te towary świadczone przez różnych producentów są na stosunkowo podobnym poziomie. Wówczas ta preferencja na rzecz

---

[89] O teorii potrzeb ludzkich A. Maslowa można przeczytać pod tym adresem: http://www.zarzyccy.pl/p_piramida-potrzeb-maslowa.html.

kapitału polskiego nie wymaga jakiejś wielkiej **ofiary**, tylko po prostu jest nakierowaniem uwagi na towary **rodzime**, które pod względem jakościowym nie ustępują towarom zagranicznym. Natomiast jednak **warto preferować** to co własne, przyczyniając się do rozwoju polskiej gospodarki.

Mówiąc oczywiście o kwestiach patriotyzmu gospodarczego w kontekście odpowiedzialności społecznej konsumenta, warto pamiętać, że postawy konsumentów są bardzo często uzależnione od postaw **osób życia publicznego**, które deklarują poparcie dla idei patriotyzmu, w tym patriotyzmu gospodarczego.

Może być też tak, że konsumenci są z kolei skłaniani do postaw kosmopolitycznych, jeśli osoby będące **autorytetami** raczej do patriotyzmu by zniechęcały, w szczególności do patriotyzmu gospodarczego. Bardzo ważna jest zatem kwestia postaw, np. **aktorów czy sportowców**, którzy poprzez swoje **wypowiedzi** czy udział w reklamach **mogą wpływać** na **preferencje klientów**, skłaniając ich bezpośrednio czy pośrednio do preferowania produktów oferowanych przez kapitał rodzimy.

Jeżeli chodzi o osoby, które wykonały bardzo dużą pracę w umacnianiu patriotyzmu gospodarczego wśród Polaków, warto wskazać osobę **prof. Witolda Kieżuna**[90].

Jest to naukowiec, który specjalizuje się w dziedzinie organizacji i zarządzania. Jednak jego spektrum działalności naukowej jest nieco szersze. Jego książki pokazują **przemiany własnościowe** w polskiej gospodarce okresu transformacji. Autor zawiera w nich swą **krytyczną refleksję**. Witold Kieżun wielokrotnie w swoich wypowiedziach namawia właśnie konsumentów do **preferowania** produktów oferowanych przez **rodzimych producentów**, do korzystania z usług finansowych banków o kapitale **rodzimym**.

Witold Kieżun używa nawet sformułowania „**bojkot**" w odniesieniu do produktów oferowanych przez kapitał zagraniczny. Trzeba o tym też

---

[90] W. Kieżun, Patologia transformacji, Wydawnictwo Poltext, Warszawa 2012.

pamiętać, że potrzeby i motywacje ludzkie są różne. Trudno sobie wyobrazić, aby motywacja patriotyczna była motywacją zasadniczą u większości konsumentów. **Trzeba też być realistą.** Niemniej jednak, generalnie rzecz biorąc, ten element motywacji patriotycznej u konsumentów występuje. To czy on występuje, można poznać po wynikach badań, chociażby socjologicznych, w których ankietowani przyznają, że w razie potrzeby dokonania wyboru między dwoma produktami czy usługami są **skłonni** korzystać z **produktów i usług rodzimych.**

Ciekawe badania na ten temat znajdziemy we wspomnianej już książce Agnieszki Hat i Sławomira Smyczka pt.: „Etnocentryzm konsumencki na rynku usług finansowych". Okazało się, że dla stosunkowo znacznej grupy respondentów biorących udział w ankiecie **kraj pochodzenia usługi** (25%) miał decydujące znaczenie przy jej wyborze. Bardzo ważne przy wyborze usługi finansowej dla **większości respondentów** są jednak **warunki oferty** (67%).

Wykres 22: Czynniki wyboru usług finansowych przez polskich konsumentów. Źródło: opracowanie na podstawie badań przeprowadzonych przez Agnieszkę Hat i Sławomira Smyczka.

Są też inne badania, które pokazują przedsiębiorców, którzy uważają, że w działalności gospodarczej warto **preferować współpracę** z instytucjami o **kapitale rodzimym.** Jest to znaczące, gdyż pokazuje to, że przedsiębiorcy zdają sobie sprawę z tego, iż **motywacja** patriotyczna, **narodowa** ma w gospodarce swoje znaczenie. Przedsiębiorcy być może kiedyś byli nastawieni trochę inaczej do tego zagadnienia, ale od pewnego czasu zaczęło się to zmieniać. Pamiętam, że jeden z prezesów przedsiębiorstwa o polskim kapitale udzielił wywiadu magazynowi „Forbes" i powiedział, że przedsiębiorcy polscy nie dostrzegali potrzeby propagowania patriotyzmu gospodarczego, nie widzieli potrzeby preferowania polskiej własności. Natomiast później, kiedy zaczęli się zajmować eksportem, gdy widzieli, jak inne **rządy popierają swoich przedsiębiorców**, wówczas również oni zaczęli myśleć kategoriami patriotyzmu gospodarczego, preferowania tego co własne. Być może jest tak, że także przedsiębiorcy, którzy pełnią funkcję konsumentów po swojej pracy, też są przeniknięci duchem patriotycznym.

Warto wskazać, iż rola konsumentów w działalności gospodarczej jest bardzo ważna, gdyż to właśnie **konsumenci decydują**, czy przedsiębiorstwo się będzie rozwijało czy też nie. Można nawet wręcz powiedzieć, że są takie wypowiedzi ekonomistów, którzy twierdzą, że to właśnie **naród prowadzi politykę gospodarczą**. Przedwojenny polski ekonomista Stanisław Głąbiński twierdził właśnie, że politykę gospodarczą prowadzi nie tylko państwo, samorząd, lecz również i naród, czyli ogół obywateli, tzn. konsumenci, którzy poprzez swoje działania **mogą preferować towary krajowe** bądź tego nie czynić[91].

Ciekawe badania na temat **przywiązania do polskości**[92] ze strony naszych rodaków prezentuje poniższy wykres.

Z badań wynika, iż **większość z nas** (53%) czuje się przywiązana do spraw naszej ojczyzny.

---

[91] S. Głąbiński, Ekonomika narodowa. Teoria ekonomiki narodowej, Ateneum, Lwów 1927.
[92] Zaufanie społeczne jako nowoczesna forma patriotyzmu i obywatelskości, op. cit., s. 30–35.

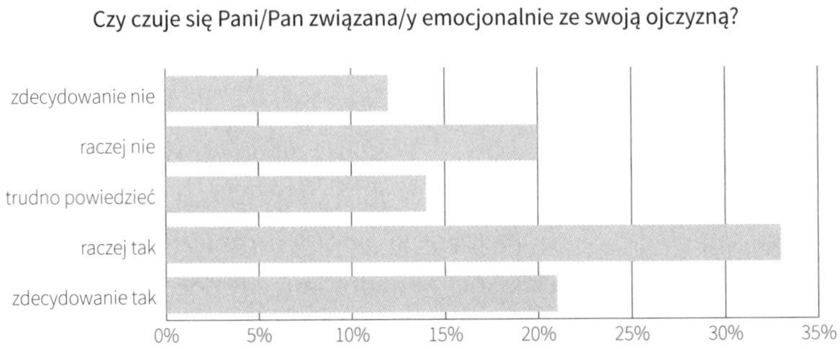

Czy czuje się Pani/Pan związana/y emocjonalnie ze swoją ojczyzną?

```
zdecydowanie nie    ▉▉▉▉▉▉▉▉▉▉▉▉
      raczej nie    ▉▉▉▉▉▉▉▉▉▉▉▉▉▉▉▉▉▉▉▉
trudno powiedzieć   ▉▉▉▉▉▉▉▉▉
      raczej tak    ▉▉▉▉▉▉▉▉▉▉▉▉▉▉▉▉▉▉▉▉▉▉▉▉▉▉▉▉▉▉▉▉
zdecydowanie tak    ▉▉▉▉▉▉▉▉▉▉▉▉▉▉▉▉▉▉▉▉▉▉
                   0%   5%   10%  15%  20%  25%  30%  35%
```

Wykres 23: Identyfikacja Polaków ze sprawami swojej ojczyzny. Źródło: opracowanie na podstawie badań zaprezentowanych w pracy „Zaufanie społeczne jako nowoczesna forma patriotyzmu i obywatelskości".

Ta **motywacja patriotyczna** zatem może być obecna u wielu konsumentów. Trzeba o tym pamiętać, że te postawy mogą być **bardzo różne** i o tym będziemy mówili w kolejnych rozdziałach pracy. Warto zapamiętać, iż motywacja patriotyczna jest motywacją, która u konsumentów występuje. Warto, aby ona występowała. Trzeba oczywiście ją także **mierzyć** i stwarzać warunki do tego, aby ta motywacja mogła się przejawiać. Warunkiem tego jest **informowanie konsumenta** o strukturze własnościowej danego przedsiębiorstwa. Powstał jakiś czas temu urząd **rzecznika finansowego**, który dba o prawa klientów instytucji finansowych[93].

Być może warto by pomyśleć o tym, aby jednym z **praw klientów** instytucji finansowych była **wiedza** o tym, jakiego typu **struktura własnościowa** daną instytucję charakteryzuje. To też jest istotne, bo umożliwia realizowanie się zjawiska **idei patriotyzmu gospodarczego**. Ta idea jest realizowana wówczas, gdy konsument ma odpowiednią wiedzę i gdy występuje zjawisko odpowiedzialności społecznej konsumenta.

Mówiąc o społecznej odpowiedzialności, warto zwrócić uwagę na to, że konsument często stoi przed takim dylematem, czy powinien **prefe-**

---

[93] Zob.: https://rf.gov.pl/.

rować **towary krajowe,** czy też w ogóle tego nie czynić. Przy czym skala przywiązywania wagi do tego zagadnienia może być **różna.** Warto tutaj wskazać przy okazji na pewną różnicę między sytuacją np. w okresie zaborów a sytuacją obecną. W **czasie zaborów** były różne opinie na temat preferowania towarów krajowych. Należy wskazać na istotną rolę pewnego sposobu myślenia związanego z **pracą organiczną,** która leżała u podstaw takiego oto przekonania, że **budowanie siły polskiego kapitału** jest bardzo ważne, aby się **wzmocnić** jako Polacy. Wówczas tą drogą podążano, aby doprowadzić do **odzyskania niepodległości.**

Z badań zaprezentowanych w pracy „Zaufanie społeczne jako nowoczesna forma patriotyzmu i obywatelskości" wynika, iż **Polacy nawet dzisiaj** są gotowi do poświęceń wobec **własnej ojczyzny.**

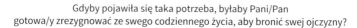

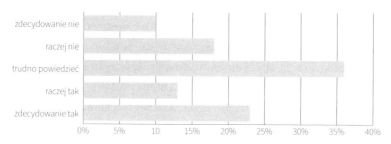

Wykres 24: Gotowość Polaków do poświęceń względem ojczyzny. Źródło: opracowanie na podstawie badań zaprezentowanych w pracy „Zaufanie społeczne jako nowoczesna forma patriotyzmu i obywatelskości".

Z Wykresu 24 wynika, iż ponad jedna trzecia naszych rodaków jest skłonna poświęcić **własne codzienne dobro** do obrony swojej ojczyzny.

Jedną z osób, które były bardzo silnie zaangażowane w propagowanie tematyki promowania tego co polskie w obszarze gospodarczym, była **generałowa Jadwiga Zamoyska,** która w swoich publikacjach zastanawiała się, jak i czy warto promować polskie towary i usługi świadczone przez polskich usługodawców. Przy czym ona zajmowała stanowisko, które można by nazwać dość stanowczym. Niektórzy powiedzieliby, że może dość skrajnym, choć może uzasadnionym kwestiami historycznymi, czyli okresem zaborów. Ona stawiała sobie pytanie, czy należy kupować towary polskie, gdy one są nieco gorszej jakości i nieco droższe niż towary zagraniczne. Otóż uważała ona, iż należy podjąć się **pewnej ofiary**[94]. Sądziła, że nie pobudzimy polskiego przemysłu, nie zbudujemy go, gdy nie będziemy w początkowej fazie promowali tego przemysłu, tolerując to, że polskie towary są nawet nieco gorszej jakości i nieco droższe. Przy takiej postawie **przedsiębiorcy polscy** zarobią i utrzymają się na rynku. Będą oni mogli wówczas wykorzystywać nadwyżki finansowe na poprawę jakości towarów i obniżkę cen. To było podejście bardzo daleko idące. Można powiedzieć, że było ono podejściem szczególnie ważnym w okresie zaborów. To wymagało długotrwałej zdolności do patriotycznej postawy gospodarczej i **odpowiedniego wychowania**. To było podejście bardzo wyjątkowe a jednocześnie bardzo cenne i potrzebne. Natomiast jeśli chodzi o podejście w warunkach pokojowych, to wówczas ono jest rzadziej stosowane.

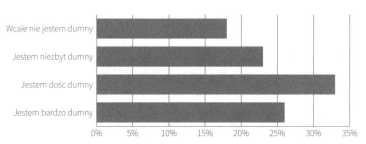

Wykres 25: Poczucie **dumy narodowej** wśród Polaków. Źródło: opracowanie na podstawie badań zaprezentowanych w pracy „Zaufanie społeczne jako nowoczesna forma patriotyzmu i obywatelskości".

---

[94] Służebnica Boża Jadwiga z Działyńskich Zamoyska mówi do nas, op. cit., s. 88–89.

Niemniej jednak warto zauważyć, że nawet dzisiaj występuje poczucie silnej **dumy narodowej**, tego, że się jest członkiem polskiej wspólnoty narodowej. Warto przytoczyć tu badania ze wspominanej już w niniejszym rozdziale publikacji „Zaufanie społeczne jako nowoczesna forma patriotyzmu i obywatelskości".

Z badań wynika, iż prawie 60% naszych rodaków odczuwa dumę narodową z faktu bycia Polakiem.

Innym przykładem osoby propagującej w przeszłości patriotyzm gospodarczy w naszym kraju jest postać **prof. Romana Rybarskiego**. Ten wybitny naukowiec to przedstawiciel **narodowej szkoły ekonomicznej** w okresie międzywojennym. W okresie tym panował pokój. Otóż Roman Rybarski uważał, że jeżeli są towary polskie i zagraniczne, to należy promować polskie towary, kupując je, ale tylko wówczas, gdy **jakość** tych towarów jest **podobna**. Być może większą wagę przywiązywał on do efektywności[95]. Prawdopodobnie uważał, że promowanie polskich towarów, nawet gdy były one niższej jakości, **zmniejszałoby motywację** polskich przedsiębiorców do podnoszenia jakości towarów.

Powstaje pytanie, czy podejście **Jadwigi Zamoyskiej** czy **Romana Rybarskiego** jest bardziej aktualne dzisiaj. Generalnie można powiedzieć, że sytuacja tutaj uległa w ostatnich latach zmianie. **Towary polskie** bowiem cechują się dziś **wyższym poziomem jakościowym** niż kiedyś. Trzeba powiedzieć, że jednak preferowanie towarów polskich wiąże się z pewnego **typu ofiarą**, bo patriotyzm to miłość, a **miłość** to **ofiara**. Podjęcie takiej ofiary wymaga pewnej **dyscypliny wewnętrznej**, przywiązania do tego, żeby starać się interesować, które towary są polskie, a które zagraniczne. W dalszej konsekwencji chodzi o **wyrobienie** w sobie **nawyku**, aby starać się **preferować** towary **krajowe**.

---

[95] R. Rybarski, System ekonomii politycznej. Psychologia społeczno-gospodarcza, Wydawnictwo Kasy im. Mianowskiego, Warszawa 1939.

Nawet gdyby przyjąć podejście Romana Rybarskiego, to jednak mimo wszystko jest ono uwarunkowane wewnętrznie w **sferze inspiracji** tym myśleniem Jadwigi Zamoyskiej, tzn. jest to jednak patriotyzm. Można powiedzieć, że jest to motywowane czymś bezinteresownym, czymś domagającym się pewnej ofiary, **logiki bezinteresowności**. Wpisuje się to w nauczanie papieża **Benedykta XVI**. W encyklice społecznej „**Caritatis in veritate**" pisał ów papież, że należy do gospodarki wprowadzać elementy **logiki daru**, czyli czegoś bezinteresownego. Zatem ten element patriotyczny stosowany przez konsumentów, którzy realizują swoją społeczną odpowiedzialność jest tym czymś **bezinteresownym**. Ów element logiki daru służy polskiej gospodarce w sposób bardziej **solidarny**, co sprzyja stabilizacji popytu na polskie towary.

Warto w tym miejscu przytoczyć badania na temat rozumienia patriotyzmu przez współczesnych Polaków.

Wykres 26: Definicja prawdziwego patriotyzmu Polaków. Źródło: opracowanie na podstawie badań zaprezentowanych w pracy „Zaufanie społeczne jako nowoczesna forma patriotyzmu i obywatelskości".

Z badań tych wynika jednoznacznie, iż prawdziwy patriotyzm dla większości z nas polega, obok **miłości do ojczyzny** (59%), przede wszystkim na **szacunku do wspólnej historii i tradycji** (76%), a także na gotowości do poświęcenia za ojczyznę.

Bardzo ważną kwestią jest łączenie popierania towarów polskich, towarów krajowych, rodzimych z dbałością o to, aby te towary były na wysokim poziomie i jakość obsługi była wysoka. Można do tego wykorzystywać rozmaite instrumenty. Jak już wspomniano wcześniej, od kilkunastu miesięcy działa rzecznik finansowy, który umożliwia zgłaszanie ze strony konsumentów pewnego typu uwag do instytucji finansowych na temat świadczonych im usług. Klient **umotywowany patriotycznie** zakłada rachunek oszczędnościowy w banku i poprzez instytucję rzecznika finansowego zgłasza uwagi do instytucji finansowych, starając się forsować pewnego typu działania. Przy czym są one skuteczne, gdy odbywają się w sposób stosunkowo szeroki. Są wynikiem np. pewnych protestów, **pewnych postulatów** wspieranych przez określone **środowiska**, np. związki zawodowe, **organizacje konsumentów**, czy inne osoby działające we wspólnym porozumieniu.

Rozdział 4: Struktura własnościowa polskiej gospodarki

Struktura własnościowa polskiej gospodarki ulegała w ostatnich dwudziestu kilku latach istotnym przemianom. W 1989 roku mieliśmy taką oto sytuację, że gospodarka była w dużym stopniu opanowana przez przedsiębiorstwa państwowe. To wynikało z tego, że przez okres powojenny mieliśmy przez wiele lat system nakazowo-rozdzielczy oparty w dużym stopniu na własności państwowej przedsiębiorstw. W szczególności gdy chodzi o przemysł, budownictwo i, co bardzo ważne, **system finansowy**, w tym oczywiście **banki**. To rodziło określone pewne skutki dla życia gospodarczego i społecznego. W rezultacie pojawiła się tutaj potrzeba różnego typu **żądań społecznych**, dokonania zmian systemu gospodarczego.

Na początku lat 90. XX wieku przyjęto koncepcję dokonywania **prywatyzacji** przedsiębiorstw państwowych, uznając, że tego typu podejście będzie miało pozytywne skutki dla naszej gospodarki. W rezultacie przedsiębiorstwa państwowe zaczęły być sprzedawane często **w ręce inwestorów zagranicznych**. Ponieważ przyjęto taką zasadę, że w polskiej gospodarce jest brak kapitału rodzimego prywatnego, to raczej sprzedawano przedsiębiorstwa inwestorom zagranicznym.

Były duże nadzieje związane z tym, że przedsiębiorstwa te pod wpływem **wejścia inwestorów zagranicznych** staną się bardziej nowoczesne, wydajne i dzięki temu poprawi się jakość ich zarządzania. Oczekiwano, iż poprawi się dzięki temu jakość sprzedawanych towarów i świadczonych usług.

Można powiedzieć, że tego typu nadzieje się w pewnym stopniu spełniły, a w pewnym nie. Przede wszystkim warto zauważyć, że od 1989 roku udział **sektora prywatnego** w Polsce w gospodarce dość istotnie się zwiększył. Przy czym zwiększenie udziału tego sektora prywatnego wynikało z prowadzonej wówczas prywatyzacji. Prywatyzacja często się odbywała poprzez **giełdę** papierów wartościowych. To powodowało, że inwestorzy zagraniczni często przejmowali te przedsiębiorstwa. Można powiedzieć, że skutkiem tego typu działań było to, że przedsiębiorstwa te rzeczywiście uległy pewnej modernizacji, ale też były negatywne skutki społeczne. Mianowicie doszło do redukcji zatrudnienia. Z tego powodu uległo zwiększeniu **bezrobocie**. Można też powiedzieć, że inwestorzy zagraniczni, którzy przejęli podmioty polskie, z natury rzeczy traktowali te przejęcia jako część **międzynarodowej grupy kapitałowej** z centrum decyzyjnym de facto za granicą, a nie w Polsce. Z tego powodu te podmioty traciły pewną część niezależności i nie mogły samodzielnie tworzyć swoich **planów strategicznych,** tylko to inwestor zagraniczny o tym decydował.

Wykres 27: Struktura własnościowa polskiej gospodarki (stan na koniec 2015 roku). Źródło: opracowanie na podstawie danych Departamentu Statystyki NBP.

Tego typu skutki były istotne także z punktu widzenia działalności banków, dlatego że jeżeli inwestor zagraniczny przejął bank działający w Polsce, to także i on w dużym stopniu decydował o **polityce kredytowej** tego przejętego banku.

Można powiedzieć, że jeśli chodzi o sektor bankowy, to tutaj o tyle jest to ważna sprawa, że banki stanowią **krwiobieg gospodarki**, dostarczając kapitału na rozwój przedsiębiorstw. Dlatego bardzo ważna była tu kwestia struktury własnościowej.

W ostatnich latach struktura własnościowa w poszczególnych sektorach polskiej gospodarki jest bardzo zróżnicowana. Dane na ten temat zawiera Wykres 27.

Widzimy więc, iż **przedsiębiorstwa krajowe** dominują w takich sektorach jak: **górnictwo i wydobywanie** czy **budownictwo**. Przedsiębiorstwa zaś zagraniczne większe znaczenie mają w przetwórstwie przemysłowym oraz informacji i komunikacji.

Jeśli zaś chodzi o liczebność, zatrudnienie oraz przychody ze sprzedaży, to zdecydowanie dominują w naszej gospodarce podmioty krajowe. Dane na ten temat zawiera kolejny wykres.

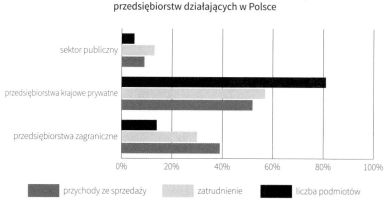

Wykres 28: Liczebność, zatrudnienie i przychody ze sprzedaży podmiotów gospodarczych działających w Polsce (stan na koniec 2015 roku). Źródło: opracowanie na podstawie danych Departamentu Statystyki NBP.

Bardzo ważną grupą działających w Polsce przedsiębiorstw jest grupa **małych i średnich firm** (MSP). W ostatnich latach sektor ten sukcesywnie zwiększa swoje znaczenie w polskiej gospodarce[96]. Większość małych i średnich firm to **firmy polskie (90,5%)**. Udział małych i średnich przedsiębiorstw w przychodach przedsiębiorstw ogółem w naszym kraju wyniósł 36% w 2015 roku. Udział firm zagranicznych w tym samym roku w przychodach MSP wyniósł 25,7%. Firmy zagraniczne uzyskują duże przychody dlatego, że większość z nich to **filie** korzystające z zasobów finansowych swoich **spółek matek**. Zdecydowana większość polskich firm sektora MSP znajduje się w rękach osób prywatnych (92,8%), a ok. 7% firm to **spółki córki** krajowych i zagranicznych spółek. Strukturę branżową tego sektora zawiera poniższy wykres.

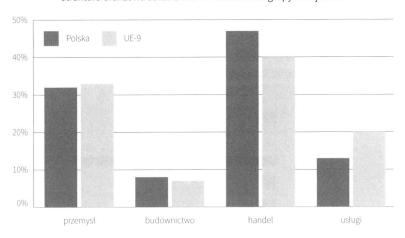

Wykres 29: **Struktura branżowa** sektora MSP działającego w Polsce na tle grupy 9 krajów UE (Niemcy, Francja, Wlk. Brytania, Hiszpania, Włochy, Czechy, Węgry, Rumunia i Słowacja). Źródło: opracowanie na podstawie badań A. Czerniaka i M. Stefańskiego.

Widzimy, że sektor MSP w Polsce to przede wszystkim dwie branże: **handel** (47%) i **przemysł** (32%). Choć rośnie w ostatnich latach znaczenie

---

[96] A. Czerniak, M. Stefański, Małe i średnie firmy w Polsce — bariery i rozwój, Polityka Insight, 2015, s. 6–10.

STRUKTURA WŁASNOŚCIOWA POLSKIEJ GOSPODARKI 89

usług, których udział będzie się prawdopodobnie upodabniał do trendów w pozostałych krajach UE.

Warto zauważyć, iż sektor MSP ma również znaczny udział we wzroście gospodarczym naszego kraju. Tempo wzrostu wartości dodanej poszczególnych firm wg kryterium wielkości na tle PKB Polski zawiera poniższy wykres.

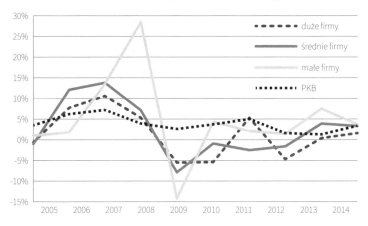

Wykres 30: Wzrost wartości dodanej małych, średnich i dużych firm na tle realnego tempa PKB w Polsce w latach 2005–2014 w %. Źródło: opracowanie na podstawie badań A. Czerniaka i M. Stefańskiego.

Z Wykresu 30 wynika, iż **małe firmy** są bardziej podatne na wahania koniunktury aniżeli firmy duże. Z jednej strony firmy małe charakteryzują się szybszym tempem wzrostu w okresie dobrej koniunktury gospodarczej, a z drugiej strony szybciej obniżają swoją aktywność gospodarczą w okresie spowolnienia gospodarki.

Warto wskazać na to, że problem obecności kapitału zagranicznego jest dostrzegany także w bankowości. Były premier rządu polskiego **Jan Krzysztof Bielecki** powiedział kilka lat temu, że gdy pracował w banku

PEKAO S.A. i pełnił tam funkcję kierowniczą, to przekonał się, że **kapitał ma narodowość**.

To jest bardzo ważne, gdyż tu wychodzi dość istotna **zmiana**. Mianowicie na początku okresu transformacji w Polsce wysuwano taką tezę, że kapitał nie ma narodowości i właściwie nie jest istotne, kto jest właścicielem polskiej gospodarki. Z biegiem czasu zaczęło się to zmieniać. To podejście, że „kapitał ma narodowość", w dużym stopniu się utrwaliło po kryzysie gospodarczym lat 2007–2009. Zaczęli na to wskazywać także **praktycy** życia gospodarczego, a nie tylko naukowcy.

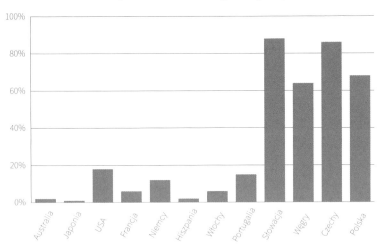

Wykres 31: Udział kapitału zagranicznego w sektorze bankowym danego kraju (stan na koniec 2009 roku). Źródło: opracowanie na podstawie danych MFW.

Z wykresu wynika, iż większość krajów wysoko rozwiniętych, np. z Europy Zachodniej utrzymywało bardzo niski udział kapitału zagranicznego w okresie poprzedzającym światowy kryzys finansowy (lata 2007–2009). W krajach zaś Europy Środkowej takich, jak: Polska, Czechy, Słowacja czy Węgry dominowały w sektorze bankowym banki zagraniczne. Warto zauważyć, iż w ostatnich latach, szczególnie na **Węgrzech** i w **Polsce,** podjęto działania mające na celu **zmniejszenie** udziału **kapitału zagranicznego** w sektorze bankowym. Obecnie udział kapitału zagranicznego w sektorach bankowych obu krajów utrzymuje się na poziomie ok. 50%. Zmiany udziału kapitału zagranicznego w sektorze bankowym w Polsce za lata 1993-2017 prezentuje poniższy wykres.

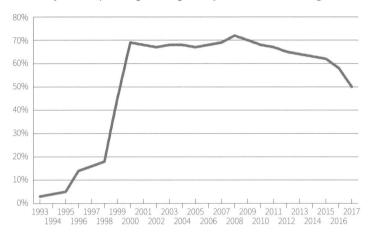

Wykres 32: Udział kapitału zagranicznego w sektorze bankowym w Polsce w %. Źródło: opracowanie na podstawie danych MFW.

Z wykresu wynika, iż w latach 1999-2015 kapitał zagraniczny utrzymywał większościowy udział w sektorze bankowym w Polsce. Dużą część sektora bankowego w owym okresie sprywatyzowano i oddano we władanie bankom zagranicznym. Lata ostatnie to zjawisko repolonizacji naszego sektora bankowego[97]. Po **przejęciu banku PEKAO S.A.** przez **PZU**

---

[97] S. Kawalec, M. Gozdek, Raport dotyczący optymalnej struktury polskiego systemu bankowego w średnim okresie, Capital Strategy, Warszawa 2012.

oraz **Polski Fundusz Rozwoju** udział kapitału zagranicznego w sektorze bankowym w Polsce **zbliżył się** do poziomu **50%**. Można ogólnie powiedzieć, że te przemiany gospodarcze w kwestii struktury własnościowej doprowadziły do tego, że Polska stała się takim krajem, gdzie stosunkowo **niskie** były **koszty pracy**, w tym znaczeniu, iż poziom wynagrodzeń w przedsiębiorstwach z udziałem kapitału polskiego był jednak bardzo niski na tle np. wynagrodzeń w przedsiębiorstwach zagranicznych. To powodowało, że w dużym stopniu te pożytki ze wzrostu gospodarczego nie były dostatecznie silnie skonsumowane przez polskich pracowników pracujących w tych przedsiębiorstwach rodzimych. Oczywiście przedsiębiorstwa zagraniczne także wniosły swój wkład w postaci modernizacji sposobów zarządzania, ale z drugiej strony trzeba pamiętać, że nie ziściły się takie nadzieje, że to zwiększy np. wydatki na badania i rozwój. **Wydatki na badania i rozwój** w PKB w Polsce na tle innych krajów są stosunkowo niskie (Wykres 33).

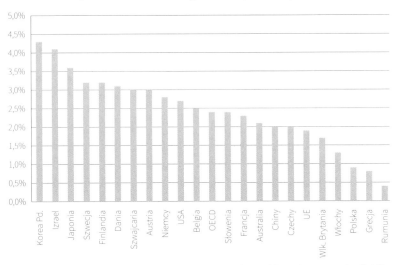

Wykres 33: Wydatki na badania i rozwój jako % PKB w wybranych krajach w 2015 roku. Źródło: opracowanie na podstawie danych MFW.

Z Wykresu 33 wynika, iż krajami, które najwięcej wydają na badania i rozwój, są **Korea Południowa** (4,3%) oraz Izrael (4,1%). Z krajów członkowskich Unii Europejskiej najwięcej wydają w tym zakresie kraje skandynawskie (ponad 3%). **Nasz kraj** (0,9%) plasuje się pod tym względem poniżej średniej unijnej.

Być może jest tak, że przejęcia polskich przedsiębiorstw przez kapitał zagraniczny mogły skutkować tym, że ów kapitał nie był skłonny podejmować większych wydatków w tym zakresie. Wydatki te mogły być po prostu ograniczane. To też powodowało, że **oczekiwania** związane z napływem **kapitału zagranicznego** okazywały się **przesadne.**

Warto też pamiętać, że często przedsiębiorstwa z kapitałem zagranicznym płaciły stosunkowo **niskie podatki** w stosunku do całkowitej sprzedaży i to też rodzi pewne refleksje krytyczne, pokazując, że podatki do polskiego budżetu były przez te przedsiębiorstwa umiarkowanie płacone, szczególnie przez hipermarkety. Oczywiście to wzbudza chęć do przeciwdziałania temu zjawisku, do tego, żeby walczyć z unikaniem opodatkowania przez zagraniczne przedsiębiorstwa. Pojawiały się takie formy przyciągania inwestorów zagranicznych jak **specjalne strefy ekonomiczne,** które oczywiście też miały spełnić pożyteczną rolę. Mogły one ściągać inwestorów, aby tworzyć wewnątrz stref ekonomicznych miejsca pracy. Z drugiej zaś strony te przedsiębiorstwa otrzymywały określone **zwolnienia podatkowe,** co także powodowało, że funkcjonowały w warunkach lepszych, korzystniejszych niż przedsiębiorstwa o kapitale polskim, które w tych strefach nie działały. To był czynnik oczywiście negatywny, który powodował, że postawa wobec roli kapitału polskiego się zmienia, bo coraz bardziej kładzie się nacisk, by **kapitał polski** był bardziej **promowany.**

Jeżeli chodzi o dane o strukturze własnościowej, to generalnie można je pozyskiwać z różnych źródeł, szczególne znaczenie ma sektor finansowy. Dużą rolę w tym względzie odgrywa Komisja Nadzoru Finansowego, która publikuje dane o strukturze własnościowej sektora bankowego w Polsce, natomiast jak wcześniej była mowa, dane te nie są tak szczegółowe jak kiedyś. Warto by to poprawić.

Należy w tym miejscu wskazać na rolę danych o strukturze własnościowej polskiej gospodarki w gronie przedsiębiorstw największych. Jak wspomniano już w poprzednim rozdziale, prowadzona jest Lista 500 przedsiębiorstw przez dziennik „Rzeczpospolita". Wiadomo z tej listy, które przedsiębiorstwa są pod władaniem kapitału polskiego, a które zagranicznego. **Najnowszą Listę 500** największych przedsiębiorstw (stan na koniec 2016 r.) można znaleźć na stronach „Rzeczpospolitej"[98]. Liderem od lat na liście jest **PKN Orlen** (79,55 mld zł przychodów). Wiceliderem jest zaś Jeronimo Martins Polska, operator sieci handlowej Biedronka (43,52 mld zł przychodów). Następne miejsca na liście zajmują: **PGNG, PGE i PZU**. Ponad 40 firm z listy należy do Skarbu Państwa. Firmy te generują blisko **26% przychodów** wszystkich 500 firm. Z kolei duży udział na liście mają firmy zagraniczne, które generują ok. 48% przychodów ogółem. Pozostałe firmy to sektor prywatny generujący ok. 25% przychodów ogółem. **Branżową strukturę** przychodów Listy 500 przedsiębiorstw zawiera poniższy wykres.

Udział procentowy największych branż w przychodach ogółem Listy 500 przedsiębiorstw

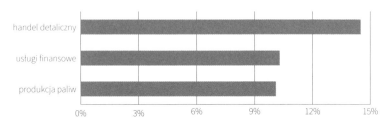

Wykres 34: Struktura branżowa generowanych przychodów Listy 500 przedsiębiorstw. Źródło: opracowanie na podstawie danych „Rzeczpospolitej".

---

[98] Zob.: http://www.rp.pl/Lista-500/304259880-Lista-500-Najwieksze-polskie-firmy--znow-przyspieszyly-tempo-rozwoju.html#ap-4.

Bardzo ważne znaczenie z punktu widzenia rozwoju polskiej gospodarki mają instytucje, które nadal znajdują się pod kontrolą polskiego kapitału państwowego. Istnieje pewna grupa przedsiębiorstw, które są nadal w rękach Skarbu Państwa i od kilku lat utrwalił się pewien **konsensus**, niezależnie od różnic politycznych, że ta grupa przedsiębiorstw powinna pozostać pod kontrolą Skarbu Państwa. To nie są przedsiębiorstwa, w których udział Skarbu Państwa jest jakiś ogromny, ale na tyle znaczny, że na Walnym Zgromadzeniu Akcjonariuszy akcjonariusz Skarbu Państwa jest w stanie przeforsować swoje decyzje. Taką ważną spółką dla rozwoju polskiej gospodarki, która znajduje się pod kontrolą Skarbu Państwa, jest **Giełda Papierów Wartościowych w Warszawie**. Wprawdzie udział Skarbu Państwa w akcjonariacie giełdy warszawskiej nie jest bardzo duży, ale wystarczający, żeby Skarb Państwa miał wpływ na funkcjonowanie naszej giełdy.

Giełda odgrywa istotną rolę w polskiej gospodarce z punktu widzenia także hołdowania idei patriotyzmu gospodarczego. Praktycznym przykładem promowania tej idei było organizowanie wydarzeń, w których nagradzano przedsiębiorstwa urzeczywistniające idee patriotyzmu gospodarczego. Trzeba też pamiętać, że rozwój rynku kapitałowego w Polsce może być szczególnie ważny z uwagi na dużą swobodę, skłonność do ryzyka u naszych rodaków.

Ciekawą koncepcję wydzielenia polskich spółek akcyjnych notowanych na GPW w Warszawie przedstawia **Sławomir Kłusek**[99]. Ten znany analityk i komentator giełdowy proponuje utworzenie na naszej giełdzie **Warszawskiego Indeksu Spółek Polskich**. Indeks taki mógłby mieć zdaniem autora nazwę **WIG-POL**. Byłby to indeks, w skład którego wchodziłyby tylko i wyłącznie te spółki, które znajdują się pod kontrolą kapitału polskiego. Utworzenie nowego indeksu mogłoby zachęcić naszych

---

[99] S. Kłusek, Emperia Holding, Kongres 590 i WIG-POL, Analizy-rynkowe.pl z 17 listopada 2016 roku. Zob.: http://analizy-rynkowe.pl/emperia-holding-kongres-590-i-wig-pol/.

rodaków do inwestowania w polskie spółki akcyjne. Warto, aby spółki te były promowane w **polskich mediach** i periodykach giełdowych. Chodziłoby tu o zachęcanie do wchodzenia na naszą giełdę nowych **prężnych polskich spółek**. Zwiększałoby to poczucie polskiej wspólnoty na polu gospodarczym. Warto zauważyć, iż coraz więcej Polaków interesuje się **funkcjonowaniem rynku kapitałowego**, szczególnie dotyczy to **ludzi młodych**.

Można powiedzieć, że **Polacy** są bardzo **przedsiębiorczym narodem**. Być może to wynikało też z trudnych lat naszej historii: zabory, okres PRL, co powodowało, że Polacy musieli uczyć się **zaradności**, przedsiębiorczości, żeby jakoś przetrwać, i z tego powodu Polacy jako skłonni do ryzyka są też stosunkowo podatni, aby zainteresować się problematyką rynku kapitałowego. To jest bardzo istotne. Dzięki temu możliwe będzie popieranie polskiej własności. Przykładowo wiele przedsiębiorstw, gdy szuka kapitału, stara się o kredyt w banku. Jednak alternatywą może być również **możliwość pozyskiwania kapitału** na rynku kapitałowym przez emisje akcji czy papierów dłużnych. To jest dla danego przedsiębiorstwa **dogodna sytuacja**, bo może wybrać, którą drogę uznać za bardziej dla siebie właściwą.

Giełda warszawska także powinna podejmować działania, które będą informowały o **strukturze własnościowej przedsiębiorstw**. W każdym raporcie jednorocznym są publikowane dane o spółkach notowanych na giełdzie warszawskiej. Warto być może, aby spółki te były oznaczane podobnie jak w ramach Listy 500, tzn. które z nich są pod kontrolą kapitału polskiego, a które pod kontrolą kapitału zagranicznego. Dlatego że warto byłoby, aby utrwalał się ten podział, aby był on wśród Polaków znany. Wówczas mogłyby się pojawić pewnego typu lepsze podstawy do tworzenia instytucji, które będą działać, wspierając polski kapitał.

Kiedyś zgłosiłem taki pomysł, żeby powstały wręcz **towarzystwa funduszy inwestycyjnych** oferujące klientom fundusze inwestujące właśnie tylko w spółki o **kapitale polskim**, a jednocześnie zorientowane

proeksportowo. To byłby istotny pomysł na to, żeby poprzez dopływ oszczędności do tych funduszy finansować działalność przedsiębiorstw o polskim kapitale, promować polski kapitał. Ta dyskusja, w jaki sposób powinien być promowany polski kapitał jest potrzebna. Nie bójmy się tego powiedzieć: muszą być podejmowane działania nie tylko **jawne**, ale nawet bardzo **dyskretne**. Jestem głęboko przekonany, że wiele państw tak czyni. Oczywiście oficjalnie głosi się zasadę wolnego handlu, otwartości, przejrzystości itd., a tak naprawdę popiera się własne przedsiębiorstwa. Przedstawiciele rządu wyjeżdżają z przedstawicielami swoich korporacji, swojego kraju po to, by ułatwiać interesy za granicą. To jest „wojna ekonomiczna". To słowo może być **bardzo ostre**, ale użył go były redaktor naczelny czasopisma „Nasz Rynek Kapitałowy" **Paweł Orkisz**[100].

Ów autor jako specjalista z zakresu rynku kapitałowego obserwujący gospodarkę napisał na swojej stronie internetowej, że jego zdaniem toczy się „trzecia wojna światowa" i jest to wojna ekonomiczna. To wojna, w której uczestniczą prawnicy, ekonomiści, co prawda toczona **innymi metodami**, ale jednak wojna. Dlatego jest bardzo ważne, żeby wiedzieć, jakie są nasze zasoby, jaka jest nasza sytuacja, tzn. co kontrolujemy jako kapitał polski[101], a co jest własnością kapitału zagranicznego. Te dane muszą być dostępne, ale też **proste** w zrozumieniu. Dlatego duże znaczenie mają rozmaitego typu dane GUS, KNF czy dokumenty tworzone przez Skarb Państwa, a nawet **założenia do budżetu państwa**.

Chodzi o to, aby zawierały one w skrócie **syntetyczne, zrozumiałe** informacje o **strukturze własnościowej** polskiej gospodarki, o tym, które sektory są w rękach polskich, a które w rękach zagranicznych. Trzeba też to śledzić w skali geograficznej. Nie będę ukrywał, że warto też podejmować różne rozważania na temat nawet obecności **kapitału**

---

[100] Zob.: http://www.naszdziennik.pl/wpis/3525,to-jest-wojna-ekonomiczna.html.
[101] E. Łon, Współczesna wojna handlowa, „Nasz Dziennik" z 16 sierpnia 2016 roku.

niemieckiego na ziemiach północno-zachodnich, tych, które kiedyś były pod zaborem pruskim. Warto wiedzieć, czy kapitał niemiecki skoncentrowany jest głównie na tamtym obszarze. To jest bardzo ważna sprawa. Kiedy mówimy o ekspansji i aktywności kapitału zagranicznego, to też trzeba sobie jasno powiedzieć o wielkiej roli kapitału zagranicznego w mediach, zwłaszcza jeśli chodzi o prasę lokalną, która jest w dużym stopniu opanowana przez kapitał niemiecki. Tu potrzeba postawy ofensywnej.

Nie można tylko narzekać, że np. gazety lokalne są w dużym stopniu własnością kapitału zagranicznego. Trzeba (od konsumentów to zależy) podejmować pewne działania. Są już pozytywne skutki. Jak zobaczymy ranking najbardziej poczytnych tygodników, to widzimy, że jednak część z tych tygodników to są tygodniki o kapitale polskim. To cenne, bo pokazuje olbrzymią rolę konsumenta. Ten konsument to zwornik, który może wpływać na strukturę własnościową gospodarki.

Jeśli chodzi o strukturę własnościową polskiej gospodarki, czy w ogóle szerzej gospodarek różnych krajów, to warto wskazać na rolę banków. Mianowicie jest takie pismo „The Banker", które publikuje co roku ranking największych banków świata[102].

Z Wykresu 35 wynika, iż czołówkę największych banków świata stanowią banki azjatyckie, przede wszystkim banki chińskie.

Z rankingu „The Banker" nasuwa się bardzo ciekawa refleksja. Mianowicie okazuje się, że w tym rankingu są uwzględniane tylko takie banki, które są własnością kapitału rodzimego będącego pod kontrolą inwestorów czy inwestora krajowego. Jeżeli jakiś bank znajduje się w rękach inwestora zagranicznego, to wówczas on w tym rankingu nie jest w ogóle uwzględniany. Z tego powodu, w rankingu pisma „The Banker" jest uwzględniany PKO BP, także Bank Ochrony Środowiska, natomiast

---

[102] Zob.: http://www.banker.pl/wiadomosc/Oto-najwieksze-banki-na-swiecie-Ranking-7359493.html.

STRUKTURA WŁASNOŚCIOWA POLSKIEJ GOSPODARKI

ING Bank Śląski czy BZ WBK S.A. nie są uwzględnione. Dlatego że wedle tego prestiżowego rankingu nie są to instytucje traktowane jako banki. Są one wówczas traktowane tylko jako pewne **oddziały banków**. To bardzo ważny przykład pokazujący, że w rankingach dotyczących banków problem własności ma ogromne znaczenie. Można się domyślać, dlaczego tego typu ranking jest tak właśnie sformułowany. Myślę, że ważnym powodem jest to, że jeśli instytucja znajduje się w rękach jakiegoś inwestora zagranicznego, to wówczas **jej decyzyjność i swoboda** działania jest stosunkowo **mała**, gdyż ta działalność jest podporządkowana wytycznym inwestora strategicznego. Można powiedzieć, że jest to rozumowanie pokazujące, iż „kapitał ma narodowość" także w sferze bankowości i jest uwzględniane w tym bardzo ważnym prestiżowym rankingu.

Wykres 35: Największe banki świata wg aktywów w bln USD (stan na koniec 2015 roku). Źródło: opracowanie na podstawie danych „The Banker".

Z tego punktu widzenia być może warto by tworzyć **rankingi** największych **banków** działających w Polsce, ale także odrębne rankingi banków, które znajdują się pod **kontrolą kapitału polskiego**. Wówczas byłoby to nawiązanie do metodologii stosowanej przez pismo „The Banker". Mówiąc o kwestiach związanych z rolą własności w bankowości, szczególnie rolą kapitału zagranicznego, warto wskazać na to, że jeżeli chodzi o sukcesy różnych krajów, to one były wówczas, gdy dany kraj się rozwijał w związku z **sektorem rodzimym**, tzn. rodzimą **bankowością**.

Jeśli popatrzymy na kraje azjatyckie czy wiele krajów europejskich, które odniosły duży sukces, to wzrostowi gospodarczemu w tych krajach towarzyszyła rodzima własność sektora bankowego. Dlatego, że **sektor** bankowy **rodzimy** bardziej **sprzyja wzrostowi** gospodarczemu, niż gdyby te banki były wyprzedane w ręce obce. Warto dokonywać porównań w skali międzynarodowej, aby zdawać sobie sprawę, które gospodarki są bardziej **suwerenne gospodarczo**, a które mniej. Wydaje się, że jednym z takich kryteriów jest np. udział kapitału zagranicznego w strukturze własnościowej sektora bankowego. Można powiedzieć, że szczególnie takim kontynentem, na którym wielką wagę się przywiązuje do tego, by banki były w rękach rodzimych, jest np. Azja. **Tygrysy azjatyckie** są szczególnie na to nakierowane, aby **sektor finansowy** był w **rękach rodzimych**.

Kraje azjatyckie mają takie cechy jak: ich państwa mają **własną politykę pieniężną**, sektory bankowe są w rękach kapitału rodzimego, na giełdach papierów wartościowych większość notowanych spółek to **spółki krajowe**. To pokazuje bardzo wyraźnie, że **rola własności** ma także duże znaczenie w sferze finansowej. Gdy chodzi o kwestie giełdy, to warto też pamiętać o tym, że w Polsce występuje **WIG Poland**, który obejmuje spółki różne, ale z wyłączeniem spółek, które notowane są na innych giełdach zagranicznych. W **skład tego indeksu** wchodzą też **spółki zagraniczne**.

To też jest indeks, który **zawiera wady**, gdyż uwzględnia on i ING Bank Śląski, i Dębicę. A obie spółki są w **rękach kapitału zagranicznego**. Indeks ten nie uwzględnia takich spółek jak CEZ czeski czy Santander hiszpański. Gdyby to miał być indeks, który miałby bardziej kapitał polski, to powinien jednak uwzględniać **tylko te spółki**, które będąc na Liście

500, są klasyfikowane jako spółki krajowe, spółki polskie. To pokazuje też, że warto dokonywać tych **zmian metodologicznych**, które będą miały istotne znaczenie.

Mówiąc o roli struktury własnościowej banków, warto wskazać na **zachowanie sektora bankowego** w okresie **kryzysu** lat 2008–2009, kiedy to inaczej zachowywały się banki znajdujące się pod kontrolą kapitału zagranicznego, a inaczej banki znajdujące się pod kontrolą kapitału polskiego.

W tym okresie kryzysowym **banki** pod kontrolą **kapitału polskiego**: banki spółdzielcze, PKO BP **zwiększały akcję kredytową** dla gospodarki. Banki pod kontrolą kapitału polskiego były bardziej ekspansywne, bardziej chętne do finansowania potrzeb polskich przedsiębiorstw. Natomiast banki z udziałem kapitału **zagranicznego** raczej **się wstrzymywały** z kredytowaniem (Wykres 36).

Dynamika kredytów wybranych banków działających w Polsce w latach 2009–2010

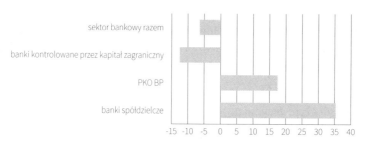

Wykres 36: Dynamika kredytów wybranych banków w Polsce w latach 2009–2010 w %. Źródło: opracowanie na podstawie danych „The Banker".

Mogło to wynikać z tego, że **banki matki** podmiotów zagranicznych przeżywały **pewne problemy** i powodowało to większą **ostrożność** w ich akcji kredytowej. Tak więc można powiedzieć, że sektor banków o kapitale rodzimym w tym okresie kryzysowym pozwolił nam **przetrwać** ten kryzys. To pokazuje także rolę badania struktury własnościowej w sektorze bankowym. Co więcej, nawet ci, którzy są nastawieni do gospodarki dość kosmopolitycznie, przyznają jednak (np. **Janusz Jankowiak**), że istnieją badania pokazujące, iż polityka pieniężna jest **bardziej efektywna** w zakresie oddziaływania na gospodarkę, jeśli banki są pod kontrolą **kapitału rodzimego**.

Natomiast gdy są w dużym stopniu pod **kontrolą kapitału zagranicznego**, to wówczas **skuteczność** polskiej polityki pieniężnej może być **mniejsza**, niż gdyby były bardziej w rękach kapitału polskiego. Dlatego w ostatnich latach nastąpiła pewna pozytywna zmiana. Mianowicie jeszcze kilka lat temu kapitał zagraniczny dominował zdecydowanie i wówczas efektywność polskiej polityki pieniężnej mogła być mniejsza niż teraz, gdy udział kapitału polskiego w ostatnich latach się zwiększył. To bardzo ważne. Pokazuje to wagę pewnej refleksji nad wpływem struktury własnościowej polskiej gospodarki na **efektywność** polskiej **polityki pieniężnej**.

Mówiąc o kwestiach bankowości, warto wskazać na **problem repolonizacji**. Mówi się w tym kontekście też o udomowieniu. Osobiście używam słowa **repolonizacja**. Mówiąc o repolonizacji, warto wskazać na to, że może być ona dokonywana za pomocą dwóch metod: „**od dołu**" i „**od góry**".

Metoda „od dołu" polega na tym, że **klienci** poprzez swoje **autonomiczne decyzje** decydują o tym, że będą przenosić rachunki do banków o kapitale polskim. Natomiast **repolonizacja „od góry"** polega na tym, że władze państwowe przez pewne działania będą zmierzały do tego, żeby zwiększać w bankach **udział kapitału polskiego**.

Mówi się o tym, że są **rozmowy** między PEKAO S.A. a np. PZU i Uni-Credit o zmianach własnościowych w strukturze PEKAO S.A. Tu warto wskazać na pewną ważną rzecz — tego typu rozmowy muszą być dokonywane w sposób **dyskretny**.

Kiedyś zapytano mnie w jednym z wywiadów jako członka Rady Polityki Pieniężnej, co sądzę o repolonizacji banków. Oczywiście poparłem to zjawisko, ale powiedziałem wyraźnie, że **nie można zdradzać**

STRUKTURA WŁASNOŚCIOWA POLSKIEJ GOSPODARKI 103

taktyki, jaką należy podejmować w tym zakresie przed podjęciem pewnych **działań.** Podałem tu przykład, porównując to do sytuacji trenera **Adama Nawałki**[103], który przed meczem też nie zdradzałby dokładnie taktyki, jaką jego zespół podejmie w czasie danego meczu. Tak samo i na polu bankowym nie można takich taktyk ujawniać. Jednak niewątpliwie działania mające na celu odzyskiwanie kontroli nad bankiem, który się znajduje w rękach kapitału zagranicznego, są podejmowane, były i będą podejmowane. Przykładem tego jest **Bank Ochrony Środowiska.** Kiedyś był on w rękach szwedzkich, następnie Skarb Państwa odzyskał kontrolę nad tym bankiem i okazuje się, że jest on **w rękach polskich.** Jest to bank sprawny. Warto wskazać, że zwłaszcza inwestorzy giełdowi zapewne wiedzą, że BOŚ jest bardzo ceniony, jeśli chodzi o obsługę inwestorów giełdowych. **Biuro maklerskie BOŚ** zyskuje **silną pozycję** w rankingach biur maklerskich, w szczególności na rynku akcji i kontraktów terminowych. Biuro maklerskie BOŚ pełni ważną rolę w zakresie **edukacji młodzieży.** To pokazuje bardzo wyraźnie, że bank wyspecjalizowany o polskim kapitale może się mocno i dynamicznie rozwijać. Odzyskanie zatem **kontroli nad BOŚ** było słusznym posunięciem. Natomiast w jaki sposób dojdzie do procesów odzyskiwania kontroli nad bankami zagranicznymi — tego dokładnie nie wiemy. To właśnie wymaga działań bardzo dyskretnych i bardzo **sprytnych.**

Warto podczas dyskusji, czy kapitał ma narodowość czy nie, podawać ten przykład magazynu „The Banker", w którym właśnie są rankingi banków. To pokazuje bardzo wyraźnie, jak **ogromne znaczenie** ma struktura **własnościowa banków** i poprzez to można dostrzec, czy dane przedsiębiorstwo jest **polskie** czy zagraniczne, i jaką ma **decyzyjność.**

---

[103] E. Łon, „NBP musi być czujny i elastyczny" z 27 czerwca 2016 roku. Zob.: http://www.polska2041.pl/finanse/news-eryk-lon-rpp-nbp-musi-byc-czujny-i-elastyczny,nId,2226516.

Rozdział 5: Etnocentryzm, kosmopolityzm oraz internacjonalizm konsumencki

Mówiąc o kwestii patriotyzmu gospodarczego, należy nawiązać bardzo szczegółowo do postaw konsumentów. Te postawy są przedmiotem refleksji także naukowej. Dzieje się tak, że konsumenci dokonując różnych wyborów, kierują się **różnymi przesłankami**. Z punktu widzenia **stosunku do produktów** czy usług krajowych oraz zagranicznych, można wyróżnić różne postawy konsumentów.

Pierwsza postawa to **etnocentryzm konsumencki**. Postawa ta polega na **preferowaniu** towarów uważanych za **krajowe** kosztem towarów uważanych za zagraniczne. Sformułowania „uważanych za" używa się dlatego, że zawsze powstaje oczywiście pytanie, który towar jest towarem krajowym, a który zagranicznym.

Druga zaś postawa konsumentów to postawa zwana **kosmopolityzmem konsumenckim**. W tego typu warunkach konsument kieruje się **różnymi kryteriami** wyboru towaru czy usługi. Natomiast z punktu widzenia produktu, tego czy jest krajowy czy zagraniczny, to konsument tego czynnika w ogóle nie bierze pod uwagę. Nie ma dla niego to znaczenia. Można powiedzieć, że jest to nawiązanie do postawy takiej jak **kosmopolityzm**, uważającej cały świat za ojczyznę. Taka postawa wynika często z **braku silnej więzi** z ojczyzną, własnym krajem. Jest to postawa, która występuje u osób mających tendencje patriotyczne w różnych dziedzinach życia, ale akurat w sferze gospodarczej uważających, że jest pewna autonomia sfery gospodarczej i nie należy tu być patriotą, tylko kierować się wyłącznie własnym zyskiem. To jest postawa **kosmopolityzmu konsumenckiego**, która niekoniecznie musi oznaczać brak patriotyzmu w ogóle. Może oznaczać, że ktoś w sferze gospodarczej uważa, że argumenty patriotyczne nie powinny być brane pod uwagę. To może wynikać z bardzo **różnych przyczyn**. Może wynikać z poglądów zwanych liberalnymi, gdzie uważa się, że kluczem dla człowieka gospodarującego jest **maksymalizowanie własnych korzyści** i nic innego. W związku z tym, taka postawa wiąże się z postawą kosmopolityzmu konsumenckiego, aczkolwiek ten sam człowiek może **w innych dziedzinach** życia być **patriotą**, np. uważać, że należy bronić ojczyzny przed atakiem nieprzyjaciela, należy brać udział w wyborach z powodów patriotycznych. Tak więc kosmopolityzm konsumencki niekoniecznie się wiąże z **kosmopolityzmem** generalnym, **całkowitym**, ale może być jednym z przejawów kosmopolityzmu. Z kolei w innych dziedzinach życia ten sam człowiek może być patriotą. Trzeba jednak pamiętać, że mimo wszystko jednak **postawy kosmopolityzmu konsumenckiego**, zwłaszcza **trwałe**, generalnie są **lekko niebezpieczne**, gdyż jeśli w jakiejś dziedzinie życia człowiek uważa, że kryteria patriotyczne w ogóle nie wchodzą w grę, są nieważne, to również może w innych dziedzinach życia o tej motywacji zapomnieć. Oczywiście nie musi, **ale może**.

Warto przy okazji zauważyć, że o fakcie istnienia kosmopolityzmu pisał już **Karol Libelt**, który nazywał kosmopolitów obywatelami świata. Wyjaśniając, że są to ludzie głoszący hasło: gdzie **dobrze**, tam **ojczyzna**[104].

Postawa zaś **trzecia**, w odniesieniu do traktowania towarów czy usług z punktu widzenia ich pochodzenia, to postawa zwana **internacjonalizmem konsumenckim**. To jest taka postawa, w której konsument uważa **towary zagraniczne** za bardziej przez siebie preferowane niż towary krajowe.

Tego typu postawa w wersji skrajnej jest chyba stosunkowo **rzadko spotykana**. Trudno np. wyobrazić sobie, aby mieszkaniec Polski tak z natury rzeczy preferował artykuły spożywcze z zagranicy, traktując to jako zasadę swego postępowania i uważając, że będzie bojkotował towary polskie. Dlatego tego typu postawy internacjonalizmu konsumenckiego dotyczą raczej głównie **pewnych grup towarów**, pewnych grup

---

[104] Z dziejów polskiego patriotyzmu, op. cit., s. 115–120.

ETNOCENTRYZM, KOSMOPOLITYZM ORAZ INTERNACJONALIZM KONSUMENCKI 107

usług. Wówczas gdy uważa się, że to, co zagraniczne, jest bardziej np. innowacyjne, bardziej pewne. Tego typu postawy mogły występować na początku lat 90. XX wieku, kiedy pewne otwarcie na świat spowodowało, że konsumenci w naszym kraju zaczęli traktować nabywanie towarów zagranicznych czy korzystanie z usług podmiotów zagranicznych jako pewien symptom dobrej mody, jako coś pożądanego.

Pamiętam, kiedy powstawały w Polsce biura maklerskie na początku lat 90. XX wieku, to zdecydowana większość z nich była biurami o polskim kapitale. Wówczas pojawiło się pewne **biuro maklerskie** o kapitale austriackim i było to wtedy jedyne biuro o kapitale zagranicznym. Pracę w takim biurze uważano za coś prestiżowego, bo rzekomo za granicą więcej wiedzą o rynku kapitałowym. Niektórzy moi znajomi uważali wręcz, że to ci z zagranicy nas, Polaków, powinni uczyć zasad funkcjonowania rynku kapitałowego. Teraz ta postawa internacjonalizmu konsumenckiego jest odnoszona raczej do grup towarów. Dziś uznać ją można za bardzo **marginalną**.

Te **trzy postawy**: etnocentryzmu, kosmopolityzmu oraz internacjonalizmu konsumenckiego są reprezentowane **także w nauce**, są przedmiotem **badań naukowych**. Do tego, żeby jednoznacznie określić postawę konsumenta, potrzeba pewnego **aparatu badawczego**, pewnych metod statystycznych, które pozwalają określić, jak konsumenci reagują na określone oferty towarów czy usług. Niewątpliwie określony aparat badawczy ułatwia ocenę, czy konsumenci przyjęli postawy etnocentryczne, kosmopolityczne czy internacjonalistyczne. Naturalnie ten podział na trzy grupy postaw jest jednym z możliwych wariantów postępowania.

Natomiast istnieje też podział na **postawy etnocentryczne i kosmocentryczne**. Wówczas zakłada się tylko dwukierunkowość podziału. Uważa się, że jedna postawa polega na preferowaniu tego **co własne, rodzime**, krajowe, narodowe, a druga na preferowaniu tego, co **zagraniczne, obce**, co jakby zewnętrzne. Mamy tutaj tylko dwie odnogi tej postawy w stosunku do towarów rodzimych i zagranicznych.

Oba spojrzenia: i to **trójelementowe**, i to **dwuelementowe**, mają swoje cechy pozytywne i też pewne słabości. Generalnie od strony praktycznej można się posłużyć tymi dwoma kryteriami podejścia. Oba są wartościowe.

Mówiąc o etnocentryzmie konsumenckim, warto w ogóle zastanowić się nad tym, czym jest **etnocentryzm**, nawet bez odnoszenia się do pojęcia etnocentryzmu konsumenckiego.

W literaturze przyjmuje się, iż pojęcie etnocentryzmu zostało użyte po raz pierwszy w XX wieku, w 1906 roku, przez amerykańskiego etnologa i socjologa **W.G. Summera**[105]. Autor ów napisał, iż jego zdaniem etnocentryzm to sposób widzenia świata, w którym **własna grupa** jest postrzegana jako **centrum** świata, a wszystko dookoła jest oceniane i klasyfikowane w odniesieniu do niej. Pojęcie to jest bardzo ciekawe, ono pokazuje, że jest tu mowa o własnej grupie. Przy czym to sformułowanie własna grupa może być odnoszone zapewne **do różnych grup**, w tym także do **narodu**.

Może być też tak, że to pojęcie etnocentryzmu można odnosić także do różnego typu **grup, np. lokalnych**, regionalnych.

W najbardziej ogólnym znaczeniu etnocentryzm ma charakter nie tyle narodowy, krajowy, co właśnie regionalny czy lokalny. **Dzisiaj** mimo wszystko słowo etnocentryzm jest odnoszone do pojęcia **kraju, narodu**, czyli ma ono związek z określoną ojczyzną. Do niej odnosimy to centrum świata, do czego odnoszone jest wszystko pozostałe, jak pisał W.G. Summer.

To się odbywa przy **obronie własnej kultury**, przy jednoczesnym **dystansie** do kultur zewnętrznych. To pojęcie etnocentryzmu musi niekoniecznie dotyczyć kwestii konsumenckich. Ma bardzo **ogólny** charakter.

---

[105] A. Figiel, Etnocentryzm konsumencki, op. cit., s. 15.

Oczywiście pojęcie etnocentryzmu konsumenckiego zostało też przemyślane przez innych naukowców, m.in. przez T. Shimpa i S. Sharmę[106]. Oni tym pojęciem się posługiwali jako przejawem etnocentryzmu. Autorzy ci badali zjawisko etnocentryzmu na przykładzie USA. Później zaczęły się też **badania w innych krajach świata**. To pokazuje, że ta problematyka jest przedmiotem rozważań w różnych krajach. Warto aby też w **Polsce** była ta tematyka **pogłębiona**.

Można powiedzieć, że etnocentryzm konsumencki zdaniem np. polskich naukowców, którzy zajmują się tą tematyką, wynika z **troski** o własny **kraj** oraz z obawy o utratę kontroli nad własną krajową gospodarką. Czyli jest to de facto **motyw patriotyczny**[107]. Jest to troska o to, aby **naród** sprawował **władzę** nad **gospodarką**. Do tego właśnie **skłania** etnocentryzm.

Warto wskazać, że etnocentryzm może być w różny sposób badany. Różnie można przedstawiać nasilenie tego etnocentryzmu. Otóż warto tutaj się odwołać do **pewnej metody** opracowanej przez T. Shimpa i S. Sharmę w 1987 roku. Autorzy ci wymyślili **zestaw 17 pytań**. Na każde pytanie można odpowiedzieć w następujący sposób: albo się **zgadzam absolutnie**, albo też absolutnie się **nie zgadzam**, albo też raczej się zgadzam, **raczej** się nie zgadzam. To są odpowiedzi, które mają wskazać, czy czytelnicy tej ankiety są raczej za danym zdaniem, czy też raczej się od danego zdania odcinają.

Ta **metoda** była wykorzystywana dla **potrzeb amerykańskich**. Później była wykorzystywana dla potrzeb innych krajów. Można ją wykorzystywać **dla potrzeb Polski**.

W ankiecie amerykańskiej używano takiego pojęcia: **zawsze lepiej** kupować produkty amerykańskie. To było jedno z tych stwierdzeń ame-

---

[106] T. Shimp, S. Sharma, Consumer ethnocentrism: construction and validation of the CETSCALE, „Journal of Marketing Research", No 27, August 1987.
[107] W. Świder, Patriotyzm konsumencki — oddolna inicjatywa odbudowy kapitału polskiego, „Pieniądze i Więź", 2016, nr 1, s. 1–9.

rykańskich. Gdyby chcieć wykorzystywać tę metodę do **badań dla Polski**, trzeba sformułować zdanie tak: zawsze **lepiej** kupować **produkty polskie**. Inne sformułowania to: prawdziwy Amerykanin (u nas **Polak**) powinien kupować produkty wytwarzane w kraju. Tam jest 17 stwierdzeń i to jest **metoda** bardzo **prosta**.

To pokazuje istotną rzecz, że bardzo **ważne problemy** dotyczące różnych zjawisk **można badać** bardzo **prostymi metodami**. Te proste pytania kierowane do ankietowanych mają ich skłaniać do przemyślenia konkretnych zdań. Chcę podkreślić, że kiedy będą Państwu oferować metody bardzo skomplikowane, bardzo wysublimowane, niezrozumiałe, zawsze warto domagać się zbadania danego zjawiska metodą prostszą. Jeżeli bowiem coś ważnego tkwi w gospodarce, to raczej na pewno można to przedstawić metodą prostą. **Metody proste** mają wiele zalet, umożliwiają poznanie tak **ważnych problemów** jak etnocentryzm konsumencki. Są one stosowane w nauce.

Jeśli chodzi o Polskę, to też była przeprowadzona taka **ankieta**. Przeprowadzono ją wśród **mieszkańców Podkarpacia**. Daje ona pewien obraz szerszy, ogólnopolski. Można sobie wyrobić w ten sposób obraz polskich konsumentów.

Z tych 17 stwierdzeń największe poparcie uzyskało takie stwierdzenie: Należy **kupować polskie** produkty, bo **dają** one **zatrudnienie Polakom**. Warto zauważyć, że ankietowani najbardziej poparli takie **stwierdzenie**, gdzie powiedziano im: **dlaczego?** Zatem dlatego, że **daje** to Polakom zatrudnienie[108].

To pokazuje bardzo wyraźnie, że nasi rodacy z tym właśnie stwierdzeniem się zgadzają. Bardzo duże jest poparcie dla takiego zdania: Lepiej jest kupować to co **polskie**. Tu nie ma co prawda podanej motywacji, dlaczego trzeba to czynić.

---

[108] E. Wolanin-Jarosz, Etnocentryzm w środowisku międzynarodowym — studium rynkowe Euroregionu Karpackiego, Difin, Warszawa 2015.

Jest też takie zdanie: **Polacy powinni zawsze kupować produkty wyprodukowane w Polsce zamiast produktów importowanych.** To wskazuje na to, **dlaczego warto popierać** towary polskie. Trzeba to robić po to, aby stwarzać pewną **konkurencję** wobec towarów importowanych. Można więc powiedzieć, że te postawy etnocentryzmu konsumenckiego są w Polsce **obecne**. One wynikają z różnych uwarunkowań.

Ta ankieta stworzona przez dwóch Amerykanów daje odpowiedź na pytanie, **dlaczego Polacy** chcą być etnocentryczni w sensie konsumenckim, **które motywy są** dla nich **najważniejsze**. To jest ankieta amerykańska wykorzystywana w różnych krajach. Niemniej jednak nie wykluczam, że na polskiej uczelni (np. Uniwersytecie Ekonomicznym w Poznaniu) znajdzie się ktoś, kto wymyśli inną, równie **przydatną metodę** badania tego zjawiska, która **pogłębi wiedzę** na ten temat.

Mówiąc o zjawisku etnocentryzmu konsumenckiego, warto po raz kolejny zwrócić uwagę na to, że leży on w **interesie przedsiębiorców polskich,** którzy prowadzą firmy o kapitale polskim. Dlaczego?

Dlatego że gdy panuje silny etnocentryzm konsumencki, polskiemu przedsiębiorstwu łatwiej się utrzymać na rynku. Dlatego, że wówczas jest duże zaufanie do produktów oferowanych przez tego właśnie przedsiębiorcę.

Nasi konsumenci wiedząc, że jest dany produkt polski, będą go chętniej kupować. Wierzą w dobrą jakość, a przede wszystkim mają zaufanie i chcą popierać to, co polskie, bo uważają, że sprzyja to tworzeniu miejsc pracy w naszym kraju.

Im silniejszy etnocentryzm konsumencki, tym łatwiej się utrzymać na rynku przedsiębiorcom z polskim kapitałem. Dlatego **silny etnocentryzm konsumencki** leży w interesie właśnie **polskich przedsiębiorców**. Warto zatem ten problem pogłębiać. Takie badania są już w Polsce prowadzone, ale warto je dalej pogłębiać i na tego typu ankietach się także opierać.

Ciekawe badania na temat etnocentryzmu konsumenckiego produktów przeprowadził TNS OBOP w 2007 roku. Badano czynniki, które powodują wybór produktów przez konsumentów. Okazało się, iż **ważnym czynnikiem** determinującym wybór produktów przez konsumenta obok **kraju pochodzenia** produktu jest **miejsce wytwarzania** produktu.

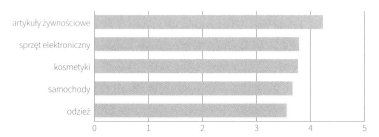

Wykres 37: Ranking ważności miejsca wytwarzania produktu w pkt. (Skala od 1 do 5, gdzie 1 oznacza zupełnie nieważne, 5 oznacza bardzo ważne). Źródło: opracowanie na podstawie badania TNS OBOP z 2007 roku.

W dalszych badaniach skupiono się na produktach żywnościowych.

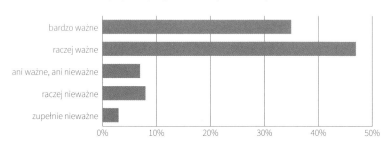

Wykres 38: Znaczenie pochodzenia produktu przy zakupach Polaków. Źródło: opracowanie na podstawie badania TNS OBOP z 2007 roku.

Zatem z badań wynika, iż **ponad 80%** naszych rodaków bierze pod uwagę **kraj pochodzenia** produktów żywnościowych przy swoich zakupach. Następnie pytano respondentów, czy również **miejsce wytworzenia** produktu jest dla nich równie ważne.

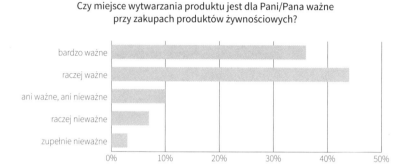

Wykres 39: Znaczenie miejsca wytwarzania produktu przy zakupach Polaków. Źródło: opracowanie na podstawie badania TNS OBOP z 2007 roku.

Okazało się, że wyniki badań potwierdzają, iż faktycznie Polacy biorą pod uwagę czynnik **miejsca wytwarzania** produktów żywnościowych w swoich decyzjach zakupowych.

Bardzo ciekawe badania problematyki etnocentryzmu konsumenckiego prowadziła **Karolina Ertmańska**[109]. Swoje badania autorka prowadziła na grupie młodych konsumentów, studentów **Zachodniopomorskiego Uniwersytetu Technologicznego** w Szczecinie. Badaniami objęto też dorosłych członków rodzin studentów.

Autorka podzieliła konsumentów na **trzy grupy** o: niskim, średnim i wysokim poziomie etnocentryzmu. Przy pomiarze etnocentryzmu posłużono się specjalnym wskaźnikiem tzw. **jawnego etnocentryzmu** konsumen-

---

[109] K. Ertmańska, Zachowania konsumenckie — etnocentryzm, internacjonalizm i kosmopolityzm konsumencki, „Studies and Proceedings of Polish Association Knowledge Management", 2011, nr 51, s. 254–266.

tów. Metodyka pomiaru wskaźnika bazowała na wskaźniku CETSCALE[110]. Okazało się, iż zdecydowanie wyższym poziomem etnocentryzmu konsumenckiego cechują się ludzie młodzi w przedziale wiekowym 18--24 lata. Wyniki badań przedstawia poniższy wykres.

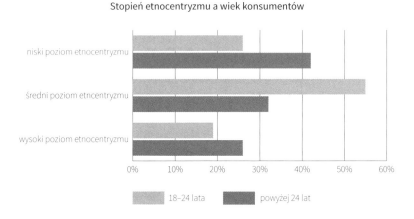

Wykres 40: Stopień etnocentryzmu a wiek konsumentów. Źródło: opracowanie na podstawie badań Karoliny Ertmańskiej.

Ponadto autorka badała stopień etnocentryzmu w zależności od miejsca **zamieszkania** i sytuacji **finansowej** konsumentów.

Z badań wynika, iż najsilniejszy poziom etnocentryzmu wykazują mieszkańcy średnich miast. Na kolejnym zaś wykresie zaprezentowano wyniki badań w zakresie stopnia etnocentryzmu w zależności od **sytuacji finansowej** konsumentów. Okazało się, iż wyższym poziomem etnocentryzmu cechują się konsumenci mniej lub średnio zamożni. Jednocześnie w obu grupach dochodowych etnocentryzm wykazuje średni poziom wg wskaźnika jawnego etnocentryzmu.

---

[110] A. Szromik, E. Wolanin-Jarosz, Diagnoza etnocentryzmu konsumenckiego Polaków z wykorzystaniem metody CETSCALE, „Konsumpcja i Rozwój", 2013, nr 1, s. 98–110.

Stopień etnocentryzmu w zależnosci od miejsca zamieszkania konsumentów

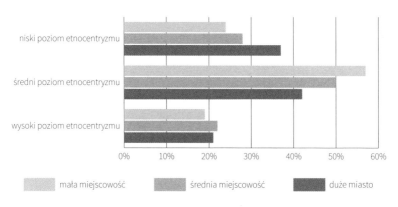

Wykres 41: Stopień etnocentryzmu a miejsce zamieszkania konsumentów. Źródło: opracowanie na podstawie badań Karoliny Ertmańskiej.

Stopień etnocentryzmu w zależności od sytuacji finansowej konsumentów

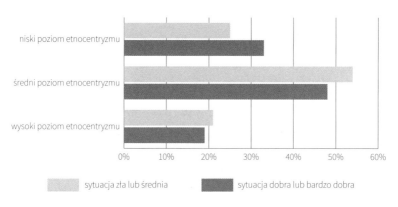

Wykres 42: Stopień etnocentryzmu a sytuacja finansowa konsumentów. Źródło: opracowanie na podstawie badań Karoliny Ertmańskiej.

W artykule swym Karolina Ertmańska przedstawiła też badania odnośnie do **preferencji konkretnych produktów** żywnościowych przez konsumentów.

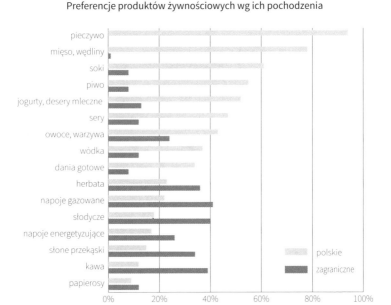

Wykres 43: Preferencje produktów żywnościowych wg ich pochodzenia. Źródło: opracowanie na podstawie badań Karoliny Ertmańskiej.

Okazało się, że osoby biorące udział w badaniu najchętniej dokonują zakupów takich **polskich produktów** jak: pieczywo, mięso i wędliny, soki, piwo, jogurty, sery oraz owoce i warzywa.

Są także badania prowadzone przez **portal „Ceneo"**, w których czytelnicy są pytani o to, które grupy towarów są przez nich preferowane z racji **postaw patriotycznych**. Wśród pewnych grup towarów, takich jak artykuły spożywcze, odzież i obuwie, w deklaracji preferowane są **towary rodzime**, polskie, krajowe.

Są też takie **grupy towarów**, np. artykuły gospodarstwa domowego i elektronika, gdzie postawa etnocentryczna jest dużo słabsza. W tym przypadku można mówić o postawie wręcz internacjonalistycznej, gdzie są preferowane towary zagraniczne. Czasem bywa tak, że to wynika z braku pewnej oferty towarowej. Wydaje się, że z tego powodu **samochody** uważane za zagraniczne są przedmiotem decyzji nabywczych konsumentów.

W różnych grupach towarów są **postawy zróżnicowane**. To oczywiście wymaga badań bardziej szczegółowych. Niemniej jednak w tym badaniu portalu „Ceneo" widać, że **postawy patriotyczne** w obszarze konsumenckim są **dość znaczące**. Zadano na tym portalu pytanie: co by było, gdyby pojawiły się **dwa towary** podobnej jakości, polski i zagraniczny, np. polski towar kosztowałby 130 zł, a zagraniczny 100 zł. Otóż istnieje grupa naszych rodaków, całkiem liczna, która uważa, że nawet gdyby towar polski był droższy, to jednak byliby oni gotowi nabyć raczej towar polski niż zagraniczny. Nasuwa się tu kwestia czegoś, co byśmy nazwali realizmem. Jak wiadomo, są to deklaracje, ale sam przyznam, że byłem tym zaskoczony. Traktowałbym to jako przejaw nie tyle realności tych postaw, bo tego nie wiemy do końca, jak to wygląda, ale raczej można to wiązać z pojawieniem się **mody** na **myślenie patriotyczne** w sferze gospodarczej.

Warto w badaniach ujawniać, czy nawet wypada ujawniać swoje postawy patriotyczne w sferze postaw konsumenckich. Coś się zmieniło, jeżeli w tego typu badaniach takie postawy są preferowane. Rodzi się pewna tendencja, która dla polskiej gospodarki powinna być bardzo pożyteczna. Są wypowiedzi **polskich przedsiębiorców**, którzy zdecydowanie to podkreślają, np. można tu podać wypowiedź **Ryszarda Florka**, prezesa **spółki Fakro**, który podkreśla na swojej stronie internetowej, że spółka Fakro jest spółką de facto o **czysto polskim** kapitale[111].

W swoich wypowiedziach Ryszard Florek wyraźnie wskazuje, że bardzo ważne jest preferowanie towarów polskich. Nawet mówi o kwestiach towarów elektronicznych. Wyraźnie widać, że jest to człowiek myślący w kategoriach patriotycznych w sferze gospodarczej. Można powiedzieć,

---

[111] Zob.: http://www.fakro.pl/.

że jest to odwoływanie się przez przedsiębiorców do konsumentów. Jest to wskazanie, że konsumenci mają wiele do zrobienia. To wyraźnie pokazuje, że ta tendencja zainteresowania się ideą patriotyzmu gospodarczego się pogłębia.

Potwierdzeniem nasilania się postaw patriotycznych naszych rodaków w obszarze gospodarczym są badania **Roberta Nowackiego**[112]. Autor zastanawia się, czy motywy **polskości** pojawiające się w **reklamach** są brane pod uwagę przez **Polaków**.

Wykres 44: Opinie Polaków na temat motywów polskości w reklamach. Źródło: opracowanie na podstawie badań Roberta Nowackiego.

Autor przedstawia również inne ciekawe swoje badania, w których pyta respondentów, jakie **symbole polskości** są najczęściej spotykane

---

[112] R. Nowacki, Etnocentryzm konsumencki a kultywowanie polskości w reklamie, „Handel Wewnętrzny", 2014, nr 3, s. 202–211.

w reklamach i które z tych symboli najbardziej się Polakom podobają. Okazało się, że najbardziej podobają się takie symbole jak: **Polska flaga** (24%), tradycyjna **polska muzyka** (22%), polskie stroje ludowe (18%), zwierzęta charakterystyczne dla Polski (13%) oraz polskie postacie historyczne (10%). Co ciekawe, nie były to najczęściej stosowane symbole w reklamach. Badania te pokazują, iż Polacy czują **silną więź emocjonalną** z Polską. Dlatego nie dziwi, że postawy patriotyzmu gospodarczego coraz bardziej się nasilają w naszym kraju.

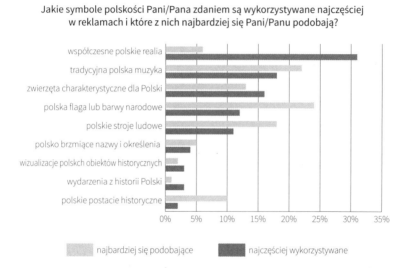

Wykres 45: Symbole polskości w oczach naszych rodaków. Źródło: opracowanie na podstawie badań Roberta Nowackiego.

Jeszcze silniej zjawisko **narastania patriotyzmu gospodarczego** odzwierciedla kolejne badanie autora.

Z badań wynika, iż **przesłanki patriotyczne** przy decyzjach zakupowych Polaków są bardzo istotne. Przesłankami patriotycznymi kieruje się aż 85% naszych rodaków. Wyniki tych badań budzą nadzieje. Okazuje się, że to co może nasz **naród polski zjednoczyć,** to wysoce zgodne, wspólne poczucie postaw patriotycznych.

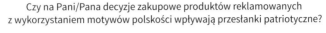

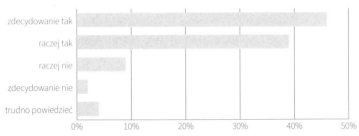

Wykres 46: Przesłanki patriotyczne w reklamach produktów. Źródło: opracowanie na podstawie badań Roberta Nowackiego.

Jeżeli mówimy o kwestiach pewnych przemian w ciągu ostatnich dwudziestu kilku lat, to rzeczywiście na początku lat 90. XX wieku otwarcie na towary zagraniczne było bardzo szerokie. Wynikało to z tego, że brakowało określonej oferty towarowej w Polsce. Nastąpiło zachłyśnięcie się ofertą zagraniczną. Natomiast z biegiem czasu sytuacja zaczęła się zmieniać. Zaczęto stopniowo dostrzegać pewne zagrożenia z tytułu np. napływu kapitału zagranicznego, z tytułu importu towarów konsumpcyjnych, uznając, że stanowi to konkurencję wobec polskiego przemysłu i utrudnia rozwój przedsiębiorstw o polskim kapitale. W szczególności utrudniało to rozwój polskich przedsiębiorstw, gdy konsumenci preferowali towary zagraniczne, wyrażając **postawy kosmopolityczne** albo nawet internacjonalistyczne.

Można powiedzieć, że tego typu zachowanie konsumentów, jak to wynika z **lektury artykułów** autorów, którzy się zajmują problematyką etnocentryzmu konsumenckiego, mogło brać się z przekonania, że to co zagraniczne było uważane za bardziej innowacyjne, bardziej prestiżowe, o wysokiej jakości. Tymczasem teraz sytuacja zaczyna się powoli jednak zmieniać. To jest bardzo ważna zmiana. Ta zmiana wymaga badań na obszarze etnocentryzmu konsumenckiego.

W ostatnich latach zaczynają być również **doceniane polskie produkty** u naszych zagranicznych partnerów gospodarczych. Ciekawe badania na ten temat przeprowadziła firma Ageron Polska na zlecenie **Ministerstwa Gospodarki** w 2011 roku[113].

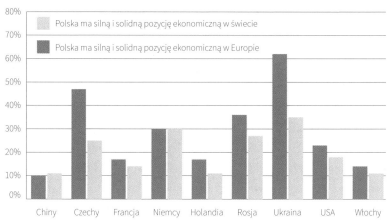

Wykres 47: Opinie głównych partnerów gospodarczych o Polsce. Źródło: opracowanie na podstawie badań firmy Ageron Polska.

Okazuje się, że Polska jest najbardziej doceniana przez naszych **najbliższych sąsiadów**: Ukraińców, Czechów, Rosjan i Niemców. Wyniki tych badań są optymistyczne. Szczególnie mogą zachęcać do współpracy z podmiotami zagranicznymi naszych **eksporterów**.

Chciałbym podkreślić, że obok takich polskich naukowców jak: **Sławomir Smyczek, Adam Figiel** jest wiele innych osób, które podej-

---

[113] Badania wizerunkowe Polski i polskiej gospodarki w krajach głównych partnerów gospodarczych, Ageron Polska, Warszawa, czerwiec 2011.

mują tematykę etnocentryzmu konsumenckiego. Co ciekawe, tego typu problematyka jest przez nich podejmowana także w sferze rynku **usług finansowych** (jak już wcześniej była o tym mowa). Ci autorzy badają również to, w jakim stopniu na rynku usług bankowych są preferowane usługi instytucji o **kapitale polskim** albo zagranicznym.

Jest tu też pewnego typu **zmiana**. Nawiążę tutaj do działalności funduszy inwestycyjnych. Gdy była wdrażana **reforma emerytalna** na początku **1999 roku,** to Polacy mogli dokonać wyboru. Mianowicie część osób mogła swoje oszczędności pozostawić tylko w **ZUS,** a część przenieść je do funduszy emerytalnych. Ciekawe było spojrzenie na to, **które fundusze były wybierane**, do których funduszy było najwięcej składek przeznaczanych. Okazuje się, że najwięcej składek szło do tych funduszy o kapitale zagranicznym. Teoretycznie polscy obywatele, konsumenci mogli zdecydować o tym, żeby te oszczędności przeznaczyć **do zarządzania** przez fundusze o **polskim kapitale**, ale wybrali jednak te zagraniczne. Być może fundusze zagraniczne miały większe możliwości i lepsze warunki promocji. Prawdopodobnie z uwagi na większe możliwości finansowe i wykorzystanie ich na promocję, a także z uwagi na przekonania Polaków, że to, co zagraniczne, jest bardziej nowoczesne, prestiżowe, lepsze, wybrali wówczas nasi rodacy te fundusze zagraniczne. Widać, że tego typu tendencja także w sferze finansowej jest obecna. Jest to bardzo ważne i będę jeszcze o tym wspominał, gdy będziemy mówili o kwestiach **patriotyzmu sektora finansowego**. Jest to temat, który będę kontynuował.

Kiedy mówimy o kwestiach etnocentryzmu konsumenckiego, to warto sobie takie pytanie zadać, **jak** w ogóle **definiować produkty** czy usługi, które można by określić mianem towarów czy usług polskich, rodzimych. Zdaniem tych naukowców, którzy zajmują się tą tematyką, **podejścia** do tego tematu mogą być **bardzo różne**[114]. To jest tak, że często badani

---

[114] A. Szromnik, E. Wolanin-Jarosz, Etnocentryzm konsumencki na zglobalizowanym rynku — czynniki i procesy kształtowania (cz. 1), „Marketing i Rynek", 2014, nr 4, s. 1–13.

ankietowani, kiedy są pytani o to, które towary są towarami **krajowymi, rodzimymi**, wymieniają różne **kryteria**, wedle których uznają dane towary za rodzime. Bardzo ważna jest np. **siedziba podmiotu** gospodarczego. Czy ten podmiot gospodarczy ma siedzibę **w Polsce** czy **za granicą**. Powstaje też pytanie o to, czy tu chodzi o siedzibę tego podmiotu gospodarczego, czy **siedzibę grupy kapitałowej**, której ten podmiot gospodarczy jest częścią. Przykładowo weźmy spółkę Dębica. Jest to spółka produkująca opony. Właścicielem większości akcji tej spółki są Amerykanie. Jest to spółka amerykańska. Można powiedzieć, że z punktu widzenia siedziby jest to spółka polska w tym znaczeniu, że siedziba się w Polsce mieści. Jednak z punktu widzenia siedziby grupy kapitałowej to jest to oczywiście spółka amerykańska. Z tego punktu widzenia można określić ją jako **spółkę zagraniczną**, bo będącą własnością kapitału zagranicznego.

Czasami takie opinie się słyszy, że jeżeli spółka działa na **zasadach prawa polskiego** w sensie, że prawo polskie reguluje działalność spółki, to jest to spółka polska. Wówczas doszlibyśmy do **absurdu,** gdyż można np. wszystkie banki przejęte przez kapitały niemieckie, francuskie, holenderskie uznać jako tak samo polskie, jak **banki spółdzielcze**. Tak myśleć nie można. To jest **przesada**. To jest myślenie, które już mija, ale czasami się spotyka. Bardzo **ważne** są **elementy własnościowe**. Ankietowani w badaniach pytani o to, który produkt jest polski, a który zagraniczny, wskazują, że bardzo ważna jest kwestia **centrum decyzyjnego,** struktury własnościowej.

Ankietowani wskazują także na to, że ważne przy uznawaniu, czy towar jest polski czy zagraniczny jest to, czy np. **przedsiębiorstwo** przy wytwarzaniu tych towarów, przy świadczeniu usług korzysta z **półfabrykatów, surowców krajowych** czy zagranicznych. Jest to pewnego typu ogólna deklaracja, bo wiadomo, że konsumenci nie będą dokładnie badali, jakie tam są surowce czy półfabrykaty, gdyż nie mają za bardzo też na to czasu. Natomiast w sferze **pewnych deklaracji** tego typu myślenie coraz częściej się pojawia.

Poza tym jest jeszcze ciekawa sprawa. Ankietowani mówią o tym, że ważne jest to, **do jakiego budżetu** przedsiębiorstwo płaci **podatki**, czy do budżetu **polskiego,** czy do budżetu zagranicznego. Można powiedzieć, że szereg spółek, które mają właściciela zagranicznego, płaci w Polsce podatki do polskiego budżetu. W tym sensie można by nazwać je polskimi spółkami, ale z drugiej strony wiemy, że także mówi się często o **unikaniu opodatkowania.** Przecież przedsiębiorstwa będące własnością kapitału zagranicznego starają się przez tzw. optymalizację podatkową ograniczyć poziom płaconych do budżetu podatków. Także obecny rząd próbuje tę sytuację zmienić, aby wpływy do budżetu były większe. Szczególnie mówi się, że chodzi o hipermarkety będące własnością kapitału zagranicznego. One wykazują tego typu wyniki, żeby płacić te podatki jak najniższe do polskiego budżetu. Niemniej jednak ankietowani też na to zwracają uwagę.

Poza tym mówi się o tym, że **spółka rodzima**, która produkuje towary rodzime, krajowe to taka spółka, która zatrudnia głównie obywateli danego państwa. Zatem, jeżeli Polacy są tam zatrudniani, to bardziej jest to **wyrób polski,** niż gdyby większość pracowników była obcokrajowcami. Poza tym, jeśli chodzi o towar, to mówi się, że ważne jest **źródło myśli intelektualnej**, które pomogło ten towar czy usługę wymyślić, czy myśl techniczna była polska czy zagraniczna.

Niemniej jednak generalnie, jeżeli mówimy o kwestiach tego, czy towar jest traktowany jako zagraniczny czy też **krajowy,** to myślę, że ta **struktura własnościowa** ma istotne **znaczenie**, zwłaszcza siedziba tego **dominującego** podmiotu.

Pamiętam taki dokument wydany niegdyś przez Komisję Nadzoru Finansowego, który sporządził **Wojciech Kwaśniak** (były wiceprzewodniczący tej instytucji). Wówczas wskazał on, że przy pewnego typu analizach bierze pod uwagę takie pojęcie jak **centrum decyzyjne** czy miejsce siedziby, czy siedziba **inwestora strategicznego**, podmiotu dominującego, największego **akcjonariusza**. Jest to ciekawe stwierdzenie. Umożliwia ono powiedzenie, iż mBank jest bankiem z przewagą kapitału niemieckiego, a np. Bank Millennium z przewagą kapitału portugalskiego czy do niedawna PEKAO S.A. z przewagą kapitału włoskiego (do 2016 roku).

Można **na problem** tego, czy towary są polskie czy zagraniczne, spoglądać **różnie**. Należy zauważyć, że tego typu dyskusja czasem też jest trochę niebezpieczna i może nas zaprowadzić na manowce. Mianowicie często dzieje się tak, że osoby, które krytykują patriotyzm gospodarczy, uważają, że on jest niepotrzebny, szkodliwy, mówią, że nie wiadomo, czy towary są polskie czy zagraniczne, dlatego że surowce są przecież z różnych krajów itd. Myślę, że jest to pewien pogląd, który raczej jest wyrażany przez tych, którzy uważają za słuszną dominację kapitału zagranicznego. Tego typu pogląd powoduje osłabienie postaw patriotycznych i zwiększanie postaw kosmopolitycznych. Dlatego można powiedzieć, że raczej bym przestrzegał przed tego typu poglądami. Są one nieco niebezpieczne. Jednak mimo wszystko **można znaleźć pewne kryteria**, które spowodują, że uznamy towar czy usługę za określoną usługę krajową czy zagraniczną.

Postawy konsumentów, którzy **deklarują**, że biorą pod uwagę ten czynnik: **towar krajowy** czy zagraniczny w swoich decyzjach, świadczą o tym, że konsumenci widzą wagę tego zagadnienia. Dostrzegają, że można rozstrzygnąć, który towar jest rodzimy, a który zagraniczny, i co ważne, **chcą** oni to co **polskie preferować**.

Przy badaniach nad etnocentryzmem konsumenckim warto tego typu tematy podejmować, gdyż są one przedmiotem refleksji naukowej. Warto wskazać na istotną rolę **Katedry Makroekonomii i Gospodarki Żywnościowej** Uniwersytetu Ekonomicznego w Poznaniu, która była jednym ze współorganizatorów konferencji poświęconej etnocentryzmowi na rynku artykułów spożywczych. Katedra ta organizowała konferencję wspólnie z **Uniwersytetem Przyrodniczym w Poznaniu.** To bardzo ważne, bo pokazuje, że tematyka etnocentryzmu konsumenckiego obecna jest także na **naszej uczelni** (Uniwersytecie Ekonomicznym w Poznaniu). Z tym że wymaga to pogłębienia i byłoby najlepiej, aby jak najwięcej prac **magisterskich, doktorskich, habilitacyjnych** poświęconych było tematyce etnocentryzmu konsumenckiego, aby ten temat był dobrze zbadany.

Rozdział 6: Plan na rzecz Odpowiedzialnego Rozwoju

Patriotyzm gospodarczy, o którym mówimy, powinien prowadzić do działań w zakresie patriotyzmu gospodarczego oddolnego i odgórnego. Patriotyzm gospodarczy **oddolny** to patriotyzm, który dotyczy postępowania ogółu społeczeństwa czy **ogółu narodu**. W tym znaczeniu mają dużą rolę do odegrania **konsumenci**, gdyż ich oddolne decyzje wpływają na **sytuację gospodarczą**[115].

Natomiast patriotyzm gospodarczy **odgórny** jest realizowany przez tych, którzy są odpowiedzialni za politykę, czyli troskę o **dobro wspólne**. Elementem polityki jest **polityka gospodarcza**[116]. W ramach polityki gospodarczej mogą być przygotowywane różnego typu **plany** czy pewne **przedsięwzięcia**, które mają na celu realizację określonych koncepcji, ideałów, w tym także ideałów patriotyzmu gospodarczego.

W ostatnich miesiącach mówi się wiele, coraz więcej o przygotowanym przez Ministerstwo Rozwoju Planie na rzecz Odpowiedzialnego Rozwoju[117]. Nazywany jest on **Planem Morawieckiego** po to, by wskazać na to, że jest to inicjatywa przygotowana w sposób **profesjonalny**, w sposób usystematyzowany, gdzie są pewnego typu kierunki rozwoju, ale też środki oraz etapy wdrażania tego planu.

Plan na rzecz Odpowiedzialnego Rozwoju wskazuje na to, że Polska powinna się rozwijać w sposób odpowiedzialny. Można powiedzieć, że powinien być to taki rozwój, na którym będzie mogło skorzystać jak

---

[115] R. Rybarski, Przyszłość gospodarcza Polski, Zakłady Graficzne Konarzewskiego, Warszawa 1933.
[116] A. Lityńska, Idea narodu i gospodarstwa narodowego oraz program przemian politycznych i społeczno-gospodarczych II Rzeczpospolitej w ujęciu Romana Rybarskiego, PTE, 2006, „Zeszyty Naukowe" nr 4, s. 149–160.
[117] Plan na rzecz Odpowiedzialnego Rozwoju, Ministerstwo Rozwoju, Warszawa 2016.

najwięcej naszych rodaków, jak najwięcej Polaków zamieszkałych w naszym kraju. Ten plan wychodzi od pewnego typu wyzwań, od pewnych **pułapek rozwoju gospodarczego Polski**, będących wyzwaniami, które należy podjąć i przekuć w sukces Polski. W ramach tych pułapek mówi się m.in. o pułapce średniego rozwoju gospodarczego. Mówi się o tym dlatego, że pojęcie pułapka średniego rozwoju jest używane w omawianiu sytuacji krajów, które osiągnęły pewien poziom **PKB na mieszkańca** na przeciętnym poziomie dla krajów wschodzących. W porównaniu do krajów dojrzałych jest to poziom jeszcze **stosunkowo niski**.

Z Wykresu 48 wynika, iż Polska pod względem PKB na mieszkańca ustępuje bogatym krajom takim, jak Niemcy czy Francja. Jednak z drugiej strony w porównaniu do **krajów Grupy Wyszehradzkiej** te różnice między naszym krajem a pozostałymi krajami owej grupy nie są zbyt duże. Na koniec 2016 roku **PKB per capita Polski** wyniósł 27 654 USD. Przykładowo Czechy, najbogatszy kraj Grupy Wyszehradzkiej, osiągnął w tym samym roku PKB per capita w wysokości 33 232 USD.

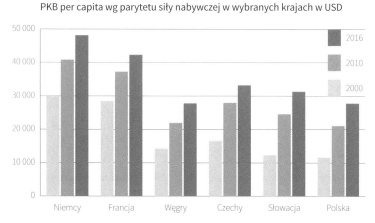

Wykres 48: **PKB per capita** wg parytetu siły nabywczej w wybranych krajach w USD. Źródło: opracowanie na podstawie danych MFW.

Generalnie pojawia się pytanie: **jak wyrwać się** z tej pułapki średniego rozwoju, czyli jak powiększyć poziom PKB na mieszkańca w taki sposób, aby to z biegiem czasu **za 15 lat** mogło doprowadzić do poziomu PKB na mieszkańca takiego jak w innych krajach europejskich, a zwłaszcza tych zachodnioeuropejskich. **Premier Mateusz Morawiecki** mówi o tym, że w ciągu 15 lat jest możliwe, aby ten cel został osiągnięty.

Pułapka bierze się z tego, że trzeba wynaleźć **pewnego typu impulsy**, które będą popychały polską gospodarkę do przodu. Można powiedzieć, że jedną z takich cech polskiej gospodarki jest to, że w ostatnich latach myśmy rzeczywiście przeżyli stosunkowo szybki wzrost PKB. Trzeba to podkreślić, że zwłaszcza w okresie kryzysu gospodarczego Polska ten PKB powiększyła. Jest to szczególnie ważne. Dlatego, że dzięki temu nie doznaliśmy recesji w żadnym roku od momentu rozpoczęcia tego kryzysu, co wynikało w dużym stopniu z tego, że **mieliśmy własną walutę** i w okresie kryzysowym, gdy waluta słabnie, to **łagodzi skutki kryzysu**. Dzięki temu Polska poprzez **dynamizację eksportu** i poprzez lepszą konkurencję wobec importu mogła przetrwać ten trudny okres kryzysu i PKB Polski się powiększyło. Trzeba jednak o tym powiedzieć, że w ramach Planu Morawieckiego mówi się, że chodzi o to, abyśmy się zastanowili nie tylko nad **PKB**, ale też nad **PNB**, czyli **Produktem Narodowym Brutto**. Co więcej w ramach Planu i pewnych jego założeń wskazuje się na jednym z wykresów na porównanie między wielkością PKB a wielkością PNB w poszczególnych krajach europejskich. Widzimy różnicę, PKB to wartość wszystkich towarów i usług wytworzonych w naszym kraju niezależnie od tego, czy stworzyli je obywatele Polski czy też zagraniczny kapitał. Natomiast **Produkt Narodowy Brutto** oznacza ten produkt wytworzony przez **polskich obywateli** niezależnie od tego, czy jest to zasób towarów i usług oferowanych w Polsce czy za granicą.

Generalnie jest tak, że w wielu krajach **porównuje się** PNB i PKB, czyli Produkt Narodowy Brutto i Produkt Krajowy Brutto. W ramach

Planu Morawieckiego też na jednym z wykresów jest właśnie pokazana ta **różnica**. Dane dotyczące różnicy między PNB a PKB zawiera poniższy wykres. Są na nim zawarte informacje z wybranych krajów świata. Dane obejmują zarówno kraje bogate, jak i kraje wschodzące, takie jak Polska.

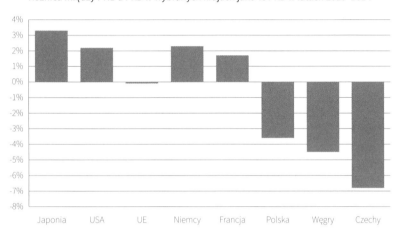

Wykres 49: Różnica między PNB a PKB w wybranych krajach jako % PKB. Źródło: Opracowanie na podstawie danych OECD.

Gdy chodzi o niektóre kraje (Japonia, USA, Niemcy), to PNB jest większe niż PKB, gdy zaś o inne kraje, jest odwrotnie (Czechy, Węgry). Polska jest w takiej sytuacji, że PKB jest większy niż PNB. Różnica ta stanowi −3,6% PKB. Co z tego wynika?

Warto zauważyć, że duże **pożytki** z tytułu naszego wzrostu gospodarczego „**pożera**" nam **kapitał zagraniczny**. Jest tak, że trzeba tę sytuację poprawić. Wg Planu Morawieckiego ok. 2/3 sektora bankowego w Polsce znajduje się w rękach kapitału zagranicznego. Także w przemyśle jest spory udział kapitału zagranicznego. Podobnie w eksporcie tego typu sytuacja występuje. **Jest to niepokojące**, gdyż wówczas pożytki z tytułu wzrostu gospodarczego, który był stosunkowo wysoki, przejada w dużym stopniu kapitał zagraniczny, poprzez to, że dywidendy odpływają z Polski w kierunku **central spółek matek** i to jest niepokojące. Polska mogłaby więcej zyskać, gdyby te przedsiębiorstwa były pod kontrolą kapitału polskiego, z centrami decyzyjnymi w Polsce.

W ramach Planu Morawieckiego wskazuje się na **potrzebę współpracy** nauki polskiej z biznesem polskim. Kwestią bardzo ważną jest zastanowienie się nad tym, jaki powinien być **cel działania polskiej nauki**. Czy celem tym powinno być dążenie do tego, aby jak najwięcej polskich naukowców było cytowanych gdzieś za granicą? Czy też to, żeby **nauka polska służyła rozwojowi naszego kraju**, polskiej gospodarki? Ta właśnie ostatnia myśl powinna być zatem tym celem.

Mówię o tym dlatego, że jeśli chodzi o kwestie **cytowalności** polskich naukowców w prasie zagranicznej, jak mówi **wicepremier Jarosław Gowin**, jest tak, że Polska zajmuje **20 miejsce** na **świecie**. Wobec tego jesteśmy cytowani. Ale powstaje pytanie — **co z tego?**

Żyjemy w **kraju**, który w dużym stopniu został **opanowany** przez **kapitał obcy**. W związku z tym nie jest ważne to, czy jesteśmy tak bardzo cytowani czy nie, lecz to czy **polscy naukowcy** tutaj funkcjonują **w Polsce**, tu nad Wartą, nad Wisłą, nad Odrą, i czy tu **wykonują zadania**, które służą realizacji **polskiego interesu narodowego**, czy są one przeniknięte duchem **patriotyzmu** gospodarczego.

Jeden z **najwybitniejszych** polskich ekonomistów, **prof. Roman Rybarski** wielokrotnie podkreślał w swych pracach naukowych, że nadrzędnym celem polskich instytucji publicznych, w tym **wyższych szkół ekonomicznych** i polskich uniwersytetów, jest **bezinteresowna służba** polskiej **gospodarce** dla dobra **całego kraju**[118]. To jakże silne myślenie patriotyczne jest aktualne także dzisiaj. Warto czerpać wzorce

---

[118] J. Zaborowski, Profesor Roman Rybarski (wspomnienie), „Studia Iuridica", 1993, t. XXV.

do działania z bogatego dorobku intelektualnego tego znakomitego polskiego ekonomisty[119].

Program Morawieckiego wskazuje jeszcze na inne uwarunkowania, pewnego typu pułapki rozwojowe. Np. mówi o tym, że w Polsce wpływy do budżetu państwa z tytułu podatku od przedsiębiorstw, z tytułu podatku VAT, są stosunkowo małe na tle możliwych wpływów, gdyby podatki były ściągane od korporacji. Mówi się o tzw. **luce podatkowej**. Wskazuje się tu na kwotę wpływów podatkowych od przedsiębiorstw czy podatku VAT, które mogłyby być do państwa odprowadzane, a nie są. Luka w podatku VAT jest stosunkowo wysoka w naszym kraju. Na koniec 2014 roku luka ta w przypadku Polski wyniosła według danych Komisji Europejskiej 9,3 mld euro. Dlatego obecny polski rząd postawił sobie jako jedno z podstawowych zadań **uszczelnienie systemu podatkowego**.

Dane dotyczące luki w podatku VAT w wybranych krajach przedstawia poniższy wykres. Luka ta, to **różnica** między **przewidywanymi** dochodami z VAT a kwotą **rzeczywiście** ściągniętą.

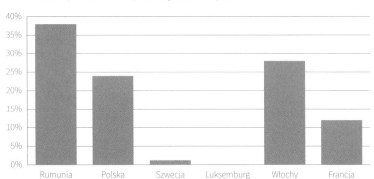

Wykres 50: Luka w podatku VAT w wybranych krajach. Źródło: Opracowanie na podstawie danych Komisji Europejskiej.

---

[119] Uchwała Sejmu Rzeczypospolitej Polskiej z dnia 2 marca 2007 r. w 65. rocznicę śmierci profesora Romana Rybarskiego (Monitor Polski Nr 16, poz. 180).

W bogatych krajach luka w podatku VAT jest o wiele niższa niż w naszym kraju (Wykres 50). **Korporacje międzynarodowe pochodzące głównie z krajów bogatych** mają większe możliwości **niepłacenia podatków** w słabiej zorganizowanych systemach skarbowych krajów wschodzących (takich jak Polska).

To pokazuje, że poprzez tzw. **optymalizację podatkową** duże korporacje unikają płacenia tego podatku. Dlatego tu się pojawiają pewne koncepcje, co zrobić, żeby te korporacje płaciły podatki. Pojawiła się koncepcja podatku od sprzedaży detalicznej. Chodziło o to, aby wprowadzić zasadę, że przedsiębiorstwa mniejsze **płacą mniej,** a większe płacą większe podatki.

Otóż tutaj **Komisja Europejska** wyraziła **sprzeciw.** Dlaczego? Tak naprawdę, dlaczego tak uczyniła, nie można być pewnym. Ale jedna z interpretacji mówi, że dlatego iż faktycznie jest to reprezentant **interesów obcych,** czyli zagranicznych **korporacji.** Można powiedzieć, że na to nie ma pełnych dowodów, bo nikt nie ma dostępu do mózgu gremiów kierowniczych Komisji Europejskiej, aczkolwiek istnieje takie domniemanie, że oni też mają **swoją narodowość,** swoje **interesy** i reprezentują takie postawy, które są zgodne z interesami ich krajów. Dlatego też Komisja Europejska próbuje to **zablokować.** Widać, że jest toczona pewna **wojna ekonomiczna.** Tę wojnę trzeba zatem **wygrać.**

Warto ponownie odwołać się w tym miejscu do dorobku Romana Rybarskiego, do jego książki pt.: „**Bojkoty ekonomiczne w krajach obcych".** Roman Rybarski pokazuje, jak poszczególne narody mogą prowadzić skuteczną walkę ekonomiczną w trudnych warunkach, gdy są związane zewnętrznymi obcymi regulacjami prawnymi narzucanymi im przez okupantów czy zaborców. Tak było np. w XVIII i XIX wieku w **Irlandii,** która była okupowana przez Anglików. Irlandczycy w walce przeciw okupantom stosowali instrument bojkotu ekonomicznego. Bojkot ten polegał na bojkocie wszelkich **towarów angielskich,** które docierały na tereny zamieszkiwane przez rodzimą ludność irlandzką.

Pod koniec XIX wieku w Irlandii pojawiło się oddolne, nieformalne stowarzyszenie Irlandczyków tzw. **Sinn Féin!** Co znaczy **My sami, sami tylko!** Celem tego ruchu było umacnianie wspólnoty narodowej Irlandczyków. Była to walka o utrzymanie tożsamości narodowej Irlandczyków. Członkowie ruchu Sinn Féin walczyli m.in. z tzw. „angielszczeniem" ich kraju, z **emigracją**, z wstępowaniem Irlandczyków do armii angielskiej. W obszarze zaś gospodarczym uważali oni, iż trzeba rozwijać i umacniać rodzimy irlandzki przemysł i wypierać przemysł angielski z Irlandii. Przedstawiciele Sinn Féin uważali, iż ich rodacy, przesiąkając kulturą angielską, korzystając z wszelkich instytucji angielskich, wsiąkają nieświadomie w to społeczeństwo, stając się **faktycznie Anglikami**.

Jednym z najważniejszych zadań Sinn Féin było wówczas odrodzenie ekonomiczne Irlandii. Obok rolnictwa zamierzali stworzyć własny przemysł, propagując bezwzględne używanie towarów własnych z wyłączeniem obcych. Towary wytwarzane w Irlandii miały swoją markę ochronną. Wydawano też podręcznik informacyjny zawierający **spis przedsiębiorstw irlandzkich**[120].

Plan Morawieckiego jest również **takim pomysłem**, jak tę wojnę ekonomiczną wygrać dzisiaj **(dla Polski)**, aczkolwiek nie używa słowa: wojna. Warto zauważyć, że jeżeli chodzi o np. Plan Morawieckiego, to zawiera on pewne **slajdy, schematy, tabele**. Ten plan jest bardzo dobrze przygotowany graficznie, wręcz **znakomicie**. To tak jakby ten, **kto sporządzał** ten plik PDF, włożył wszystkie swoje umiejętności, **talenty**, umiejętności syntetycznego myślenia, **umiejętności graficzne**, aby ten dokument był jak najlepszy. Uważam, że to też jest **przejaw patriotyzmu gospodarczego**.

Jeżeli pojawiają się **plakaty, billboardy**, które propagują sieci hipermarketów, np. niemieckiego Lidla czy spółki typu Amazon, to widzimy wielkie, potężne plakaty. Co musimy zrobić? Powinniśmy uczynić wszyst-

---

[120] R. Rybarski, Bojkoty ekonomiczne, op. cit., s. 110–140.

ko, by to **polskie plakaty** były jeszcze **lepsze**, jeszcze **większe**, jeszcze bardziej jakościowo **znakomite**. Tym też się wygrywa, bo to ma olbrzymie znaczenie. Zatem polecam lekturę Planu na rzecz Odpowiedzialnego Rozwoju, gdyż jest to dokument znakomicie wykonany pod względem graficznym. Widać bowiem, że ten kto tworzył ten dokument, autentycznie **żyje Polską**.

Warto powiedzieć, iż Plan Morawieckiego ma ogromną wagę dla rozwoju naszej ojczyzny. Można go porównać do planu rozwoju gospodarczego Polski autorstwa **Eugeniusza Kwiatkowskiego**. W dniu **10 czerwca 1936 roku** wicepremier Eugeniusz Kwiatkowski ogłosił **czteroletni program** rozwoju naszego kraju. Największe osiągnięcia realizacji tego programu to: port **Gdynia** i polska flota handlowa, Mościce i rozbudowa Warszawskiego Okręgu Przemysłowego, Stalowa Wola i **Centralny Okręg Przemysłowy**. Po tych wielkich, pierwszych sukcesach Eugeniusz Kwiatkowski przedstawił w **grudniu 1938 roku** na forum polskiego sejmu **15-letni program** dalszego rozwoju naszej ojczyzny. Niestety realizacji tego ambitnego programu przeszkodziła napaść na nasz kraj Niemiec hitlerowskich i ZSRR we wrześniu 1939 roku[121].

Warto przytoczyć w tym miejscu słowa **Jana Nowaka-Jeziorańskiego** o osobie Eugeniusza Kwiatkowskiego: „Spotkałem wiele **czołowych postaci**, które występowały na polskiej scenie politycznej w okresie niepodległości i latach wojny. Ale człowieka o takiej **bezwzględnej uczciwości**, o takim niezwykłym natężeniu patriotyzmu — nie znałem". Myślę, że te słowa można odnieść dzisiaj również do osoby **premiera Mateusza Morawieckiego** i jego ambitnego programu.

Mówiąc o Planie Morawieckiego, warto zauważyć, że tam mówi się o bardzo wielu działaniach, które mają służyć rozwojowi Polski. Mówi się np. o kwestiach polityki proeksportowej, wskazując na rolę **Polskiego**

---

[121] O. Gedymin, Strategie gospodarcze i drogi rozwoju, Wydawnictwo Wyższej Szkoły Finansów i Zarządzania w Białymstoku, Białystok 1999, s. 32–40.

Funduszu Rozwoju. Używa się przy tym pewnych koncepcji, które może nie wprost nawiązują do koncepcji **exim banku**, ale mówią o tym, że jednak to **wsparcie eksportu** następować powinno.

Z diagnozy zawartej w Planie Morawieckiego wynika, że duża **część eksportu** jest realizowana wspólnie z **kapitałem zagranicznym**. Niektórzy powiedzieliby, że to świadczy pozytywnie o tych firmach. Z drugiej strony to pokazuje, że te firmy uzyskują dochody, które potem **są przekazywane** w postaci dywidend do **central zagranicznych**. Natomiast byłoby lepiej, żeby większy udział miały polskie firmy w eksporcie, bo wtedy będzie rozwijany polski kapitał, polskich podmiotów, mających **centra decyzyjne** w **Polsce**.

Dlatego powstał m.in. Polski Fundusz Rozwoju. Chodzi tu o dynamizację eksportu, aby ambasady były aktywne w promowaniu Polski za granicą, w promowaniu **polskiego eksportu**. Jest to bardzo istotne. Z tego też powodu kilkanaście lat temu wskazałem na potrzebę utworzenia **funduszy polskich spółek proeksportowych,** które mogłyby inwestować w tego typu spółki.

W ramach Planu Morawieckiego mówi się, że **pewne branże** mogą być szczególnie atrakcyjne, szczególnie **perspektywiczne**. Są też tacy, którzy mówiliby chętnie o tym programie w taki oto sposób: program jest mało szczegółowy, nie zawiera wielu konkretnych rozwiązań, powinien być bardziej otwarty, bardziej przejrzysty.

Musimy tu **bardzo uważać**. Podam pewien argument. Niedawno czytałem artykuł **Dariusza Skopca** na temat zarządzania rezerwami walutowymi przez bank centralny Chin[122]. Na wykresie poniżej podane są kraje o **największych rezerwach walutowych** na świecie na tle Polski.

Pod tym względem **Chiny** zdecydowanie **dominują** i posiadają wg stanu na koniec **czerwca 2017 roku** zasoby rezerw walutowych przekraczające **3 bln USD**.

---

[122] D. Skopiec, Adekwatność poziomu i struktury rezerw dewizowych Chin, „Studia Ekonomiczne", 2016, nr 2, s. 222–245.

Rezerwy walutowe wybranych krajów w mld USD (stan na czerwiec 2017 roku)

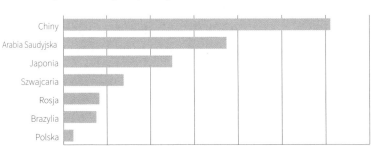

Wykres 51: Rezerwy walutowe w wybranych krajach. Źródło: opracowanie na podstawie danych Trading Economics.

W swym artykule Dariusz Skopiec wielokrotnie podkreśla, że **bank centralny** Chin **utajnia,** jak tylko może, **sposób zarządzania** swoimi rezerwami walutowymi: co do strategii, podziału geograficznego. Chodzi o to, że jeżeli jakaś instytucja, jak bank centralny czy ministerstwo, ma swoje cele realizować, w tym przypadku Plan na rzecz Odpowiedzialnego Rozwoju, to musi działać w taki sposób, żeby nie być do końca transparentnym. Musi pewne rzeczy ukrywać. Nie bójmy się tego słowa. Na początku lat 90. XX wieku **mówiono nam** z zagranicy o otwartości, transparentności, przejrzystości. Z pozoru wydaje się to naturalne i korzystne. Warto o tym pamiętać, że im bardziej będziemy pokazywali wszystkim **nasze plany,** tym bardziej oni będą widzieli „jak na talerzu", co zamierzamy zrobić. Będą łatwiej z nami konkurowali. Dlatego potrzebna jest **dyskrecja i ostrożność.** Jeżeli zaś chcemy skutecznie konkurować z podmiotami zagranicznymi, to musimy czymś **przeciwnika zaskoczyć.** Trzeba mieć tego świadomość[123].

Kiedy w Sejmie RP były uchwalane **pewne ustawy** dotyczące współpracy między **instytucjami nadzoru** nad rynkiem finansowym w Pol-

---

[123] Instrukcja BHP. Zob.: http://jozefdarski.pl/48-7-instrukcja-bhp.

sce a **instytucjami unijnymi** nadzoru nad rynkami finansowymi w Unii Europejskiej, mówiło się o tym, że oba **nadzory** muszą współpracować, przekazując sobie informacje. Było powiedziane, że **Polska** może **odmówić przekazania** tych **informacji**, jeżeli przekazanie tych informacji godziłoby w **bezpieczeństwo** gospodarki polskiej, w **suwerenność Polski**, w pewne ważne interesy polskie.

To pokazuje, że nie wszystko można przekazać. Co byłoby, gdyby np. nasz nadzór przekazał informacje tak ważne, tak wrażliwe za granicę. To byłaby zdrada Polski. Dlatego bardzo wyraźnie chcę podkreślić: jawność jest ważna, ale **nie wszystko** musi być **jawne**. Tam, gdzie się rozgrywa **myślenie strategiczne** o Polsce, gdzie myśli się koncepcyjnie w sposób długookresowy itd., **musi być dyskrecja**. Musi być tajność, musi być pewna rola **służb specjalnych**, które pilnują tego, żeby pewne rzeczy nie wyciekły, bo musimy tę rywalizację w ramach tej wojny ekonomicznej wygrać. Aby ją wygrać, nie wszystko możemy ujawniać. Dlatego oczywiście w tym programie nie ma kwestii bardzo szczegółowych, które mogłyby być przez Zachód podglądnięte i tym ułatwić mu wygranie z nami. Proszę pamiętać, że Zachód się burzy, bo wie, że **Polska broni** swoich **interesów**. W prasie i **telewizji niemieckiej** pojawiają się pewne audycje, w których się **atakuje nasz kraj**, mówiąc, że w Polsce się odradza patriotyzm gospodarczy!

Oni wiedzą doskonale, że to właśnie jest bardzo **ważny element**, który służy polskiej gospodarce, polskiej **własności**. Dlatego ważne jest, aby ten **Plan Morawieckiego** był planem realizowanym w sposób bardzo **sprytny i pomysłowy**. Zachęcam do tego, żeby dużo czytać. Mateusz Morawiecki bardzo dobrze opisuje wyzwania polskiej gospodarki, pewnego typu ogólne przesłanie i **koncepcje**, które potem można sobie **spokojnie przemyśleć** i przełożyć na pewne konkrety.

Być może warto wejść we współpracę z ministerstwem, aby te swoje **pomysły tam przekazać** w taki sposób, żeby nie było to przez zagranicę przechwycone, abyśmy pozostali tu dyskretni. Plan na rzecz Odpowiedzialnego Rozwoju jest bardzo ważny, gdyż ma realizować zasadę "więcej polskiej gospodarki w polskiej gospodarce". Wyraźnie widzimy, przeglądając ten plan, że tam się o tym mówi. Czasami słyszy się opinie, że Plan Morawieckiego niewiele się różni od **Planu Boniego**, który został kiedyś opublikowany jako **Perspektywa 2030**. Bardzo dziwię się takim opiniom, gdyż jest to **program inny**, ponieważ Plan Morawieckiego wyraźnie wskazuje na **rolę kapitału polskiego**, wspierania tego, **co polskie**. Jest przeniknięty duchem patriotyzmu gospodarczego. W ramach tego właśnie programu też mówi się oczywiście o roli np. **rynku kapitałowego**. Niewątpliwie rynek kapitałowy może tę wielką rolę odgrywać w realizacji Planu Morawieckiego. Skoro ten Plan ma wspierać **rozwój polskiej własności**, to rynek kapitałowy w naszym kraju może temu służyć. Dlatego że na naszej giełdzie notowane są, jeśli chodzi o liczbę, głównie **spółki o kapitale polskim**, podobnie na rynku **New Connect**. To pokazuje, że przez ten rynek spółki mogą pozyskiwać kapitały. Dlatego jest bardzo istotne, aby ten rynek kapitałowy też był wykorzystany dla realizacji Planu Morawieckiego.

Plan Morawieckiego zawiera też **pewne cele**, także cele liczbowe. Należy traktować je w sposób bardzo przybliżony, **ogólny**, bo wiadomo, że dokonywanie wszelkich **prognoz** czy stawianie celów jest **ryzykowne**. Bo niekiedy prognoza i cel może się sprawdzić, ale też **nie musi,** może być zrealizowany w części albo w całości. Może być wynik nieco gorszy od oczekiwań. Chodzi o to, żeby cele były postawione. Można też sobie wyobrazić **cele formalne i faktyczne**. Wcale nie wykluczam tego, że twórcy tego programu przyjmują sobie pewne cele mające charakter faktyczny, o których za bardzo nie mówią. Jest tam mowa o wsparciu polskiej własności, np. jest tak, że może pewne cele przygotowywane nie są **ujawniane publicznie**. Jest to bardzo istotne. Szczególnie ważne jest to, żeby w ramach tego programu ułatwić społeczeństwu poznanie tych wyzwań w formie prostej, **przystępnej,** bardzo ciekawej.

Gdy mówiłem o **roli graficznego sposobu** przekazania tego Planu jako czymś bardzo korzystnym, bardzo pozytywnym, to dlatego że dzięki temu wielu ludzi niemających wielkiej wiedzy **może się zapoznać** z tym Planem. On jest bardzo przystępnie przekazany. Tutaj widać wielką rolę, jaką odegrał premier **Mateusz Morawiecki**. Dlaczego? Dlatego że tu jest tak samo jak w **przedsiębiorstwie**, kiedy składa ono wniosek o kredyt. Wtedy **bank ocenia** to przedsiębiorstwo. Ocenia m.in. jego sytuację finansową. Ocenia tego, **kto** tym przedsiębiorstwem **kieruje**. Jeżeli jest to właściciel jednoosobowy czy prezes, to określa jego kompetencje. Dlatego warto wskazać na osobę Mateusza Morawieckiego jako tego, który ten plan przygotowywał, a przynajmniej koordynował pracę na rzecz przygotowania tego dokumentu.

Mateusz Morawiecki to człowiek, który zdobył **doświadczenie** przez **wiele lat** pracy w instytucji finansowej. Poznał od podszewki sposób funkcjonowania gospodarki i **sposób działalności** instytucji finansowych. Dzięki temu nabrał pewnych **cech realizmu,** a jednocześnie stał się bardzo uważny na rolę kapitału zagranicznego, dostrzega, **jak** ten **kapitał działa,** m.in. nauczył się tego, jak funkcjonuje inwestor strategiczny w banku (pracował w BZ WBK, a tam inwestorem byli Irlandczycy, potem Hiszpanie). Dostrzega on na pewno, **jak funkcjonuje** taki inwestor, **jakie cele** realizuje, jakie kompetencje ma **centrala w** Warszawie, a jakie cele ma centrala za granicą. Dzięki temu doświadczeniu stał się na tyle kompetentny, że może te swoje umiejętności wykorzystać. Dlatego jest on wielkim polskim atutem. Bardzo ważne jest też to, aby tego typu osób było jak najwięcej, aby ze środowiska finansowego wywodziło się jak najwięcej osób mających wielką wiedzę, ale też i motywację do działania na rzecz Polski. To jest bardzo istotne, bo daje dobre przykłady do naśladowania dla młodego pokolenia Polaków. Zatem warto czytać **wypowiedzi Mateusza Morawieckiego**, wywiady, gdyż mówi on w sposób kompetentny, a jednocześnie zrozumiały, bardzo budujący, bardzo **ofensywny,** bardzo patriotyczny. Dzięki temu „**zapładnia intelektualnie** innych", którzy wywodzą się ze środowiska finansowego. Zachęca ich do tego. To jest bardzo ważne, aby tego typu plan był realizowany. Dlatego że chodzi o przyjęcie strategii rozwoju gospodarczego opartego na **promocji polskiego kapitału,** a także na tym, o czym mówi ten plan. Celem zatem tego planu jest przyczynienie się do tego, aby gospodarka polska rozwijała się bardziej równomiernie, w sensie równomiernego rozwoju między poszczególnymi **regionami** Polski. Chodzi tu zatem o to, aby te **różnice były mniejsze,** aby **Polacy** się czuli u siebie **jak naród,** jak osoby, które mają standard życia wyższy niż obecnie. Jest to bardzo istotne.

Poza tym mówi się tu o roli **akcjonariatu pracowniczego,** gdzie wskazuje się, że właśnie pracownicy mogą czerpać pożytki z zysków przedsiębiorstw. Pamiętam wypowiedź dla Tygodnika „Solidarność" **Alfreda Bujary,** który jest działaczem Solidarności z sekcji m.in. pracowników handlu i banków. Otóż on mówi, że bardzo ważne jest to, żeby właśnie pracownicy np. handlu czy banków, zwłaszcza hipermarketów, mieli **udziały w zyskach** tych instytucji albo mogli **czerpać dochody** nie tylko z tytułu wynagrodzenia z pracy **na etacie** czy na innego typu umowach. Ten postulat **przewiduje** też Plan Morawieckiego. Jest to bardzo istotne. Ważna jest również kwestia wsparcia tych mniejszych instytucji gospodarczych, np. ostatnio Sejm RP przegłosował **obniżkę podatku** od przedsiębiorstw, dzięki czemu będą one płaciły mniejsze podatki. To jest ważne **wsparcie kapitału polskiego.** Dlatego tak ważny jest Plan Morawieckiego.

Mówiąc o uwarunkowaniach zawartych w Planie Morawieckiego, warto wskazać także na rolę pewnego wskaźnika, który jest w nim też omawiany. To wskaźnik prezentujący relację **Międzynarodowej Pozycji Inwestycyjnej Netto** do PKB. Pozycja ta pokazuje relację pomiędzy aktywami a zobowiązaniami międzynarodowymi w przypadku naszego kraju. Można powiedzieć generalnie, że ta różnica jest w przypadku Polski **ujemna.** Różnica ta informuje, czy kraj jest **wierzycielem** czy też dłużnikiem netto wobec zagranicy. Dane dotyczące tego wskaźnika w wybranych krajach przedstawia poniższy wykres.

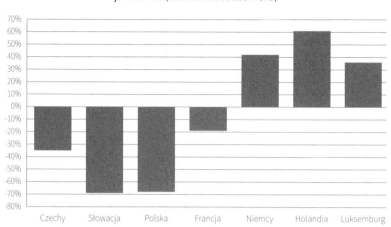

Wykres 52: Międzynarodowa pozycja inwestycyjna netto w wybranych krajach. Źródło: opracowanie na podstawie danych Eurostatu.

Kraje bogatsze cechują się z reguły **dodatnią** pozycją inwestycyjną netto, np. **Niemcy** (42%), **Holandia** (61%), kraje zaś na średnim poziomie rozwoju notują **ujemną** różnicę, np. **Polska** (–68%), **Czechy** (–35%). Wielkość tej różnicy w przypadku Polski jest **stosunkowo duża**. Można to ocenić jako sytuację niekorzystną. Dlatego, że kraje, które mają tę różnicę inwestycyjną dodatnią, są to kraje prowadzące aktywną **politykę proeksportową**, które mają sektor finansowy w rękach raczej kapitału rodzimego. Natomiast w Polsce ta Międzynarodowa Pozycja Inwestycyjna Netto jest **silnie ujemna**, co może także wynikać z dużego znaczenia kapitału **zagranicznego**, który sobie tutaj hasa. Natomiast ekspansja zagraniczna przedsiębiorstw polskich jest jeszcze stosunkowo niewielka, co wynika też z tego, że skoro **kapitał zagraniczny** przejął polskie przedsiębiorstwa, to nie jest tak bardzo zainteresowany, żeby zwiększać ekspansję zewnętrzną tych polskich przedsiębiorstw. Dam tu pewien przykład.

Kiedyś pojawiła się informacja, że bank **PEKAO S.A.**, przejęty przez

Włochów, zlikwidował pewne **oddziały** zagraniczne. Natomiast bank PKO BP będący w rękach Skarbu Państwa **otwiera** nowe oddziały gdzieś za granicą, co pokazuje, że instytucje o **rodzimym kapitale** mają większą możliwość **ekspansji**, mają też większą samodzielność w zakresie tworzenia strategii. Dlatego tak ważne jest zastanowienie się nad tym, o czym mówi Plan Morawieckiego, nad **rolą** tej międzynarodowej pozycji inwestycyjnej netto (MPI netto).

Aby ten proces ujemnej wartości MPI Netto zmodyfikować, należy podjąć działania proeksportowe w celu zwiększenia ekspansji eksportowej. Tutaj może przydać się koncepcja, którą też zgłaszałem kilka lat temu. Mianowicie, gdy pisałem **Raport** „Dlaczego Polska nie powinna wchodzić do strefy euro", zaproponowałem elementy **alternatywy** wobec koncepcji przyjęcia euro. Elementem tej alternatywy byłoby stworzenie **polskiego exim banku**[124].

Aktywa exim banków w wybranych krajach przedstawia poniższy wykres. Widzimy, iż największe aktywa posiadają **exim banki** z takich krajów, jak: Chiny czy Korea Południowa. Kraje te prowadzą bardzo aktywną politykę proeksportową.

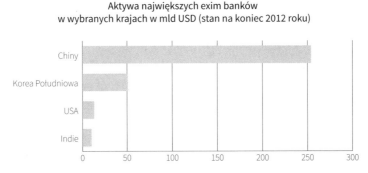

Wykres 53: Aktywa największych exim banków świata. Źródło: opracowanie na podstawie stron internetowych wybranych exim banków.

---

[124] E. Łon, Są dobre wzory, „Gazeta Bankowa", nr 33 z 16 sierpnia 2004 roku, s. 20–21.

Co ciekawe, exim bank wspierający eksport jest także przedmiotem pewnego typu oczekiwań **polskich** eksporterów.

Pamiętam, że **Stowarzyszenie Eksporterów Polskich** kilka lat temu zaproponowało właśnie pewne rozwiązania, które mają służyć polityce proeksportowej. W ramach tych rozwiązań wskazano na potrzebę utworzenia exim banku.

W ramach Planu Morawieckiego te elementy wsparcia eksportu są uwzględnione. Wprawdzie nie jest przewidywane na razie utworzenie exim banku, ale jest przewidziane wykorzystanie pewnych instrumentów, których z reguły exim bank używa, aby właśnie polityka proeksportowa była bardziej dynamiczna.

Mówiłem wcześniej o potrzebie **zachowania** pewnej **tajemnicy** w kwestii celów i realizacji Planu Morawieckiego. Chcę podać argumenty, które mogą być przekonujące dla wielu osób. Patrząc na życie gospodarcze, widzimy, że obok instytucji państwowych działają **wielkie korporacje** w skali międzynarodowej mające swoje siedziby we Francji, Niemczech, USA, Japonii itd.

Do największych korporacji międzynarodowych wg ich wartości rynkowej należy od wielu lat Exon Mobil. Jego wartość rynkowa przekroczyła w 2010 roku 329 mld USD[125]. W 2011 roku największą korporacją okazała się Petro China, której kapitalizacja wyniosła wówczas 417 mld USD. Od 2012 roku do chwili obecnej największą korporacją na świecie pozostaje Apple. Jego wartość rynkowa w 2016 roku wyniosła 604 mld USD.

Na wykresie poniżej przedstawiono wartość rynkową **100 największych korporacji** międzynarodowych w latach 2009–2016.

Widzimy, iż **siła finansowa** korporacji międzynarodowych jest **bardzo duża**. Ich wartość rynkowa w 2015 roku przekroczyła aż **16 bln USD**.

---

[125] M. Rosińska-Bukowska, Najpotężniejsze korporacje współczesnego świata, Case studies, Łódź 2011, s. 12.

Dla porównania jest to wielkość odpowiadająca mniej więcej wartości PKB Stanów Zjednoczonych Ameryki Północnej.

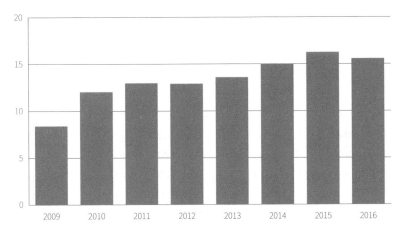

Wykres 54: Wartość rynkowa 100 największych korporacji międzynarodowych w latach 2009– –2016 w bln USD. Źródło: opracowanie na podstawie badań Global Top 100 PwC.

Te korporacje są potężne. Ich **aktywa są większe** niż PKB poszczególnych **małych** czy nawet **średnich** krajów.

To oznacza, że są to naprawdę potężne instytucje. One się bardzo rozrosły, **dynamicznie** rozwinęły. Dlaczego? Także dlatego, że **strzegą** swoich **tajemnic**. Jeżeli spojrzymy na **kodeksy etyczne**, które tworzone są przez te korporacje, to tam często są zapisy o potrzebie zachowania tajemnicy przedsiębiorstwa, nieujawniania informacji o pracy dla korporacji. To właśnie zasada tajemniczości, dyskrecji jest przez te korporacje bardzo przestrzegana. Trzeba o tym pamiętać, że jeżeli państwo narodowe, instytucje publiczne mają mieć **szansę rywalizacji** z korporacjami międzynarodowymi, to też państwo stara się zachować **pewną dyskrecję**. Nie może wszystkiego pokazywać, zdradzać pewnych sekretów, pewnych swoich zamierzeń. Jak jest **posiedzenie korporacji międzynarodowej**, to też nie jest ona transmitowana w mediach, tylko to jest **tajne**. Dlatego, że **dyskrecja** jest bardzo ważna.

O potrzebie dyskrecji można też mówić w kontekście **różnych spotkań** organizacji ponadnarodowych. Kiedyś odbył się kolejny szczyt **grupy Bilderberg** — stowarzyszenia, które obejmuje wielkich przedstawicieli korporacji różnych instytucji finansowych[126]. Posiedzenie grupy Bilderberg odbywa się raz w roku w lecie. Otóż posłanka **Gabriela Masłowska** zapytała **Marka Belkę** w jednej z debat na temat działalności banku centralnego o to, co on jako prezes NBP, specjalista z zakresu ekonomii, doświadczony w pracy w instytucjach międzynarodowych, sądzi o Grupie Bilderberg? Czy jego zdaniem Grupa Bilderberg jest centrum **rządu światowego**? Marek Belka odpowiedział, że nie ma w tej sprawie zdania. Natomiast powiedział jedną ważną **rzecz**. Stwierdził, iż bardzo ważne jest to, że spotkania te są **utajnione**. Przebieg rozmów jest **tajny**, ponieważ — jak powiedział Marek Belka — podczas rozmów przy kamerach jednak się inaczej politycy wypowiadają niż w rozmowach prywatnych. Gdy rozmawiają prywatnie, politycy są wówczas **bardziej szczerzy**.

Korporacje międzynarodowe, które mają tak duże znaczenie dla gospodarki światowej starają się **konsekwentnie** realizować **swoje cele**. Często są to cele, które mogą być **sprzeczne** z interesami poszczególnych **państw narodowych**. Dlatego poszczególne państwa, chcąc realizować swoje **cele, nierzadko sprzeczne** z celami dużych korporacji międzynarodowych, muszą też w sposób dyskretny działać.

Warto postawić pytanie, od czego zależy powodzenie Planu Morawieckiego? Ono zależy nie tylko od działań polityków w Polsce, od działań członków kierownictwa rządu. Zależy także od działań poszczególnych naszych rodaków, Polek i Polaków, którzy podejmują pewne decyzje konsumenckie, od pewnych działań się powstrzymują bądź je

---

[126] D. Estulin, Prawdziwa historia Klubu Bilderberg, Wydawnictwo Sonia Draga, Katowice 2009.

podejmują i tym samym przyczyniają się do zwiększenia szansy powodzenia Planu Morawieckiego.

Kiedyś prezydent USA **John Kennedy** powiedział takie zdanie: Nie pytaj, co Ameryka może zrobić dla ciebie, lecz powiedz, co ty możesz zrobić dla Ameryki? Można też tę myśl sformułować w innej formie: Nie pytaj, co kraj może zrobić dla ciebie, ale **co ty możesz** zrobić dla własnego **kraju?**

Można powiedzieć, że to pokazuje wielką rolę **wychowania** do **patriotyzmu gospodarczego** jako trwałego elementu, który umożliwi wprowadzenie Planu Morawieckiego. Jest to bardzo istotne.

Trzeba o tym pamiętać, że realizując Plan Morawieckiego, rząd będzie napotykał na różnego typu opory, pewnego typu bariery. To wynika z tego, że są pewne instytucje, przedsiębiorstwa, korporacje czy Komisja Europejska, które będą torpedowały proces **odzyskiwania polskiej własności** w polskiej gospodarce.

Zgodnie z prawem unijnym Unia Europejska publikuje rozmaite zalecenia dla polskiego rządu, jakieś opinie dla polskiej polityki gospodarczej. Nie spotkałem nigdy w tego typu opracowaniach, żeby Unia Europejska nam zalecała, żeby odzyskać polską własność w naszej gospodarce, żeby zwiększyć czy uruchomić politykę proeksportową albo politykę prorodzinną. Unii Europejskiej na tym nie zależy, ona do tego nas nie namawia, bo realizuje swoje interesy. Nie będzie Unii Europejskiej na tym zależało, aby w Polsce odzyskiwana była **własność polska** i aby była **powiększana.** To pokazuje też, że mówiąc o Planie Morawieckiego, nie powinniśmy się za bardzo przejmować ocenami z zagranicy tego Planu. Można obserwować te opinie zewnętrzne, nawet myśleć o nich, ale **kluczem** jest to, co **my sami myślimy** o tym Planie jako **Polacy.** Trzeba się **wyzbyć** ciągłego myślenia i patrzenia na to, co powie zagranica o Polsce. Bardzo się martwimy, gdy o Polsce mówią źle, cieszymy, gdy mówią dobrze. Tu trzeba zachować dystans do zewnętrznych opinii. Trzeba też pamiętać, że zagranica reprezentuje interesy zagraniczne. To nie po obcokrajowcach powinniśmy spodziewać się **troski** o Polskę, ale po **Polakach**. Obcokrajowiec reprezentuje swoje **interesy** i dlatego trzeba być bardzo **ostrożnym** wobec tych wszystkich opinii i licznych rad, zwłaszcza tzw. „**rad życzliwych**". Oni mają swoje interesy. To jest ważne, zwłaszcza też w kontekście oceny ratingowej. Spotykają się wówczas różnego typu osoby, wydają rozmaite opinie ratingowe. Czasami są one dla Polski niekorzystne, co obniża ratingi. Nie ma tym się za bardzo co przejmować, choć oczywiście jest rzeczą korzystną, gdy rating idzie w górę, bo to umożliwia łatwiejsze pozyskanie kapitału przez rząd Polski na rynkach międzynarodowych. Trzeba jednak pamiętać, że nie jest to aż tak istotne, żeby się kierować samym ratingiem, zwłaszcza jego treścią. Jeżeli polska gospodarka będzie się bardzo szybko rozwijać, to rating i tak pójdzie kiedyś prawdopodobnie w górę. Tak było z krajami azjatyckimi, które w okresie kryzysu azjatyckiego miały obniżone ratingi, a po jakimś czasie, gdy wyszły z tego kryzysu i **swoimi siłami** ten kryzys pokonały, ratingi zostały podwyższone. To bardzo wyraźnie pokazuje, że nie ma co się przejmować także przy ocenie Planu Morawieckiego **opiniami z zagranicy**, ponieważ te opinie będą formułowane w interesie zagranicy a nie w interesie Polski. Dlatego trzeba zachować tu ostrożność. **Ten plan** jest **planem polskim, programem,** który ma wyrażać **cele polskie** a niekoniecznie być zgodnym z dążeniami zagranicy. Jest to bardzo ważne i Plan Morawieckiego, mówiąc ogólnie, ma doprowadzić do konsekwentnego dążenia do **odzyskiwania** polskiej **własności,** do jej **utrwalania** oraz jej **poszerzania**, czyli do **repolonizacji polskiej gospodarki.** Jest to bardzo ważne i główne przesłanie tego Planu. Podsumowując, istotne jest to, że powodzenie Planu Morawieckiego zależy nie tylko od postawy rządzących, ale też od postawy poszczególnych obywateli, od tego, w jakim stopniu to obywatele, **Polacy, konsumenci** będą starali się kierować **pobudkami patriotyzmu** gospodarczego, aby pomóc w **realizacji** tego **Planu.**

Rozdział 7: Media a patriotyzm gospodarczy

Gdy zdobywamy wiedzę o rzeczywistości, to korzystamy z różnych metod pozyskiwania informacji. Gdy chcemy zdobyć informacje, co dzieje się np. na klatce schodowej w budynku, gdzie mieszkamy, na ulicy, przy której funkcjonuje nasze mieszkanie, to wówczas możemy to zobaczyć, porozmawiać. Ta wiedza nasza jest stosunkowo wiarygodna, bo sami to obserwujemy. Natomiast wtedy, gdy chcemy pozyskać wiedzę o dalszych elementach rzeczywistości, o miejscach, które są od nas oddalone, np. o innej dzielnicy w naszym mieście czy np. o jakimś mieście w naszym województwie albo ogólnie, co się dzieje w Lublinie czy w Warszawie, czy za granicą, zwłaszcza poza Europą, to musimy **korzystać** z pomocy **mediów**. Dlatego media są tak ważne, bo przez media dowiadujemy się o tym, co się dzieje na świecie. A zawsze ten obraz jest z jednej strony wielowątkowy, bo bardzo dużo informacji nas spotyka — widzimy **różne informacje**, które nawet trudno przemyśleć — z drugiej strony widzimy w poszczególnych ośrodkach medialnych zawsze pewien punkt widzenia związany z **określonym światopoglądem**. A zatem ważny jest punkt widzenia w sprawie doboru **kryteriów,** doboru materiałów do programów w danych mediach.

Media, które dziś funkcjonują to media zupełnie inne niż te, które funkcjonowały 100 lat temu. Jeszcze kilkaset lat temu pojawienie się radia było pewnym marzeniem. Później pojawiła się telewizja i od pewnego czasu pojawił się **Internet**. Rosnące znaczenie **mediów internetowych** obrazuje poniższy wykres. Udział Internetu w wydatkach na reklamę na świecie ciągle się zwiększa. W 2016 roku łączny udział mediów internetowych (desktop i mobile) osiągnął 33%. Prognozuje się, iż w 2019 roku udział Internetu w wydatkach na reklamę będzie **większy niż** udział **telewizji**.

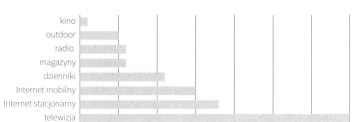

Wykres 55: Rodzaje mediów i ich udział w wydatkach na reklamę (stan na koniec 2016 roku). Źródło: opracowanie na podstawie danych MFW.

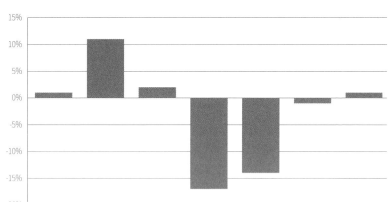

Wykres 56: Dynamika wydatków na reklamę w poszczególnych mediach w Polsce (stan na koniec marca 2017 roku). Źródło: opracowanie na podstawie danych MFW.

Internet ma coraz większe znaczenie. Gdy zaczynałem pracę na Uniwersytecie Ekonomicznym w Poznaniu w latach 90. XX wieku, Internet był jeszcze mało powszechny. Dopiero pojawiały się nieliczne strony internetowe. Z czasem Internet stał się bardziej powszechny. Dzisiaj zaś **Internet** ma **ogromne znaczenie**, nawet w wielu krajach **90% osób** ma dostęp do Internetu i właśnie na podstawie tego, co w tym Internecie wyczytamy, **kształtujemy wyobrażenie** o tym, co się dzieje na świecie, zwłaszcza w tych dalszych rejonach świata, kraju czy regionu.

W naszym kraju dynamika wydatków na reklamę w poszczególnych **rodzajach mediów** przypomina tendencje światowe. Z poniższego wykresu wynika, iż w marcu 2017 roku w Polsce najwyższą **dynamikę wydatków** notował właśnie **Internet**.

Ciekawe badania na temat **liczby osób** korzystających z **Internetu** w Polsce i w krajach naszych sąsiadów prezentuje poniższy wykres.

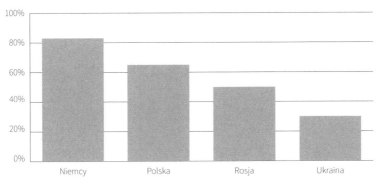

Wykres 57: Odsetek osób korzystających z Internetu w wybranych krajach (stan na koniec 2016 roku). Źródło: opracowanie na podstawie danych CBOS.

Widzimy, iż w Polsce z Internetu korzysta znaczna część **(65%)** całej populacji naszych **rodaków**. Pod tym względem wyprzedzamy Rosjan (50%) czy Ukraińców (30%), ale ustępujemy jednocześnie Niemcom (83%).

Z kolei ciekawe dane zawiera następny wykres. Pokazuje on, jaki odsetek osób w danej **kategorii wiekowej** korzysta z Internetu w naszym kraju.

Wyniki badań nie są zaskoczeniem. Im młodsza kategoria wiekowa, tym **więcej osób** korzysta z Internetu. Co ciekawe, wśród **najmłodszej** grupy naszych rodaków z Internetu korzysta prawie **100%** owej grupy.

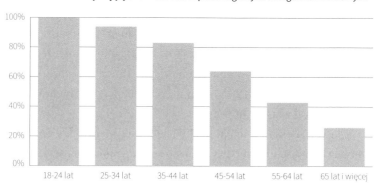

Wykres 58: Odsetek osób korzystających z Internetu wg wieku (stan na koniec 2016 roku)

Biorąc pod uwagę te wszystkie wyniki badań, warto zastanowić się nad tym, **w jaki sposób** media mogą być **wykorzystywane** do promocji **idei patriotyzmu gospodarczego,** czyli koncepcji, zgodnie z którą można kochać swoją ojczyznę na polu gospodarczym.

Skoro mówimy o roli mediów, szczególnie Internetu dzisiaj, to jest to ważne z **punktu widzenia** aktywności **ludzi młodych.** Choć i ludzie bardziej **dojrzali** też korzystają z Internetu.

Warto wskazać na to, że od pewnego czasu pojawiają się pewne **strony internetowe**, które poświęcone są tematyce patriotyzmu gospodarczego. Jest taka oto strona internetowa: **patriotyzmekonomiczny.pl**, która zawiera różnego typu artykuły, a także odpowiedzi na pewne pytania, gdzie dokonuje się refleksja nad tematyką patriotyzmu gospodarczego. Ta strona internetowa jest miejscem, gdzie właśnie różnego typu informacje można przeczytać. Strona ta ma też swoją wersję facebookową. Ostatnio dużo mówi się o działalności Facebooka. Pojawiły się informacje, że Facebook blokuje np. działalność profili pewnych osób, które reprezentują **określone poglądy**. A z kolei inne poglądy dopuszcza na portalach czy do mediów społecznościowych.

Twierdzące odpowiedzi Polaków na pytanie: czy korzysta Pani/Pan przynajmniej
raz w tygodniu z Internetu (poczta e-mail lub inny sposób) w % całej populacji

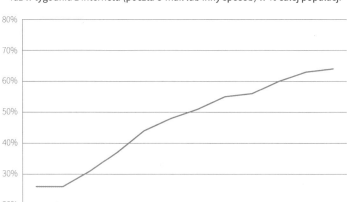

Wykres 59: Odsetek osób korzystających z Internetu w ciągu tygodnia w latach 2004–2015.

Dzięki kontaktom międzyludzkim poprzez Facebook czy w ogóle przez Internet możemy **oddziaływać** na przekonania innych osób. Ciekawe badania na temat częstości korzystania z Internetu przez Polaków zawiera Wykres 59. Widzimy, iż zwiększa się z roku na rok odsetek osób korzystających w Polsce z Internetu co najmniej raz w tygodniu. Na koniec 2015 roku takich osób było aż 64% całej populacji. To pokazuje, jak wielką rolę odgrywa Internet w życiu codziennym naszych rodaków.

Dzięki temu, że Facebook istnieje, to **patriotyzmekonomiczny.pl** ma też swoją wersję facebookową. Istnieje też inna strona na profilu facebookowym dotycząca patriotyzmu gospodarczego, np. „**Patriotyzm gospodarczy — lubię to**". To jest też ciekawa możliwość promowania tematyki patriotyzmu gospodarczego.

Chciałbym powiedzieć, jeszcze o innej stronie, **nawet najważniejszej**. Jest to strona na Facebooku: „**Swój do swego po swoje**". Strona ta to inicjatywa **Stowarzyszenia Przedsiębiorców i Rolników "SWOJAK"** [127]. Hasło "Swój do swego po swoje" było hasłem szczególnie promowanym w XIX wieku, także częściowo w okresie międzywojennym. Mianowicie wtedy, gdy kwestie patriotyzmu gospodarczego były szczególnie ważne, a zwłaszcza w okresie zaborów, gdy chodziło o przetrwanie naszego narodu, z punktu widzenia materialnych podstaw dobrobytu narodu, hasło "Swój do swego po swoje" odgrywało wówczas bardzo ważną rolę. Zachęcało ono ludzi do kupowania różnych towarów w **polskich sklepach**, towarów polskich, czyli tych produkowanych przez **polskich producentów** i korzystania z usług **banków polskich**, w tym banków spółdzielczych.

Zdjęcie 2: Baner reklamujący stronę "Swój do swego po swoje". Źródło: "Swój do swego po swoje", Facebook.

---

[127] http://swojak.org/nasza-idea/.

Widzimy zatem, że hasło „Swój do swego po swoje" jest bardzo **nośne**, ważne i wykorzystywane przy tworzeniu tej właśnie strony internetowej w jej wersji na Facebooku. Strona „Swój do swego po swoje" ma także ciekawą nazwę, tj. **Swojak. org.** To bardzo ważne, bo strona ta działa bardzo profesjonalnie. Widać, że tam **podawane** są pewne **argumenty** za **patriotyzmem** gospodarczym. Np. wskazuje się na to, do jakich pozytywnych skutków gospodarczych i społecznych może prowadzić patriotyzm gospodarczy.

Wskazuje się na to, że patriotyzm gospodarczy może poprawiać bilans płatniczy, bo zwiększa eksport, a hamuje import. Wskazuje się tam na wzrost popytu na polskie towary. Dzięki temu rośnie PKB czy innego typu mierniki wzrostu gospodarczego.

Zdjęcie 3: Baner reklamujący stronę „Swojaka". Źródło: strona facebookowa „Swojaka".

To są bardzo **ważne refleksje**, które wynikają z tego, że ktoś, kto tę stronę założył, zaczął o tym myśleć i podawać argumenty, dlaczego warto **kupować polskie towary** i korzystać z **polskich** usługodawców.

Zdjęcie 4: Baner reklamujący lokowanie pieniędzy w polskich bankach. Źródło: strona facebookowa „Swój do swego po swoje".

To ciekawa kwestia, bo na tej stronie są podawane różnego typu informacje o tym, które przedsiębiorstwa są **przedsiębiorstwami polskimi**, a które zagranicznymi w poszczególnych segmentach życia gospodarczego, np. kiedy podaje się dane dotyczące sprzedaży wód mineralnych.

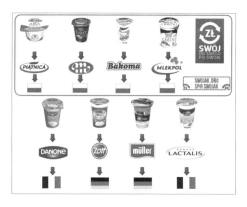

Zdjęcie 5: Baner pokazujący, które produkty są polskie, a które zagraniczne. Źródło: strona facebookowa „Swojaka".

Właśnie ta strona ułatwia dokonywanie ocen, znalezienie informacji, które wody są polskie, a które zagraniczne, np. gdy chodzi o banki, różnego typu słodycze, wafle itd. To bardzo ważne. Na stronie znajduje się wiele **haseł promujących** nasz kraj, jak np. zachęta do spędzania wakacji w **polskich** kurortach i uzdrowiskach.

Zdjęcie 6: Baner reklamujący spędzanie wakacji w Polsce. Źródło: „Swój do swego po swoje", Facebook.

Warto się z tego typu stronami **zapoznawać**. Trzeba sobie jasno powiedzieć, że gdy te strony będą oglądane i czytane przez wielu ludzi, wówczas będą oni **wiedzieli,** że takie **strony** w ogóle **istnieją,** jak i określone profile na Facebooku. To jest wielka rola tych, którzy działają w Internecie.

Mianowicie jeżeli jest jakiś **profil internetowy** typu tej strony „Swój do swego po swoje", to wiadomo, że aby zobaczyć wpisy na tym profilu, trzeba, jak to się mówi fachowo, polubić właśnie ten profil. Czyli tam jest pewne oznaczenie dla osób, które nie są biegłe w technikach na Facebooku. To oznaczenie nazywa się „**Lubię to**" — i trzeba na to kliknąć myszką i wówczas **wyświetli** się „lubisz to".

Wtedy jest tak, że dany **użytkownik** Facebooka **otrzymuje informację,** które są na tej stronie, na tym profilu związanym ze stroną „Swój do swego po swoje". Tu jest **wielka rola internautów** i użytkowników Facebooka, aby informowali innych naszych rodaków o tych właśnie stronach związanych z tematyką patriotyzmu gospodarczego. To bardzo cenne. Dzięki temu rośnie **popularność idei patriotyzmu gospodarczego.** Dlaczego ważne jest propagowanie idei patriotyzmu gospodarczego? Dlatego, że **uczy** to szeregu **pozytywnych cech** takich jak: **wytrwałość**. Aby bowiem taką stronę prowadzić, trzeba być wytrwałym. Trzeba uzupełniać elementy tej strony, ciągle ją prowadzić. To jest ważne nawet **symbolicznie.** Dlaczego? Warto też posłużyć się cytatem prymasa **Stefana Wyszyńskiego,** który powiedział, że można w odruchu bohaterskim oddać **życie** na polu walki, ale to trwa krótko. **Trudniej** jest często **wytrzymać** wiele lat, wytrwać i dać wszystkie **swoje talenty** za **ojczyznę**.

Prowadzenie takiej strony jest związane z patriotyzmem gospodarczym oraz **uczy** tej wytrwałości. Takiego **wymyślania** nowych **koncepcji,** ciągłego uzupełniania strony i też promowania strony na Facebooku. Jest to więc bardzo wielka **szkoła patriotyzmu gospodarczego,** a nawet w ogóle patriotyzmu. Dlatego warto **dyskutować** właśnie nad metodami promowania tematyki patriotyzmu gospodarczego. Często jest też tak, że podczas różnego typu dyskusji na różnych **forach** internetowych internauci się wypowiadają na tematy, które dotyczą w sposób **bezpośredni** lub **pośredni** tematyki patriotyzmu gospodarczego. To dzieje się wówczas szczególnie, kiedy pojawiają się **artykuły**[128] czy wypowiedzi, czy **wywiady**[129], które dotyczą tematyki patriotyzmu gospodarczego.

Większą **aktywność** internautów zauważa się wtedy, gdy pojawia się jakiś artykuł i jest **wyrazisty.** Np. gdy ktoś bardzo **wyraźnie promuje** patriotyzm gospodarczy albo wtedy, gdy **krytykuje** i negatywnie się do niego ustosunkowuje. Wtedy często **internauci bronią idei** patriotyzmu gospodarczego[130].

---

[128] Patriotyzm Polaków: 76% Polaków nie chce sprzedawać ziemi cudzoziemcom. Zob.: http://www.bankier.pl/wiadomosc/Patriotyzm-Polakow-76-proc-nie-chce-sprzedawac-ziemi-cudzoziemcom-7488915.html.

[129] Wywiad z Januszem Filipiakiem, „Gazeta Bankowa", 2015, nr 4, s. 7–11.

[130] Kongres 590: Najlepsze, bo polskie. Zob.: http://www.gb.pl/kongres–590-najlepsze-bo--polskie-pnews–912.html.

MEDIA A PATRIOTYZM GOSPODARCZY 159

Zdjęcie 7: Baner reklamujący potrzebę promocji polskiej gospodarki. Źródło: „Swój do swego po swoje", Facebook.

Sam pamiętam taką sytuację, kiedy jeden z **dziennikarzy** w jednej z gazet **krytykował** patriotyzm gospodarczy, mówiąc, że nie jest to dobre, bo wtedy się ceni tylko **pochodzenie produktu** a nie jego jakość i cenę. Internauci od razu polemizowali, mówiąc, że przecież Niemcy popierają **patriotyzm gospodarczy**, w innych **krajach** to samo się **dzieje**. Jest wówczas okazja do dyskusji[131]. Internauci mają zatem ogromne znaczenie. W poprzednim rozdziale książki powiedzieliśmy, że toczy się **wojna ekonomiczna**. Było to nawiązanie do wypowiedzi **Pawła Orkisza**, redaktora jednego z ważnych pism z zakresu rynku kapitałowego. W tej wojnie ekonomicznej biorą **udział** prawnicy, ekonomiści, **dziennikarze**. Podkreślałem też, że biorą tu udział także **internauci**.

---

[131] Wywiad z b. prezesem PZU Michałem Krupińskim. Zob.: http://wgospodarce.pl/informacje/30907-kongres-590-wideo-michal-krupinski-prezes-pzu-o-patriotyzmie--gospodarczym-i-drodze-do-sukcesu.

Każdy człowiek, który ma **dostęp do Internetu** i w sposób profesjonalny **działa**, jest **uczestnikiem** tej **wojny**. Jeśli dana osoba **szerzy** patriotyzm gospodarczy, to jest **po naszej stronie**. Każdy mądry, **ciekawy wpis**, promocja wykładów w Internecie, jest właśnie **przejawem** patriotyzmu gospodarczego. Kiedy to teraz piszę, to mam na myśli Pana **Wojciecha Świdra** i inne osoby, **szczególnie studentów**, którzy są **przyszłością** naszego narodu. Każdy **plakat** dotyczący patriotyzmu gospodarczego, każdy **wpis**, każda **notatka**, są bardzo **ważne** i nie można **lekceważyć** nawet tej **drobnej rzeczy**, bo to jest wojna ekonomiczna i każdy plakat jest wygraną **bitwą** ekonomiczną, bitwą o **Polskę** na polu **gospodarczym**. To bardzo ważne.

Mówię o kwestiach związanych z **promocją tematyki** patriotyzmu gospodarczego, dlatego że to jest z pozoru **niewidoczna** wojna ekonomiczna (większość osób nie zdaje sobie z tego sprawy). A dlaczego ta wojna jest? Dlatego, że **media** w naszym kraju zostały w **dużym stopniu przejęte** przez kapitał **zagraniczny**. Spójrzmy na taką grafikę, na której jest pokazane, że **80% mediów lokalnych** znajduje się w rękach **kapitału niemieckiego**, niepolskiego, czyli zagranicznego.

Zdjęcie 8: Rola kapitału niemieckiego w mediach. Źródło: „Swój do swego po swoje", Facebook

MEDIA A PATRIOTYZM GOSPODARCZY

Zdjęcie 9: Struktura własnościowa prasy lokalnej w naszym kraju. Źródło: „Swój do swego po swoje", Facebook.

Przecież to oznacza, że **kapitał niemiecki** ma **wpływ** na przejmowanie tych **mediów,** a to jest ogromnie istotne. To jest potencjalnie **niebezpieczne.** Bo w sytuacjach **kryzysowych,** pewnych konfliktów, dotyczących np. polityki międzynarodowej, istnieje takie ryzyko, że dziennikarze tam pracujący mogą być kuszeni tym, aby nie podejmować pewnych **tematów,** aby ich **unikać.** Nie jest to dobre. Właśnie o to chodzi, aby **polskie media** popierać zwłaszcza **czynem.** To jest wielka **rola konsumentów,** bo konsumenci mają ogromną rolę tu do odegrania.

Warto przytoczyć pewien przykład ofiarnej pracy w duchu patriotycznym. Jest pewien dziennikarz, który pracował kiedyś w „Głosie Wielkopolskim". Był on tam zatrudniony, a potem **zmienił pracę.** Teraz to pismo jest wydawane przez kapitał **niemiecki.** Następnie ów dziennikarz utworzył **„Nasz Głos Poznański".** To pismo jest nadal wydawane. Często można je nabyć nawet bezpośrednio i bezpłatnie w sieci handlowej **„Piotr i Paweł".**

Ta polska sieć handlowa promuje prasę o polskim kapitale „Nasz Głos Poznański". To pokazuje, jak duże znaczenie ma **dostęp** do **sieci** handlowych. Chodzi o to, aby te media były w rękach **polskich**, aby było do nich **dojście**. To jest bardzo ważne i istotne. Z tego powodu warto tę metodę działania **rozpowszechniać**.

Mówiąc o roli mediów i **propagowaniu** tematyki patriotyzmu gospodarczego, warto wskazać na to, że **możliwości działania** nie są na początku jeszcze takie znaczące w stosunku do kapitału zagranicznego. Trzeba powiedzieć, że kapitał zagraniczny posiada olbrzymie **środki** na promocję, że te wszystkie **portale internetowe,** które są w rękach kapitału zagranicznego, są **portalami**, gdzie pracują **dziennikarze**, inni ludzie, którzy też mają pewne wynagrodzenie. Te portale są często **częścią korporacji międzynarodowych**.

Na poniższym wykresie przedstawione są wydatki na reklamę zagranicznych sieci handlowych w 2016 roku. Widzimy, że dominuje pod tym względem niemiecki Lidl, który wydał na reklamę w ciągu pierwszych trzech kwartałów 2016 roku ponad **117 mln zł**. Wydatki te stanowiły ponad **26%** wszystkich wydatków na reklamę **całego sektora handlowego** w tym czasie (Wykres 60).

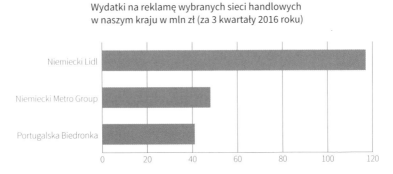

Wykres 60: Wydatki na reklamę zagranicznych sieci handlowych działających w Polsce. Źródło: opracowanie na podstawie danych portalu Business Insider.

To oczywiście jest realne, aby **portale polskie** rywalizowały z tymi zagranicznymi. Jest to możliwe i **wykonalne**. Jeśli mówimy chociażby o tematyce giełdowej, która jest mi bardzo bliska — to przecież portal internetowy **Gazety Giełdy "Parkiet"** działa. Jest to portal związany z gazetą o **polskim** kapitale. Tak więc można to czynić. Wymaga to jednak determinacji i konsekwencji, a także tego, by sobie wyobrazić, że pewne skutki będą osiągnięte. Jeżeli kapitał zagraniczny jest **dominujący w mediach** lokalnych i szeregu innych mediów, to warto, aby to **zrównoważyć**, aby **kapitał polski** miał wyższą **pozycję**. Trzeba jednak czasu i **cierpliwości**. Potrzeba działań **ponadpartyjnych**. Po prostu trzeba myśleć **kategoriami solidarności narodowej**, czy to w sensie etnicznym, czy to w sensie obywatelskim. To bardzo istotne.

Promowanie **tematyki patriotyzmu gospodarczego** dokonuje się **nie tylko** w mediach internetowych. Są różnego typu **konkursy** organizowane przez gazety, np. przez **"Rzeczpospolitą"**. Był niegdyś przeprowadzony konkurs przez ten dziennik, a jego rozwiązanie było promowane i odnosiło się do tzw. **projektów** związanych z **odpowiedzialnością społeczną** biznesu różnych **przedsiębiorstw**. W konkursie tym można było **głosować** na przedsiębiorstwa, które podejmują różne **projekty** z punktu widzenia odpowiedzialności społecznej (np. projekt banku PKO BP). Poprzez udział w takich ankietach i konkursach można wyrazić **swoje przywiązanie** do tego, **co polskie**, do polskich **produktów**, polskich **producentów**, polskich **banków**. Jest to bardzo ważne i ta kwestia jest istotna zarówno z punktu widzenia mediów **internetowych**, jak i tych mediów bardziej **tradycyjnych**.

Oczywiście wielką rolę odgrywają media związane z funkcjonowaniem **telewizji**. Bardzo ważna jest rola różnych programów. Jest taki program w **telewizji Trwam: "Wieś to też Polska"** pokazujący pewnego typu sprawy **rolnicze** związane z różnymi szansami i problemami, jakie napotykają **przedsiębiorcy rolni**, np. kwestie związane z promocją swoich produktów. To są bardzo ważne problemy, które skłaniają do refleksji nad kwestią patriotyzmu gospodarczego, nad tym, by kupować **polskie towary**. Tam odbywa się **kontakt** z **telewidzami**, bo mają oni **możliwość telefonowania** do programu i zadawania pytań.

Mówiąc o kwestii promocji patriotyzmu gospodarczego w mediach, warto zastanowić się nad tym, w **jaki sposób** można **promować** różnego typu idee czy **postawy**. Bardzo duże wrażenie zrobiły na mnie słowa jednej z uczestniczek wykładów z patriotyzmu gospodarczego **Pani Katarzyny Tomczyk**. Chodzi o pewną myśl, którą Pani Katarzyna Tomczyk wyraziła. Powiedziała ona, iż **kluczem** w życiu (nie tylko w przedsiębiorstwie) do tego, żeby się **z kimś porozumieć,** z kimś **dogadać** i mieć dobre relacje, jest to, żeby **starać się** postawić na **jego miejscu**. Chodzi o to, żeby **wczuć się** w jego sposób **rozumowania**. Wtedy mamy szansę z kimś się dogadać. To jest **bardzo mądre**.

W związku z tą wypowiedzią chciałbym powiedzieć o jednej rzeczy. Bardzo duże znaczenie ma to, aby gdy staramy się dotrzeć z **przekazem** o **patriotyzmie gospodarczym,** to żebyśmy **działali** w stosunku do **różnych osób,** do różnych tzw. **grup docelowych,** do różnych **grup odbiorców.**

W zależności od tego, jakiego typu są to odbiorcy, trzeba używać **różnych argumentów.** Przyznam, że tym, co uważam za bardzo ważne, a może **wręcz za najważniejsze** na naszych wykładach z patriotyzmu gospodarczego jest to, żeby się **wspólnie zastanawiać** nad tym, w jaki sposób **docierać** z **argumentacją** zachęcającą do patriotyzmu gospodarczego do **różnych grup odbiorców.** Będę starał się podać pewne **przykłady,** aby zachęcić do **aktywnego współdziałania** w zakresie promowania patriotyzmu gospodarczego. Być może to jest jedna z najbardziej **kluczowych kwestii.**

Po pierwsze, jeśli chcemy rozmawiać o patriotyzmie gospodarczym z **kimś,** kto prowadzi **jakiś mały sklep** mięsny, spożywczy czy kiosk ruchu o polskim kapitale, to możemy wskazywać, że patriotyzm gospodarczy jest bardzo ważny. Dlatego, że gdy będzie **propagowany** ów patriotyzm, to **klienci** chętniej **będą udawali** się do tego **sklepu,** do tego warsztatu rzemieślniczego, do kiosku itd. Ta argumentacja, nie bójmy się tego słowa, odwołująca się do myślenia **trochę interesownego,** jest też **potrzebna.**

Trzeba o tym pamiętać, że wprawdzie „homo economicus" zakładający **racjonalność gospodarowania** jest może zbyt uproszczonym elementem rzeczywistości, ale z drugiej strony nie ma się co oszukiwać, to nie jest tak, że większość Polaków myśli bezinteresownie, jest skłonna na każdym szczeblu życia do poświęceń dla **Polski**. Dlatego ten element pewnego **własnego interesu**, pewnego myślenia o własnym dobru też powinien być wykorzystany. **Trzeba** mieć **realizm** wobec człowieka czy **grupy odbiorców** i wiedzieć, że dana osoba chce być patriotą, ale musi też pamiętać o swoim interesie, bo musi z czegoś żyć. Trzeba zatem tak tę argumentację przedstawić, żeby z nią dotrzeć do tej **grupy docelowej**.

Tu trzeba powiedzieć przedsiębiorcom o małym i średnim kapitale, że to im się opłaci, gdyż klienci będą chętniej kupowali towary polskie.

Po drugie, gdy rozmawiamy z kimś, **kto pracuje** w jakiejś **korporacji zagranicznej** i jest **Polakiem**, a ta korporacja mieści się w Polsce, to też warto do niego docierać. Być może ten człowiek **pracuje** w korporacji zagranicznej, ale może być też polskim patriotą. Trzeba tu zaapelować do **tego,** co w nim **najlepsze,** co w nim jest najbardziej **szlachetne**. Wtedy można mu powiedzieć, że on też może być polskim patriotą, gdy **kupuje polskie** towary. Ale również, gdy dobrze wychowuje swoje dzieci, dając przykład tego, że jest dobrym małżonkiem. Człowiek taki może myśleć o tym, aby **w przyszłości pracować** w przedsiębiorstwie o **polskim** kapitale.

Po trzecie, powstaje pytanie, jak dotrzeć do **pracownika przedsiębiorstwa korporacyjnego**. Być może trafi do pracownika taki argument, że elementem patriotyzmu gospodarczego jest to, żeby starać się o to, aby relacje w przedsiębiorstwie były jak najbardziej wyważone, żeby pracownicy byli dopuszczani do odpowiedzialnego współdecydowania w przedsiębiorstwie. Trzeba go przekonać, że dzięki takiej postawie będzie miał możliwość wpływania na losy przedsiębiorstwa. Warto zauważyć, że **katolicka nauka społeczna** mówi o tym, że jednym z elementów budowania takich **humanistycznych stosunków** w pracy jest to, żeby pracownicy mogli **współdecydować** w przedsiębiorstwie.

Trzeba zatem czymś **przyciągnąć każdą** z tych grup **docelowych**. Nie można od razu wychodzić od argumentacji: „Ty jesteś zły". Trzeba zaapelować do tego, co w tym człowieku jest najlepsze. **Prymas Stefan Wyszyński**, kiedy mówił, dlaczego **Kościół** przetrwał przez te wszystkie wieki (pisał o tym w latach 60. XX wieku), zwracał uwagę na to, że Kościół stał przy **każdym człowieku**, choćby w nim był tylko jakiś **kawałek dobra**, jakiś ostatni kamień dobra, choćby ten człowiek stał przed szubienicą.

To oznacza, że trzeba się **doszukiwać**, co w tej danej **grupie docelowej** ludzi jest takie, co może **ich skłonić** do tego, żeby poparli idee patriotyzmu gospodarczego. **Nie możemy** do ludzi podchodzić **tak samo**. Nam się teraz wszystko ujednolica. Widzimy, jak **Unia Europejska** wszystko **ujednolica,** np. prawo itd. Ma być wszystko dokładnie takie samo. To jest błąd, dlatego Unia Europejska w wielu sprawach błądzi. W wielu sprawach czyni źle. Chodzi o to, abyśmy my czynili dobrze. Trzeba zatem do poszczególnych grup docelowych dotrzeć z **przekazem patriotyzmu** gospodarczego w sposób **konkretny.**

Podam swoje osobiste doświadczenia. Mam okazję prowadzić **wiele rozmów** z różnymi ludźmi. Generalnie zauważyłem, że gdy rozmawia się o tematyce patriotyzmu gospodarczego i **wsłuchuje** na początku w argumentację **drugiego człowieka,** to łatwiej się zapamiętuje, jakie **argumenty** dla niego są ważne. Jeżeli docenimy jego argumenty, to **docenimy** prawdziwe jego **dobro** i może go to **przyciągnąć** na naszą **stronę.** Kluczem jest zatem, aby starać się w danym człowieku **znaleźć to,** o czym powiedziała **Pani Katarzyna Tomczyk.** Chodzi o to, żeby **wczuć się** w drugiego człowieka i zastanowić się, **jak z nim** porozmawiać, by dotrzeć z przesłaniem patriotyzmu gospodarczego.

Można zatem mówić o **różnych** grupach **docelowych.** Przykładowo grupami docelowymi mogą być ludzie **młodzi i starsi.** Tu tak naprawdę **prosiłbym czytelników** o to i to będzie **najważniejszym wkładem** niniejszej **książki**, aby swobodnie się zastanowili, **co można zrobić,** aby docierać z **przesłaniem** o patriotyzmie gospodarczym do **różnych innych** grup, jak **różnicować** to swoje podejście, jak do danej grupy dotrzeć, a jak do innej grupy. Odwołam się do takiego może dziwnego przykładu. Kiedyś była **dyskusja o wejściu do Unii Europejskiej** i był prezentowany wówczas pewien sposób rozumowania stosowany przez ludzi nastawionych bardzo prounijnie. Wprawdzie różnię się z tymi ludźmi poglądami, ale w sensie **metodologii** można się jej **przyjrzeć**. Była taka sytuacja, gdy przed wejściem do Unii Europejskiej dyskutowano i zachwalano wejście do Unii. Wtedy prounijne nastawienie na naszej uczelni (Uniwersytecie Ekonomicznym w Poznaniu) było bardzo **silne**. Wstał wówczas pewien człowiek bardzo prounijny, który powiedział coś takiego: musicie **uważać**, zwracając się do tych, co ten wykład prowadzili i **agitowali** za Unią, żeby **nie mówić** do każdej **grupy** tym samym **językiem**. Trzeba do każdej grupy mówić **innym językiem**.

Proszę zauważyć, że on zachwalał wejście do Unii Europejskiej. Jeśli chodzi o mnie, to byłem bardziej sceptyczny. Niemniej jednak chodzi o to, że nawet jeśli ktoś jest przeciwnego zdania, to można się od niego uczyć. Czego? **Metodologii** podejścia do **problemu**. Nawet jeśli w kwestii poglądów się **z kimś różnię**, to warto zadać sobie pytanie, **czego** mogę się od **niego nauczyć**. Takie podejście bardzo **ułatwia** to, że my wtedy pozyskujemy większą wiedzę. Możemy tej **metodologii się uczyć** i wówczas w sposób **bardziej sprytny** i **skuteczny** pozyskamy tych, których chcemy **przekonać** do idei patriotyzmu gospodarczego. To jest bardzo ważne.

Rozdział 8: Waluta narodowa jako atrybut niepodległości

Jak mówiliśmy już w poprzednich rozdziałach pracy, **waluta narodowa** ma bardzo ważne znaczenie dla gospodarki, dla narodu, dla państwa. Własna waluta jest traktowana jako jeden z symboli **jedności narodu**. Tak wynika też z badań socjologicznych. W tej części pracy chciałbym się skoncentrować na roli własnej waluty narodowej, na pożytkach płynących z jej posiadania. Za bardzo duży sukces zwolenników polskiego złotego należy uznać przeprowadzenie przez Narodowy Bank Polski **konkursu** pt.: „**Korzyści z posiadania** przez Polskę **własnej waluty**".

Zdjęcie 10: Plakat promujący konkurs „Korzyści z posiadania przez Polskę własnej waluty".
Źródło: opracowanie na podstawie strony internetowej NBP.

Wspomniany konkurs jest argumentem na rzecz tezy o tym, że kierownictwo NBP, z **prof. Adamem Glapińskim** na czele, coraz większą wagę przywiązuje do **obrony** i **promowania** tego, co **polskie**. Szczególne znaczenie w tym kontekście ma z natury rzeczy obrona i promocja złotego — naszej waluty narodowej. Jest szczególnie istotne, że wspomniany konkurs przeznaczony jest dla polskiej młodzieży. Młodzież bowiem jest przyszłością narodu. Z tego powodu tak ważna jest troska o jej wychowanie i przyszły rozwój. Warto w tym kontekście zwrócić uwagę na wielką rolę współpracy pomiędzy państwem a Kościołem. Warto zauważyć, że duże znaczenie w procesie refleksji nad wychowaniem młodzieży odegrała myśl św. **Jana Bosko**[132].

Warto wspomnieć również o wielkich zasługach **Władysława Grabskiego,** premiera polskiego rządu (w 1920 roku oraz w latach 1923–1925), który dokonał udanej reformy skarbowej i walutowej w naszym kraju. Poprzez wprowadzenie nowej waluty **polskiego złotego** i utworzenie polskiego banku centralnego **Banku Polskiego** (obecnie Narodowy Bank Polski) ustabilizował on bardzo trudną sytuację gospodarczą międzywojennej Polski. Polski złoty stał się stabilną walutą budzącą zaufanie Polaków. Polski złoty jako nasza waluta narodowa stał się wówczas bardzo ważnym **atrybutem niepodległości** państwa[133].

O tym, że własna waluta narodowa jako atrybut niepodległości jest związana z istnieniem narodu i państwa, można było się przekonać już dawno temu. Dlatego, że już w czasach starożytnych uważano, że prawo do bicia monety, do emisji pieniądza kruszcowego, było związane z tym, że istnieje władca, król i on rządzi danym państwem. Zatem było to prawo **emisji pieniądza** przypisane do **państwa**. Tak dzieje się zazwyczaj także i obecnie. Kiedy właśnie państwo, które dba o swoją suwerenność, o to żeby prowadzić własną politykę, zachowuje własną walutę narodową. Są oczywiście państwa, które własnej waluty nie posiadają, lecz posługują się walutą **ponadnarodową.** To są te **kraje,** które obecnie należą do **strefy euro.**

Polacy zdecydowanie jednak opowiadają się za utrzymaniem **własnej waluty** (63%). Badania na ten temat pokazane są na poniższym wykresie. Silne przywiązanie do własnej waluty odczuwają również **Czesi** (74%), **Brytyjczycy** (74%) oraz **Szwedzi** (72%).

---

[132] Zob.: http://www.opoka.org.pl/biblioteka/I/ID/donbosco200901-system.html.
[133] O. Gedymin, Strategie gospodarcze, op. cit., s. 12–20.

WALUTA NARODOWA JAKO ATRYBUT NIEPODLEGŁOŚCI 171

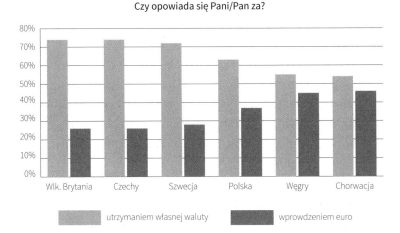

Wykres 61: Poparcie **własnej waluty** w wybranych krajach (stan na koniec lutego 2017 roku). Źródło: opracowanie na podstawie badań Europe Elects.

Zatem są kraje, które twardo walczą o to, aby własną walutę narodową posiadać. Wśród takich krajów jest Polska. Na razie tę walkę wygrywamy i warto ją kontynuować.

Pieniądz współczesny różni się od tego pieniądza, który kiedyś występował, zmieniał w historii swoją postać. Był pieniądzem kruszcowym. Jego emisja była związana ze złotem. Potem nastąpiło oderwanie pieniądza od złota. Pieniądz stał się pieniądzem papierowym emitowanym przez **banki centralne**.

Trzeba powiedzieć, że pieniądz papierowy (a także monety), czyli pieniądz gotówkowy, jest ważnym elementem podaży pieniądza. Pieniądz gotówkowy jest emitowany przez bank centralny. Warto zauważyć, że pieniądz gotówkowy jest bardzo ważny w świecie współczesnym chociażby dlatego, że w poszczególnych państwach obywatele często bronią się przed pomysłami likwidowania **gotówki**.

Są takie pomysły w różnych krajach, żeby gotówka w ogóle nie była używana, lecz żeby tylko był **obrót bezgotówkowy**. Ostatnio w Gazecie

Giełdy „Parkiet" można było przeczytać informację na temat stosunku poszczególnych obywateli do pomysłu likwidacji gotówki. Okazuje się, że w poszczególnych krajach jest bardzo silny sprzeciw, także w krajach największych (jak Niemcy czy Francja). Obywatele tych krajów chcą posługiwać się gotówką przy dokonywaniu transakcji np. w sklepach. Wolą mieć gotówkę, bo to jest dla nich symbol pewnego bezpieczeństwa, wygody, **przyzwyczajenia**. Można powiedzieć, że posługiwanie się gotówką jest też ważne z punktu widzenia posiadania pewnej kontroli nad swoimi zasobami pieniężnymi.

Pieniądz gotówkowy w Polsce jest częścią całej masy pieniądza. Pieniądz ten stanowi tylko ok. 14% całego obiegu pieniężnego. Na wykresie poniżej przedstawione są dane o ilości **banknotów** krążących w obiegu pieniężnym w naszym kraju.

Liczba banknotów w mln sztuk

Wykres 62: Liczba polskich **banknotów** w obiegu na koniec II kwartału 2017 roku w mln sztuk. Źródło: opracowanie na podstawie danych NBP.

Widzimy, iż zdecydowanie najwięcej krąży w obiegu banknotów o nominale 100 zł (1 185 mln sztuk). Wartość wszystkich banknotów na koniec II kwartału 2017 wyniosła ponad 185,1 mld zł. Na kolejnym wykresie pokazano analogiczne dane o ilości **monet**. Z wykresu wynika,

WALUTA NARODOWA JAKO ATRYBUT NIEPODLEGŁOŚCI

iż najwięcej wyemitowano monet o nominale **1 grosz** (6 283 mln sztuk). Wartość wszystkich monet na koniec II kwartału 2017 roku wyniosła 4,5 mld zł.

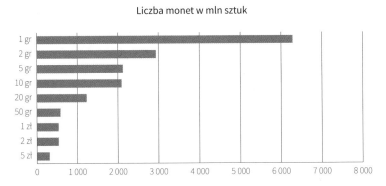

Wykres 63: Liczba polskich **monet** w obiegu na koniec II kwartału 2017 roku w mln sztuk.
Źródło: opracowanie na podstawie danych NBP.

Z biegiem czasu coraz większą rolę zaczął odgrywać pieniądz emitowany przez **banki komercyjne**, czyli pieniądz **bezgotówkowy**. Jak wiadomo banki komercyjne posiadają prawo **emisji** pieniądza. Emitują pieniądz wtedy, gdy **udzielają kredytów** przedsiębiorstwu i wówczas następuje stworzenie pewnego **zapisu** na **rachunku** danego **przedsiębiorstwa** i to właśnie jest **akt kreacji** pieniądza. **Banki komercyjne tworzą pieniądz**. Nawet mówi się czasem, że są **to pieniądze**, które są oparte na tym, że jest **zaufanie** społeczne do tego, że to jest pieniądz.

Patrząc na poniższy wykres, widzimy, iż banki komercyjne w naszym kraju cieszą się znacznym zaufaniem naszych rodaków (44%). Choć większym zaufaniem obdarzamy nasz bank centralny, czyli Narodowy Bank Polski (63%).

Pieniądz niezależnie od formy pełni pewne funkcje. We współczesnym świecie to właśnie pieniądz emitowany przez banki komercyjne — zwany pieniądzem depozytowym bądź pieniądzem **fiducjarnym**, czyli opartym na zaufaniu — jest podstawowym elementem **podaży pieniądza** w danym kraju, w tym w Polsce.

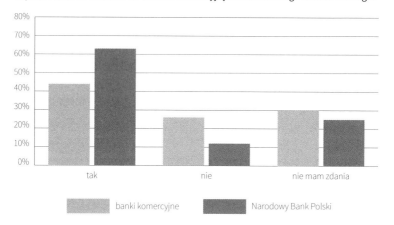

Wykres 64: Zaufanie do banków komercyjnych i Narodowego Banku Polskiego w % (2015 r.). Źródło: opracowanie na podstawie danych „Diagnozy społecznej" w 2015 roku.

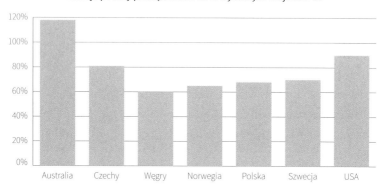

Wykres 65: Relacja podaży pieniądza do PKB w wybranych krajach w % (2016 r.). Źródło: opracowanie na podstawie danych MFW.

Na wykresie mamy pokazaną wielkość podaży pieniądza w relacji do krajowego PKB poszczególnych państw. Generalnie kraje bardziej zamożne, które mają silnie rozbudowane sektory finansowe w swojej gospodarce, potrzebują większej ilości pieniądza. Dlatego osiągają wysokie relacje podaży pieniądza do PKB, np. Australia (118%) oraz USA (90%). Mówimy wówczas o wysokiej tzw. **monetyzacji** danej gospodarki. W Polsce relacja podaży pieniądza do PKB utrzymuje się na niezbyt wysokim poziomie (**68%**).

Obrót bezgotówkowy zwiększa jednak znaczenie w życiu gospodarczym. Niewątpliwie, czy mamy do czynienia z gotówką czy obrotem bezgotówkowym, czyli emisją pieniądza przez banki komercyjne, to podaż pieniądza jest wyrażana w określonej walucie krajowej, w naszym przypadku polskim złotym. Dlatego ta podaż pieniądza jest pewną wielkością, na którą wpływ ma bank centralny. Wpływ ten jest nie bezpośredni, poprzez np. jakieś rozporządzenia, ale poprzez politykę pieniężną, którą bank centralny wpływa na wielkość podaży pieniądza.

Wpływ banku centralnego na **podaż** pieniądza zmieniał się w ostatnich kilkudziesięciu latach[134]. Kiedyś do tego przywiązywano mniejszą wagę, potem większą. Na początku lat 80. XX wieku zaczęły pojawiać się bardzo popularne poglądy tzw. **monetarystów**, którzy zalecali, aby bank centralny zajmował się głównie tzw. kontrolą podaży pieniądza. Banki centralne wyznaczały sobie wówczas pewne cele w postaci zwiększania **podaży pieniądza**, np. w danym roku wzrost podaży pieniądza nie powinien być większy niż 8%. Czynił tak ów bank centralny w zależności od **uwarunkowań gospodarczych** danego kraju.

Dopiero później zaczęto to zmieniać. Obecnie banki centralne stosują głównie **stopy procentowe**[135], natomiast nie określają zazwyczaj pewnego

---

[134] A. Kaźmierczak, Polityka pieniężna w gospodarce otwartej, Wydawnictwo Naukowe PWN, Warszawa 2008, s. 60–84.
[135] T. Gruszecki, Teoria pieniądza i polityka pieniężna, Oficyna Ekonomiczna, Warszawa 2004.

typu założeń, zamierzeń odnośnie do podaży pieniądza. Choć nie wykluczam tego, że może **nieformalnie** pewne **zamiary** dotyczące zwiększania podaży pieniądza są w bankach centralnych stosowane. Warto wiedzieć, że **nie** wszystko jest **jawne**. Generalnie banki centralne w swej polityce koncentrują się na używaniu stopy procentowej jako podstawowego instrumentu polityki pieniężnej.

Mówiąc o instrumentach banku centralnego, należy pamiętać, iż bank centralny stosuje przede wszystkim stopy procentowe. Stopy procentowe ustalane przez bank centralny wpływają na stopy oprocentowania depozytów i kredytów.

Ten wpływ jest zróżnicowany w różnych krajach, jest czasami mocny a czasami słaby. Niektóre badania mówią, że wpływ jest mocniejszy wówczas, gdy sektor bankowy znajduje się w rękach kapitału rodzimego. Banki komercyjne mają wtedy siedziby w danym kraju. One są własnością kapitału rodzimego. W naszym kraju zaś **dużą część** sektora bankowego posiada **kapitał zagraniczny** (Tabela 4).

Tabela 4: Struktura własnościowa wybranych banków komercyjnych działających w Polsce (stan na 28.10.2017 r.).

Nazwa banku	Kraj pochodzenia	Główny akcjonariusz
PKO	Polska	Skarb Państwa 29,43%
PEKAO	Polska	Skarb Państwa (poprzez PZU 20% oraz Polski Fundusz Rozwoju 12,8%)
mBank	Niemcy	Commerzbank 69,37%
BZ WBK	Hiszpania	Banco Santander 69,41%
ING Bank Śląski	Holandia	ING Bank 75%
Bank Millennium	Portugalia	Banco Comercial Portuges 50,1%
Bank Handlowy	USA	Citibank 75%
Alior	Polska	Skarb Państwa poprzez PZU 31,61%
Getin Noble Bank	Polska	Leszek Czarnecki 54,72%
Idea Bank	Polska	Leszek Czarnecki 79,46%

Nazwa banku	Kraj pochodzenia	Główny akcjonariusz
BOŚ	Polska	Narodowy Fundusz Ochrony Środowiska i Gospodarki Wodnej 52,41%

Źródło: opracowanie na podstawie danych portalu Stooq oraz KNF.

Stosunkowo duży udział kapitału zagranicznego w bankach komercyjnych działających w Polsce może nieco osłabiać wpływ Narodowego Banku Polskiego na polską gospodarkę.

Jeśli bowiem banki komercyjne są własnością kapitału zagranicznego i mają centra decyzyjne za granicą, będąc własnością międzynarodowych korporacji, to wówczas wpływ polityki pieniężnej na działalność tych banków może być nieco mniejszy.

Banki komercyjne mają zaś wpływ na kredytowanie krajowej gospodarki, zarówno przedsiębiorstw, jak i gospodarstw domowych. To pokazuje ogromną rolę, jaką odgrywa także w zakresie sprawności prowadzenia polityki pieniężnej **struktura własnościowa** sektora **banków komercyjnych**.

Jednak jak już wspomniałem, dokonuje się w ostatnich latach proces **repolonizacji** sektora bankowego, co prawdopodobnie poprawi **siłę wpływu** polskiego banku centralnego na **realną sferę** gospodarki naszego kraju. Na przełomie lat 2016–2017 udało się **odzyskać polski** stan posiadania w banku **PEKAO S.A.** Obecnie kapitał kontrolny w tym banku posiada polski **Skarb Państwa**.

Mówiąc o banku centralnym, warto pamiętać, że bank centralny jest traktowany jako bardzo ważny element polityki gospodarczej. Gdy spojrzy się na różnego typu opracowania makroekonomiczne, na podręczniki do makroekonomii, to widzimy, że bank centralny i rząd są traktowane jako dwa elementy składowe polityki gospodarczej w ogóle.

Chciałbym odwołać się do pewnego opracowania, które sporządził jeden z pracowników NBP (**dr Paweł Kowalewski**) dotyczącego integracji europejskiej. Napisał on, że politykę gospodarczą można porównać do posiadania **dwóch rąk**, do ręki, która prowadzi politykę **pieniężną**, i ręki, która prowadzi politykę **budżetową**. Pracownik ten wypowiadał się w tym kontekście, że gdyby Polska weszła do strefy euro, nastąpiłoby odcięcie jednej ręki. Jeśliby np. Unia Europejska przejmowała coraz więcej kompetencji w polityce budżetowej, nastąpiłoby odcięcie drugiej ręki[136]. Nie można pozwolić na odcięcie tych dwóch polskich rąk. Jest to bardzo ważne. Jest to zadanie także tych, którzy są czytelnikami tej książki.

Mówiąc o polityce pieniężnej, trzeba o tym pamiętać, że dlatego jest ona ważna, bo umożliwia realizowanie ważnych **celów**, celów **formalnych** i celów **faktycznych**. Zawsze o tym wspominam, dlatego że cele, które oficjalnie są deklarowane, mogą być nieco inne niż cele faktyczne. Nie wszystko bowiem należy ujawniać. Niemniej jednak generalnie zazwyczaj uważa się w świecie współczesnym, że bank centralny powinien przede wszystkim dążyć do utrzymywania stopy inflacji na odpowiednio niskim, niezbyt zmiennym poziomie. Wynika to z przekonania, że taka umiarkowana inflacja na poziomie 3–4% jest najlepsza dla długookresowego wzrostu gospodarczego. Tu powstaje pewien problem. Rodzi się pytanie, czy te badania są rzeczywiście przekonywające, czy też nie. Aby te badania były dla nas przydatne, musimy sami je prowadzić. Nie można tylko ograniczać się do tego, że jakiś Francuz, Amerykanin, Japończyk czy Chińczyk przeprowadzili **jakieś badania** międzynarodowe na temat tego, jaka stopa inflacji jest najlepsza dla wzrostu gospodarczego. Musimy **sami** te badania **prowadzić** we własnym **polskim interesie**. Dlatego zawsze mówię i podkreślam to jako członek Rady Polityki Pieniężnej, jako naukowiec — warto popierać badania na temat wpływu polityki pieniężnej na gospodarkę, badania, które są przez naszych polskich ekonomistów prowadzone w **języku polskim**. To

---

[136] G. Masłowska, Przemówienie w Sejmie RP, Posiedzenie nr 24 z 23 października 2012 roku.

one są wyrazem naszej **dumy narodowej**, naszej suwerennej myśli. To jest bardzo ważne. Pamiętajmy także o innych badaniach dotyczących tego problemu. Gdy są badania zagraniczne, mogą być prowadzone w obcym interesie. Nie mam o to pretensji do Chińczyków, że bronią interesu chińskiego. Natomiast my jako Polacy musimy bronić swojego, także na polu badań naukowych. Dlatego właśnie wskazałem na **rolę badań** poświęconych temu optymalnemu poziomowi inflacji. Czasem wskazuje się, jak mówiłem, że ten optymalny przedział jest między **3% a 4%**. Tak twierdzi np. **Paweł Baranowski** w publikacji zamieszczonej na łamach czasopisma „Ekonomista"[137]. To są badania jedne z wielu, ale bardzo ciekawe. Dlaczego? Dlatego, że mamy taką sytuację, że w większości krajów występuje inflacja, czyli wzrost cen. Są z kolei kraje, gdzie występuje deflacja, czyli spadek cen.

Wskazuje się na pewne pozytywne, ale niestety też na negatywne skutki długotrwałej deflacji. Przykładem jest Japonia, gdzie mamy tę deflację długookresową i bank centralny stara się z tego wyjść, stosując różne instrumenty. Jest to trudne. Warto podkreślić, jak wielką dumę narodową posiadają Japończycy. Mimo że mają problemy z deflacją, to starają się z niej wyjść, swoje problemy rozwiązać. Co prawda pojawiali się bardzo „życzliwi" mówiący: **sprzedajcie banki** w ręce **zagraniczne**, będzie wam łatwiej. Czasami radzi się, by wykonać tzw. „reformy strukturalne", sprzedać banki japońskie Amerykanom, Hiszpanom czy Niemcom. Oni mówią: nie! Banki **japońskie** muszą być w **rękach japońskich**. Nawet jeśli tego nie powiedzą wprost, to ich postępowanie o tym świadczy.

---

[137] P. Baranowski, *Optymalna stopa inflacji w modelowaniu wzrostu gospodarczego*, „Ekonomista", 2008, nr 4, s. 447.

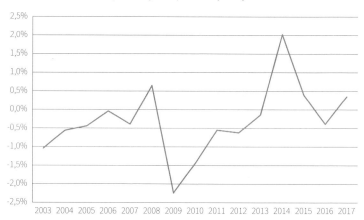

Wykres 66: Roczna stopa inflacji w **Japonii** w latach 2003–2017 (w %). Źródło: opracowanie na podstawie danych OECD.

Na wykresie widzimy stopę inflacji na przykładzie Japonii w ostatnich latach. **Deflacja** to **ujemna** stopa inflacji. Japończycy od ostatniego kryzysu finansowego lat 2007–2009 sukcesywnie wychodzą z deflacji. Na koniec 2017 roku analitycy OECD spodziewają się, że Japonia wyjdzie z deflacji i osiągnie dodatnią stopę inflacji na poziomie ok. 0,35%.

Dlatego tak bardzo ważne jest to, żeby pamiętać o tym, że waluta narodowa jest tworzona przez banki centralne i przez banki komercyjne. Banki dlatego powinny być w rękach rodzimych, bo właśnie banki komercyjne tworzą pieniądz. Jest to bardzo ważne. Mówiąc o polityce pieniężnej, wskazałem już na kwestię roli stóp procentowych, że stopy procentowe wpływają na gospodarkę. To podstawowy instrument banku centralnego. Są też inne instrumenty, np. rezerwy obowiązkowe. Polegają one na tym, że każdy bank komercyjny mający pewne depozyty musi przekazywać część swoich aktywów do banku centralnego. Wtedy powstaje tzw. **rezerwa obowiązkowa**. W zależności od jej wysokości bank centralny reguluje wielkość emisji pieniądza, którą mogą banki centralne przeprowadzać. Są też jeszcze inne instrumenty, np. **operacje otwartego rynku**. Polegają one na tym, że bank centralny kupuje bądź sprzedaje np. obligacje rządowe. Są też **instrumenty** takie, jak **interwencje walutowe**. Mamy interwencje walutowe **faktyczne**, a także **werbalne**. Interwencje faktyczne to interwencje dokonywane w ten sposób, że bank centralny **kupuje** bądź **sprzedaje** waluty obce. Natomiast **interwencje** werbalne to wypowiedzi przedstawicieli władzy monetarnej banku centralnego, które mają na celu doprowadzić do pewnego osłabienia bądź umocnienia waluty narodowej poprzez właśnie te wypowiedzi. Te wypowiedzi są bardzo ważne, bo dotyczą np. pewnych diagnoz sytuacji bieżącej albo też zapowiedzi przyszłych działań. Można powiedzieć, że przez to bank centralny stara się wpływać na kurs waluty swojego kraju w stosunku do waluty innego kraju. To jest też bardzo ważne potwierdzenie tego, że są różne waluty narodowe i poszczególne banki centralne zapewne prowadzą pewną walkę konkurencyjną, starając się np. czasami osłabić czy wzmocnić swoje waluty narodowe poprzez odpowiednie działania.

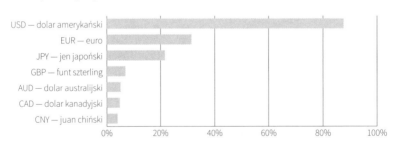

Wykres 67: Udział poszczególnych walut w **obrotach** na światowym **rynku walutowym** w % (wg par walutowych) w 2016 roku. Źródło: opracowanie na podstawie danych Banku Rozrachunków Międzynarodowych w Bazylei.

Widzimy na wykresie, iż największy udział w obrotach na światowym rynku walutowym ma w dalszym ciągu **dolar amerykański** (87,6%). Drugie i trzecie miejsce zajmują odpowiednio **euro** (31,4%) oraz **jen** (21,6%). Co ciekawe, w ostatnich latach do głównych walut, którymi obraca się na **światowym rynku walutowym**, zalicza się również **juan** chiński. Tu bardzo wyraźnie widzimy, że **bank centralny** jest takim **narzędziem**, które prowadzi do tego, że można za pomocą tego banku realizować różne **cele faktyczne** i **formalne**, wykorzystując **różne instrumenty** monetarne.

Mówiąc o **własnym banku centralnym,** warto o tym pamiętać, że bank centralny posiada **różne instrumenty**. Do tej pory mówiłem o tych bardziej **standardowych**. W ostatnich latach zaczęły pojawiać się tzw. **instrumenty niestandardowe**, kiedy bank centralny zaczął na masową skalę w wielu krajach podejmować takie działania, jakie wcześniej nie były spotykane. Przykładowo banki centralne zaczęły **masowo** kupować **obligacje rządowe**, a także **obligacje korporacyjne,** np. Europejski Bank Centralny czy Bank Japonii. Zaczęły się pojawiać także inne postulaty. Ostatnio prezes banku amerykańskiego Janet Yellen została zapytana podczas jednego z przesłuchań w parlamencie amerykańskim o to, co sądzi o pomyśle kupowania **akcji** spółek **giełdowych** przez **bank centralny**. Odpowiedziała, że w tej chwili prawnie nie jest to możliwe w USA, ale być może w przyszłości można by to rozważyć.

Dlaczego takiego typu **postulaty** się pojawiają? Dlatego, że niektóre **banki centralne** dostrzegły, że być może będzie to ważna metoda działania polityki pieniężnej obecnie albo w przyszłości. Bank Japonii jest bankiem centralnym, który takie działania podejmuje. Dlatego można spodziewać się, że w przyszłości też będą tego typu działania podejmowane przez inne banki centralne. Widzimy, że **Europejski Bank Centralny** wprawdzie tego typu działań nie podejmuje w zakresie kupowania akcji spółek giełdowych, ale pojawiają się już takie opinie, że można by to ewentualnie rozważyć.

Na wykresie są przedstawione wyniki **ankiet** wśród banków centralnych na temat **wykorzystywania** w ich polityce monetarnej **akcji** spółek giełdowych.

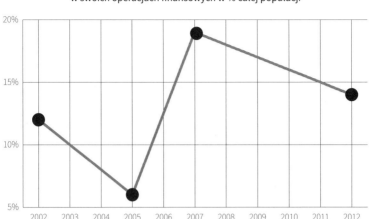

Wykres 68: Zainteresowanie banków centralnych wykorzystywaniem akcji spółek w polityce monetarnej. Źródło: opracowanie na podstawie danych Banku Szkocji.

Z badań wynika, iż coraz więcej banków centralnych rozważa stosowanie takich niestandardowych instrumentów, jak akcje spółek giełdowych notowanych na giełdzie.

Można powiedzieć, że tego typu opinie są istotne, gdyż rynek akcji jest takim ważnym mechanizmem transmisji impulsów monetarnych.

Jeżeli bank centralny poprzez politykę pieniężną wpływa na sytuację na **rynku akcji,** to można też brać pod uwagę też to, że zacznie on **wpływać** nie pośrednio, tylko bardziej bezpośrednio, kupując akcje spółek.

Nie jest to wcale wykluczone. Już w tej chwili ok. **10%** akcjonariatu **spółek japońskich** jest kontrolowanych de facto w sposób pośredni czy bezpośredni przez Bank Japonii. To są bardzo ciekawe zmiany, bardzo ważne. Pokazują one bardzo ważną rzecz. Mianowicie że poszczególne rządy, poszczególne **państwa starają się** w sposób **sprytny** i pomysłowy pewne **instrumenty** wymyślić, za pomocą których chcą prowadzić **politykę wspierania swoich** gospodarek. Chcą oni bowiem uczestniczyć w **walce ekonomicznej.**

Czasem było tak, że taką **ważną polityką** niektórych banków centralnych (szczególnie tygrysów azjatyckich) była **polityka proeksportowa**. Ona jest nadal stosowana, ale z uwagi na różne uregulowania międzynarodowe ta polityka proeksportowa może nieco zmieniać swój charakter. Kiedyś była ona prowadzona przez używanie pewnych dodatków proeksportowych. Później z uwagi na uregulowania międzynarodowe, przynależność państw do Światowej Organizacji Handlu okazało się, że pewne instrumenty zostały za zgodą państw zakazane. Natomiast państwa starają się na pewno wykorzystywać różne instrumenty w sposób bardziej przemyślany, pomysłowy, sprytny i często dyskretny, aby wspierać własne gospodarki i realizować cele również za pomocą instrumentów polityki pieniężnej. To, że banki centralne zamierzają kupować **obligacje korporacyjne**, a niektóre kupują **akcje** spółek, że prowadzą interwencje walutowe, jest wyrazem tego, że własny bank centralny jest taką redutą, takim ogniskiem, bardzo ważnym mechanizmem realizacji interesów narodowych na polu polityki pieniężnej, na polu troski o własną walutę. Waluta narodowa jest bardzo pożyteczna i bardzo ważna, ale pojawiają się od czasu do czasu koncepcje, żeby jednak Polska zlikwidowała własną walutę, własny bank centralny.

Tutaj przejdę do kolejnej części tego rozdziału. Mianowicie, był rok 2007. Śp. **Sławomir Skrzypek** pełnił funkcję **prezesa NBP**. Pamiętam, że się do niego kiedyś zgłosiłem i powiedziałem, że jestem wobec euro **dość niechętny**, jestem eurosceptyczny. A wtedy było tak, że zdecydowana większość ekonomistów i bankowców była za euro (Tabela 5).

Patrząc na powyższą tabelę, widzimy, iż jeszcze przed wejściem Polski do Unii Europejskiej przeważały wśród bankowców bardzo euroentuzjastyczne nastroje. Blisko 90% bankowców popierało wówczas wprowadzenie euro w Polsce. Sytuacja zaczęła się zmieniać po 2009 roku. Od tego momentu siła poparcia euro mocno spadła[138]. Co ciekawe, w 2012 roku

---

[138] S. Kłusek, Popieram polskiego złotego, Informator Bankowości Spółdzielczej z 30 października 2008 roku. Zob.: http://www.ibs.edu.pl/content/view/1659/28/.

po raz pierwszy w historii większość polskich bankowców opowiedziała się przeciwko wprowadzeniu euro w Polsce (54% przeciwników euro).

Tabela 5: Badania pracowników banków działających w Polsce. Czy sądzi Pani/Pan, że Polska powinna przystąpić do strefy euro i zastąpić polskiego złotego walutą euro? Odpowiedzi w %:

Rok	Tak	Nie	Trudno powiedzieć
2002	90	10	0
2003	86	13	1
2004	76	24	0
2005	80	20	0
2006	81	19	0
2007	81	19	0
2008	83	15	1
2009	86	13	1
2010	76	21	2
2011	55	42	3
2012	**41**	**54**	**5**
2013	48	50	2

Źródło: opracowanie na podstawie bazy danych Związku Banku Polskich.

Tak pokazywały badania. Można powiedzieć, że w 2007 roku, gdy pisałem **raport** pt.: „**Dlaczego Polska nie powinna wchodzić do strefy euro**", ekonomistów, którzy byli sceptyczni wobec euro, można było naprawdę policzyć na być może palcach jednej ręki, zwłaszcza gdy chodzi o ekonomistów bardziej znanych. Pamiętam, że profesorowie: Andrzej **Kaźmierczak**[139], **Wiktor Adamus**[140] oraz Jacek

---

[139] A. Kaźmierczak., Integracja Polski ze strefą euro — szanse i wyzwania, w: Nauki finansowe wobec współczesnych problemów gospodarki polskiej, pod red. J. Czekaja, tom IV, Akademia Ekonomiczna w Krakowie, Kraków 2004.

[140] W. Adamus, Perspektywy wejścia Polski do UGW, w: Systemy gospodarcze i ich ewolucja, pod red. S. Swadźby, Katowice 2008, s. 49–78.

Karwowski[141] wyrażali wtedy pewną niechęć do koncepcji przyjęcia euro, ale większość ekonomistów była za i to bardzo zdecydowanie. Powstał nawet raport w roku 2004 mówiący o tym, że Polska powinna przyjąć euro i to szybko.

Wówczas miałem wątpliwości i powiedziałem sobie — muszę zaryzykować, nie mam habilitacji, być może utrudni mi to habilitację, ale dobro Polski wymaga, żeby powiedzieć, iż Polska powinna zachować walutę narodową. Wtedy prezes Sławomir Skrzypek ode mnie usłyszał, że podejmę się tego zadania i wykonam r**aport „Dlaczego Polska nie powinna wchodzić do strefy euro**"[142]. Po czym wykonałem go. Został on umieszczony na stronie internetowej NBP. Obecnie można go nadal **znaleźć** też w **Internecie**. Ten raport będę dalej omawiał. Myślę, że odegrał ważną rolę.

Jest, można powiedzieć, przedmiotem mojego dorobku naukowego, ale przede wszystkim wynikiem realizacji celów polskich, celów narodowych polskich, jakie w toku swej działalności naukowej realizuję.

Bardzo ważnym elementem tegoż raportu było pokazanie **zalet**, jakie wynikają z faktu posiadania polskiego pieniądza. Wymieniono trzy kluczowe zalety. Po pierwsze, dzięki posiadaniu własnego pieniądza (suwerenności monetarnej) możliwe jest określanie formalnych i faktycznych celów działania własnego banku centralnego. Po drugie, kolejną zaletą własnego pieniądza jest samodzielność decydowania o **instrumentach polityki pieniężnej** banku centralnego. Po trzecie zaś dzięki własnej walucie mamy jako naród samodzielność decydowania o usytuowaniu banku centralnego w strukturach organów **władz** krajowych. Dzięki tym trzem wymienionym powyżej elementom suwerenności monetarnej

---

[141] J. Karwowski, Polityka kursowa w Polsce: czy rzeczywiście nie ma alternatywy dla euro, w: Rynki finansowe wobec procesów globalizacji, pod red. L. Pawłowicza, R. Wierzby, Uniwersytet Gdański-Gdańska Akademia Bankowa, tom II, Gdańsk–Jurata 2003.

[142] E. Łon, „Dlaczego Polska nie powinna wchodzić do strefy euro", NBP, (strona internetowa), październik 2007. Raport jest także dostępny pod następującym adresem internetowym: http://analizy-rynkowe.pl/wp-content/uploads/2014/11/raport1.pdf.

mamy możliwość prowadzenia **polityki pieniężnej** zgodnej z **interesem własnego kraju.**

W raporcie wskazałem także na pięć elementów alternatywy wobec euro: utrzymanie limitu 5% inwestycji zagranicznych dla OFE, utworzenie polskiego exim banku, zmiana sposobu zarządzania rezerwami walutowymi, współpraca NBP z rządem i sejmem RP, rozwój polskiego rynku finansowego. O szczegółach alternatywy wobec euro można przeczytać w owym raporcie[143].

Ciekawą koncepcję **obrony polskiego złotego** przed jego likwidacją przedstawiła **Gabriela Masłowska**[144]. W jej rozumieniu nasz bank centralny ma bardzo ważną rolę do odegrania w rozwoju polskiej gospodarki. Jej zdaniem najlepszą alternatywą wobec koncepcji likwidacji polskiego złotego powinno być lepsze wykorzystanie suwerenności monetarnej Polski. Narodowy Bank Polski powinien zdaniem autorki realizować **trzy faktyczne cele** generalne: umiejętnie prowadzona **polityka antycykliczna** (stymulowanie rozwoju gospodarczego), podejmowanie działań zmierzających do **odzyskiwania, utrwalania** i **poszerzania polskiego** stanu własności w naszej gospodarce oraz sprzyjanie proeksportowemu charakterowi polskiej gospodarki. Według autorki należy zrobić wszystko, aby polityka banku centralnego wywierała silny wpływ na realne procesy gospodarcze w Polsce. Należy wyposażyć władzę monetarną w szerokie spektrum instrumentów bezpośredniego oddziaływania na banki komercyjne.

Trzeba m.in. dopuścić możliwość ustalania przez NBP maksymalnego i minimalnego poziomu oprocentowania kredytów i depozytów dla sektora niefinansowego. Powinno się także rozważyć możliwość podjęcia przez bank centralny działalności typowej dla banków **komercyjnych.** NBP mógłby np. poprzez **sieć** swych **oddziałów okręgowych**

---

[143] Ibidem, s. 65–70.
[144] G. Masłowska, Nie wchodźmy do strefy euro, „Nasz Dziennik" z 19 października 2015 roku.

przyjmować depozyty od gospodarstw domowych i na ich podstawie udzielać kredytów dla małych i średnich polskich przedsiębiorstw. Dzięki temu poprawiłyby się warunki finansowania **małych i średnich firm**, które powinny stanowić lokomotywę wzrostu gospodarczego w naszym kraju.

Nasz bank centralny, przyjmując od osób fizycznych **średnio- i długoterminowe** depozyty, będzie mógł na ich podstawie udzielić małym i średnim firmom kredytów na rozwój. Dzięki temu wyrywano by potencjalnych polskich klientów z objęć banków zagranicznych.

Narodowy charakter sektora bankowego leży u podstaw sukcesu wielu krajów świata. Szczególne osiągnięcia na tym polu mają tzw. tygrysy azjatyckie. Na **Tajwanie**, w **Malezji**, **Tajlandii**, **Korei Południowej**[145] i wielu innych krajach tamtego regionu budowano **systemy** bankowe oparte na **rodzimym kapitale**[146]. Dzięki temu banki z tych krajów zainteresowane były rozwojem krajowych, zwłaszcza proeksportowych gałęzi gospodarki. Akcjonariusze tych banków byli bowiem żywotnie zainteresowani **wysoką dynamiką** rozwoju krajowej gospodarki.

Propagowany już w **szkołach** (podstawowych, średnich i wyższych) szeroko pojęty **patriotyzm gospodarczy** także powinien **przyczynić** się do pozyskiwania klientów przez banki polskie i odchodzenia klientów od banków zagranicznych. Zamiast likwidować polski złoty, należy jeszcze bardziej **uświadamiać** społeczeństwo w zakresie znaczenia suwerenności monetarnej Polski w życiu naszego kraju[147]. W związku z tym **warto zaproponować**, aby **29 kwietnia** każdego roku obchodzić **urodziny polskiego złotego**. Warto pamiętać, iż w dniu 29 kwietnia 1924 roku

---

[145] J. Kropiwnicki, Planowanie makroekonomiczne w Korei Południowej, „Gospodarka Narodowa", 1995, nr 10.
[146] A. Szołtun, Systemy bankowe w Azji Południowo-Wschodniej, „Materiały i Studia", 2002, nr 3.
[147] G. Masłowska, Dlaczego nie warto przyjmować euro, „Nasz Dziennik" z 22 lutego 2009 roku.

wprowadzono polskiego złotego do obiegu. Obchodzenie urodzin polskiego złotego stanowiłoby okazję do **poszerzenia wiedzy** w zakresie roli Narodowego Banku Polskiego w naszej gospodarce.

Powinniśmy mieć w Polsce **kurs płynny kierowany**. Z jednej strony **płynność** tego kursu chroniłaby nasz kraj przed kryzysem walutowym. Z drugiej strony możliwe byłyby **interwencje walutowe**. W celu organizacji polityki proeksportowej NBP powinien zmodyfikować nieco sposób **zarządzania aktywami walutowymi** stanowiącymi, jak uczy doświadczenie, od 70% do 90% aktywów banku centralnego.

Elementem polityki proeksportowej banku centralnego mogłoby być także **poszerzenie** katalogu papierów wartościowych mogących być przedmiotem operacji otwartego rynku o **akcje** małych i średnich **polskich spółek** wchodzących na giełdę warszawską.

Warto zaznaczyć, że akcje te **kupowane byłyby** przez NBP tylko na **rynku pierwotnym**. Dzięki temu stymulowany byłby wzrost inwestycji w sektorze małych i średnich polskich firm, które cierpią na niedobór kapitałów. Oczywiście część z tych emisji byłaby przeprowadzona przez **spółki proeksportowe**, ale pomimo to warto wprowadzenie takich instrumentów otwartego rynku **rozważyć**.

Obok rynku akcji innym segmentem rynku finansowego, na którym mógłby być obecny bank centralny, powinien być rynek pozaskarbowych papierów dłużnych. NBP mógłby np. kupować część emisji obligacji emitowanych w walucie obcej przez polskie spółki proeksportowe. Rentowność takich obligacji byłaby nieco wyższa niż rentowność rządowych obligacji innych krajów **preferowanych** obecnie przez NBP. Dzięki temu wzrosłaby kwota **zysków NBP** przekazywanych do **polskiego budżetu**. Tego typu operacje miałyby jednak większy sens. Dzięki temu polskie spółki proeksportowe mogłyby pozyskiwać dodatkowe źródła kapitałów. Jest oczywiste, że bank centralny nie powinien być zainteresowany kupowaniem wszystkich papierów dłużnych naszych eksporterów, ale tylko takich, których działalność oceniono by jako perspektywiczną. Szczególnie interesujące byłoby nabywanie obligacji firm, które nie dość że mają dobre **perspektywy eksportowe,** to jeszcze korzystają z dostawców głównie krajowych.

Rozdział 9: Rozwój rynku kapitałowego

Podmioty gospodarcze działające w naszym kraju mogą finansować swoją działalność w różny sposób. Przede wszystkim finansują ją z osiągniętego zysku, a także z innych źródeł. Przedsiębiorstwa korzystają z **kredytów** bankowych. Mogą też korzystać z możliwości, jakie daje funkcjonowanie **rynku kapitałowego**.

Formy pozyskiwania kapitałów przez przedsiębiorstwa w 2015 roku w mld zł

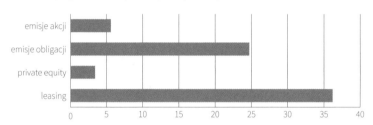

Wykres 69: Pozabankowe formy pozyskiwania kapitałów przez przedsiębiorstwa w 2015 roku w mld zł. Źródło: opracowanie na podstawie danych NBP.

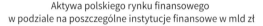

Aktywa polskiego rynku finansowego w podziale na poszczególne instytucje finansowe w mld zł

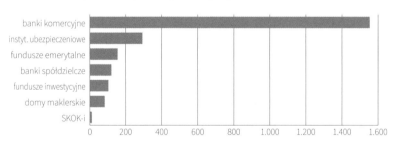

Wykres 70: Struktura **aktywów** polskiego rynku finansowego w mld zł (2016 rok). Źródło: opracowanie na podstawie danych Komisji Nadzoru Finansowego.

Z Wykresu 69 wynika, iż największym zainteresowaniem wśród przedsiębiorstw w 2015 roku cieszył się leasing (36,2 mld zł). Na drugim miejscu pod tym względem była **emisja obligacji** (24,7 mld zł). Pozyskiwanie kapitału z emisji akcji uplasowało się na trzecim miejscu (5,6 mld zł). Warto, aby znaczenie emisji akcji dla przedsiębiorstw mogło się zwiększać w kolejnych latach. Dzięki temu polski rynek kapitałowy miałby większe szanse rozwoju.

Patrząc na strukturę **aktywów** polskiego rynku finansowego na Wykresie 70, dochodzimy do wniosku, iż zdecydowanie **największe** znaczenie posiadają **banki komercyjne**. Ich bowiem **aktywa** w 2016 roku przekroczyły wartość **1,55 bln zł**.

Na dalszych miejscach uplasowały się **instytucje ubezpieczeniowe** (293 mld zł) oraz **fundusze emerytalne** (155 mld zł). W kolejnych latach prawdopodobnie duże szanse na zwiększenie aktywów mają **fundusze inwestycyjne** oraz **domy maklerskie**, co mogłoby się przyczynić do dalszego rozwoju polskiego rynku kapitałowego.

Warto pamiętać, iż rynek kapitałowy to pewien mechanizm łączący popyt i podaż na tzw. instrumenty rynku kapitałowego. Instrumentami tymi są np.: akcje, obligacje skarbowe, obligacje korporacyjne. Akcje są emitowane przez przedsiębiorstwa. Są one udziałem we własności przedsiębiorstwa. Posiadanie akcji daje prawo do wzięcia udziału w Walnym Zgromadzeniu Akcjonariuszy, do głosowania podczas tego zgromadzenia. Daje ono również prawo do dywidendy, gdy spółka wypłaca środki finansowe akcjonariuszom z osiągniętego w danym roku obrotowym przez spółkę zysku.

Papiery zaś **dłużne**, np. obligacje skarbowe, są emitowane przez rząd. Są też obligacje samorządowe emitowane przez jednostki samorządu terytorialnego. Występują również obligacje korporacyjne emitowane przez przedsiębiorstwa prywatne. Te wszystkie wymienione wyżej instrumenty finansowe to papiery dłużne.

Stosując tę formę **pozyskania kapitału**, przedsiębiorstwa najpierw **emitują** papiery wartościowe i pozyskują w ten sposób kapitał. Po pewnym jednak czasie emitenci papierów wartościowych muszą oddać pozyskany kapitał wraz z odsetkami. Można więc powiedzieć, że **sposobów** pozyskiwania **finansowania** przez przedsiębiorstwa jest **wiele** i mogą być one bardzo **różne**.

Obroty na GPW w Warszawie poszczególnych instrumentów finansowych w mld zł

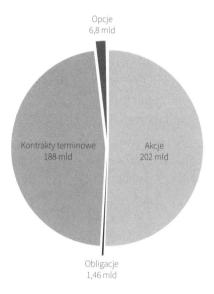

Wykres 71: Obroty na giełdzie warszawskiej w mld zł (stan koniec 2016 roku). Źródło: opracowanie na podstawie danych Komisji Nadzoru Finansowego.

Warto zauważyć, że taką ciekawą **formą finansowania** jest emisja papierów wartościowych za pomocą rynku kapitałowego np. akcji przez spółkę. Dzięki temu **spółka pozyskuje kapitał**. Emitując obligacje korporacyjne, także pozyskuje się kapitał **na inwestycje**. Przy czym wiadomo, że jeśli przedsiębiorstwo emituje akcje, to nie musi oddawać kwoty, którą pozyskało. Natomiast gdy emituje ono obligacje, to musi tę kwotę oddać wraz z odsetkami naliczonymi od pozyskanej kwoty.

Emisje akcji i obligacji korporacyjnych mają zarówno swoje zalety, jak i wady. Generalnie jest tak, że emisja akcji daje nowy kapitał i nie trzeba oddawać tego kapitału wraz z odsetkami. Z drugiej strony oznacza, że jednak pojawiają się nowi akcjonariusze, co zmniejsza wpływ na **losy spółki** dotychczasowych akcjonariuszy.

Jeśli chodzi zaś o **papiery dłużne**, czyli głównie obligacje korporacyjne, to przedsiębiorstwo musi **oddać kapitał** wraz z **odsetkami**. Jednocześnie nie pojawiają się żadni nowi akcjonariusze i akcjonariusze dotychczasowi **utrwalają** swoją **pozycję kapitałową** w danej spółce.

Takie instrumenty jak: **akcje, obligacje skarbowe, korporacyjne** czy **samorządowe** mogą być przedmiotem obrotu na **giełdzie**. Oznacza to, że można na danym rynku giełdowym kupić bądź sprzedać różne instrumenty rynku kapitałowego. Dane na temat obrotów na giełdzie warszawskiej zawiera Wykres 71.

Z Wykresu 71 wynika, że **największe obroty** na polskiej giełdzie zanotowały **akcje spółek** (202 mld zł). Na drugim zaś miejscu kontrakty terminowe (188 mld zł). Co ciekawe, w ostatnich latach wzrasta zainteresowanie rynkiem instrumentów pochodnych, szczególnie wśród młodego pokolenia inwestorów giełdowych. Gazeta Giełdy „Parkiet" prowadzi fora dyskusyjne, gdzie wymieniane są uwagi i własne doświadczenia, m.in. gry na kontraktach terminowych[148].

Konsekwentnie z roku na rok rośnie **kapitalizacja** giełdy warszawskiej (Wykres 72). Na koniec 2016 roku kapitalizacja ta wyniosła **1,76 bln zł**.

Warto zaznaczyć, iż rośnie również w ostatnich latach zainteresowanie inwestowaniem na giełdzie warszawskiej naszych **rodaków**. Kolejny wykres przedstawia **liczbę klientów** domów maklerskich działających w naszym kraju.

Okazuje się, iż liczba klientów domów maklerskich przekroczyła już **2 mln osób** na koniec 2016 roku.

---

[148] Forum dyskusyjne „Parkietu". Zob.: http://forum.parkiet.com/viewforum.php?f=1.

ROZWÓJ RYNKU KAPITAŁOWEGO

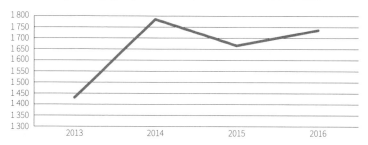

Wykres 72: **Kapitalizacja** giełdy warszawskiej w latach 2013–2016. Źródło: opracowanie na podstawie danych Komisji Nadzoru Finansowego.

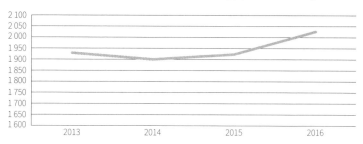

Wykres 73: **Liczba klientów** domów maklerskich działających w Polsce w latach 2013–2016. Źródło: opracowanie na podstawie danych Komisji Nadzoru Finansowego.

Warto zauważyć, iż na świecie funkcjonują różne rynki kapitałowe, w tym rynki akcji. Są to rynki o różnej wielkości. Są np. takie kraje, gdzie rynek kapitałowy jest bardzo duży, np. USA, Wlk. Brytania czy Kanada. Są to kraje, gdzie bardzo duże znaczenie w finansowaniu przedsiębiorstwa mają emisje papierów wartościowych na rynku kapitałowym. Są też z kolei takie kraje, gdzie dominuje finansowanie za pomocą kredytów bankowych. Generalnie można powiedzieć, że **rynki kapitałowe** w innych krajach **różnią** się **wielkością**. Są np. takie rynki, gdzie mamy do czynienia ze stosunkowo dużą wielkością (duża kapitalizacja) rynku akcji (USA, Kanada). Tam dokonuje się obrót na rynku akcji. Jest on przedmiotem dużego zainteresowania z uwagi na jego wielkość. Podobnie też obligacje korporacyjne, rządowe czy samorządowe są przedmiotem obrotu na rynku kapitałowym.

Rynki akcji dzielą się na dwie kategorie: **rynki dojrzałe** oraz **rynki wschodzące**[149]. Rynki dojrzałe to rynki, na których notowane są instrumenty finansowe emitowane przez podmioty gospodarcze mające siedzibę w krajach bogatych. Rynki wschodzące zaś to takie, w przypadku których mamy do czynienia z sytuacją inną, gdzie emitentami tych papierów są podmioty gospodarcze z krajów nie tak zamożnych gospodarczo (np. Brazylia, Korea Południowa, Polska) pod względem PKB na mieszkańca.

Mówiąc o roli rynku kapitałowego, warto wskazać przede wszystkim na nasz kraj, na Polskę. Warto zauważyć, że w roku 1991 powstała Giełda Papierów Wartościowych w Warszawie.

W dniu **16 kwietnia 1991 roku** miała miejsce **pierwsza** sesja giełdowa. Podczas pierwszej sesji notowane były akcje **5 spółek**. To były akcje spółek znajdujących się pod kontrolą własnościową kapitału polskiego. To było bardzo ciekawe, że na początku przez kilka lat na giełdzie warszawskiej notowane były w zdecydowanej większości akcje spółek znajdujących się pod kontrolą kapitału polskiego. To pokazuje, że możliwy był rozwój naszego kraju (wysoki wzrost PKB) także wówczas, gdy na giełdzie warszawskiej notowane były w większości krajowe, rodzime podmioty o kapitale polskim.

Po utworzeniu giełdy warszawskiej pojawiły się informacje, że mogą wchodzić na giełdę kolejne spółki. Powstawały wówczas biura maklerskie, które ułatwiały pozyskiwanie kapitału przez przedsiębiorstwa. Publikowane były **prospekty emisyjne**. To wszystko prowadziło do tego, że polski rynek kapitałowy się rozwijał.

---

[149] E. Łoń, Powiązania amerykańskiej polityki budżetowej i pieniężnej z sytuacją na dojrzałych i wschodzących rynkach akcji, Wydawnictwo SIN Sp. z o.o., Sopot 2011.

ROZWÓJ RYNKU KAPITAŁOWEGO

W 1993 roku miała miejsce bardzo **silna hossa** spowodowana stosunkowo **niską wyceną** akcji spółek[150]. W początkowej bowiem fazie hossy **cena do wartości księgowej** większości spółek była bardzo niska. To zachęcało uczestników rynku do tego, by zaangażować się w promowanie polskiego rynku kapitałowego. Szybki rozwój giełdy warszawskiej sprawił, iż rynkiem kapitałowym zaczęły się też interesować instytucje sektora publicznego (np. wielu posłów posiadało akcje spółek). Przykładowo ostatnio nagle w wypadku samochodowym zginął zasłużony poseł (**śp. dr Rafał Wójcikowski**), który też interesował się rynkiem kapitałowym i odniósł **duże zasługi** w obszarze nauki i propagowania wiedzy o funkcjonowaniu **rynku kapitałowego** w Polsce.

Mówiąc o rozwoju polskiego rynku kapitałowego, warto wskazać na to, że rozwój ten w dużym stopniu był możliwy dzięki funkcjonowaniu **Otwartych Funduszy Emerytalnych**. Były one skłaniane poprzez uwarunkowania prawne, aby angażować się na rynku kapitałowym poprzez kupowanie akcji spółek. To powodowało, że giełda warszawska swoją rolę odgrywała i nadal odgrywa, i będzie prawdopodobnie swą rolę w polskiej gospodarce zwiększać.

Warto zaznaczyć, iż **liczba spółek** notowanych na giełdzie sukcesywnie zwiększa się w ostatnich latach. Na poniższym wykresie przedstawione są informacje na temat liczby notowanych spółek. Spółki krajowe stanowią zdecydowaną większość wszystkich spółek giełdowych.

Choć warto podkreślić, iż w 2016 roku **kapitalizacja** spółek **zagranicznych** (558 mld zł) jest nawet nieco większa niż spółek **krajowych** (557 mld zł).

Jeśli chodzi o wchodzenie spółek na giełdę warszawską, warto wskazać na to, że **warunki wejścia** na rynek są stosunkowo **restrykcyjne**. Szczególnie są te warunki zaostrzone w stosunku do spółek dużych.

---

[150] E. Łon, *Makroekonomiczne uwarunkowania koniunktury na polskim rynku akcji w świetle doświadczeń międzynarodowych*, Wydawnictwo Akademii Ekonomicznej w Poznaniu, Poznań 2006.

Z kolei na rynku **New Connect** wymogi wejścia na rynek są dla spółek **mniej rygorystyczne**.

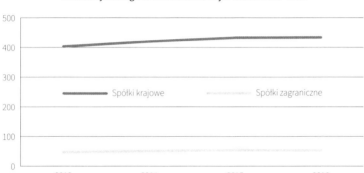

Wykres 74: Liczba spółek krajowych i zagranicznych notowanych na giełdzie warszawskiej.
Źródło: opracowanie na podstawie danych GPW w Warszawie.

Warto zauważyć, że **warunki wejścia** na rynek giełdowy w poszczególnych krajach **są** różne. W różnych krajach występują różne obostrzenia. W Polsce mamy taką sytuację (z uwagi na obecność w Unii Europejskiej), że dużą część prawa dotyczącego rynku kapitałowego określa Unia Europejska. Trzeba pamiętać, że Polska w zakresie instrumentów rynku kapitałowego nie posiada pełnej suwerenności. Wiele aktów prawnych dotyczących rynku kapitałowego jest przyjmowanych przez **organy unijne**. Warto pamiętać, mówiąc o rozwoju rynku kapitałowego, że Polska ma suwerenność w tym względzie ograniczoną.

Warto zauważyć, że **możliwość** wchodzenia na **rynek kapitałowy** jest bardzo **ważna**. Powinno nam na tym zależeć, aby poprzez rynek kapitałowy przedsiębiorstwa mogły pozyskiwać kapitał po to, by on był potem inwestowany w realnej sferze gospodarki.

Jeżeli Unia Europejska **reguluje** pewne **akty prawne** w zakresie **rynku kapitałowego,** to warto wskazać, że to przejaw **ograniczenia suwerenno-**

ści Polski. W art. 90 polskiej konstytucji uregulowano możliwość przekazania kompetencji naszego kraju w różnych sprawach organom ponadnarodowym. Liczba tych spraw, które przekazano Unii Europejskiej jest dosyć duża. Aby w tych warunkach się jakoś poruszać i realizować polskie cele, trzeba bardzo dobrze znać to prawo i trzeba mieć bardzo sprytne metody działania.

Mówiąc o funkcjonowaniu rynku kapitałowego, trzeba zdawać sobie sprawę, że mogą być różne cele przedsiębiorstwa. Warto przypomnieć z poprzednich fragmentów niniejszej książki, że ważnym celem przedsiębiorstwa jest jego przetrwanie na rynku. Jest to ważne dla wspólnoty osób, która zaspokaja różne potrzeby społeczne i oczywiście także własne potrzeby. Tego typu koncepcja przedsiębiorstwa nie jest często używana. Ta koncepcja jest zgodna z encykliką „Centesimus annus". Warto pamiętać o tym, że jak już wcześniej wskazywałem, **spółki giełdowe** mogą być różnie **klasyfikowane**. Jedną z klasyfikacji jest stworzenie indeksu **Respect,** czyli indeksu tych spółek, które przestrzegają pewnych **reguł społecznych,** takich jak reguły ekologiczne, sprawy pracownicze czy ład korporacyjny. Można dyskutować o **kryteriach** tego podziału. Dlatego rynek kapitałowy funkcjonuje także jako swoisty instrument oceny przedsiębiorstw również pod kątem ich działalności etycznych. To jest wielka rola rynku kapitałowego.

Giełda warszawska pełni różne funkcje. Trzeba pamiętać, że jedną z tych funkcji może być **funkcja edukacyjna.** Jest m.in. prowadzona „Szkoła giełdowa". W ramach tej szkoły prowadzone są wykłady przez naukowców. Warto w tych wykładach uczestniczyć. Szkoła giełdowa mieści się w różnych miastach (m.in. Warszawa, Poznań, Wrocław, Kraków). Nie ma wśród nich **mniejszych miast,** w ramach tzw. dawnych miast wojewódzkich. Warto być może do tego wrócić i rozszerzyć szkołę giełdową również o mniejsze miasta. W ten sposób szkoła giełdowa byłaby jeszcze bardziej postrzegana jako podmiot **przyjazny obywatelom,** podmiot sprzyjający **inwestorom giełdowym.**

Warto też brać udział w wykładach prowadzonych przez praktyków rynku finansowego. Takie wykłady prowadzone są w ramach studiów podyplomowych **"Mistrzowie rynków finansowych"**[151]. Kierownikiem studiów jest piszący te słowa. Zachęcam do lektury informacji o przedmiotach wykładanych na tych studiach oraz o wykładowcach[152].

Tematyka rynku kapitałowego powinna być promowana w mediach. Dzięki funkcjonowaniu rynku kapitałowego przedsiębiorstwa mają większą swobodę w zakresie pozyskiwania kapitału. Są skazane nie tylko na branie kredytów bankowych, lecz także mogą podjąć emisje akcji czy obligacji korporacyjnych.

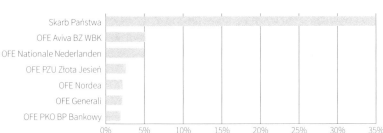

Wykres 75: Akcjonariat giełdy warszawskiej na koniec lipca 2017 roku. Źródło: opracowanie na podstawie danych portalu finansowego "Stooq".

Polski rynek kapitałowy stanowi wielką **szansę dla Polski**. Polska giełda odniosła sukces, gdyż jej rola jako źródła pozyskiwania kapitału jest na tle innych krajów w Europie stosunkowo duża. To jest tak, że giełda warszawska nie może pełnić wszystkich funkcji. Jednak to, że pełni funkcję emisyjną, już samo w sobie jest czymś bardzo pozytywnym. Dlatego warto zdecydowanie zapoznawać się z wiedzą o rynku kapitałowym. Mówiąc o celach rynku kapitałowego w przyszłości, warto wskazać na

---

[151] Zob.: http://mistrzowierynkow.pl/.
[152] Tamże.

ROZWÓJ RYNKU KAPITAŁOWEGO

to, aby na ten temat toczyła się debata wśród tych, którzy są praktykami. Warto ciągle podkreślać, aby giełda warszawska znajdowała się zawsze w polskich rękach.

Giełda warszawska w dalszym ciągu **pozostaje w polskich rękach**. Na Wykresie 75 przedstawiono **głównych akcjonariuszy** naszej giełdy.

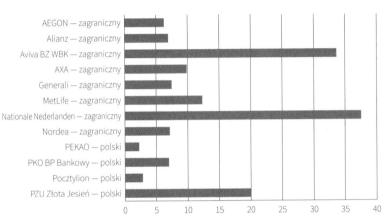

Wykres 76: Aktywa OFE z podziałem na polskie i zagraniczne. Źródło: opracowanie na podstawie danych Komisji Nadzoru Finansowego.

Widzimy, iż głównym akcjonariuszem polskiej giełdy pozostaje od samego jej powstania **Skarb Państwa**. Udział w akcjonariacie Skarbu Państwa wyniósł na koniec lipca 2017 roku przeszło 36%. Mimo iż Skarb Państwa nie posiada większości wszystkich akcji giełdy, to i tak jest dominującym akcjonariuszem podejmującym kluczowe decyzje tej spółki. Pozwala na to duże rozproszenie pozostałych akcjonariuszy mniejszościowych. Pozostałymi akcjonariuszami giełdy warszawskiej są Otwarte Fundusze Emerytalne. Dużą część towarzystw inwestycyjnych zarządzających OFE stanowią podmioty zagraniczne. Warto zdawać sobie z tego sprawę.

Warto mieć **wiedzę**, które z nich są własnością **polskiego kapitału**. Posiadając tę informację, możemy sami zadecydować, w których OFE zamierzamy odkładać swoje składki na przyszłą **emeryturę**. Na Wykresie 76 przedstawiono poszczególne towarzystwa zarządzające OFE w naszym kraju.

Z wykresu wynika, iż większość OFE jest zarządzana przez **zagraniczne towarzystwa** inwestycyjne. W przyszłości warto będzie podjąć działania, aby poszerzyć polski stan posiadania wśród tej grupy instytucji finansowych działających w naszym kraju.

Warto, aby giełda warszawska była cały czas w posiadaniu polskich akcjonariuszy. Jeśli będzie w **polskich rękach**, to **prezesi** giełdy warszawskiej będą starali się realizować **ważne cele polskie**. To jest istotne, gdyż cele polskie mogą być sprzeczne z celami Unii Europejskiej. Dlatego tak ważne jest to, żeby tych właśnie celów nie było zbyt dużo, lecz te, które są, powinny być bezwzględnie wykonywane. To ważne z punktu widzenia metodologii podejścia do bardzo różnych spraw. Z tego powodu rynek kapitałowy powinien być przedmiotem silnej opieki ze strony polskiego państwa.

Obecna **struktura własnościowa** jest **atutem**. Poprzez wsparcie polskiego rządu giełda warszawska może elastycznie konkurować wysokością prowizji z innymi giełdami. Giełda warszawska jest polskim interesem wspólnym. Jest więc nie tyko interesem uczestników rynku (inwestorów giełdowych), ale także emitentów przedsiębiorstw i kooperujących z emitentami. Celem giełdy powinno być przede wszystkim budowanie konkurencyjności całej polskiej gospodarki.

Choć giełda warszawska powinna mieć **swobodę decydowania**. Dzięki temu, że giełda warszawska jest w **polskich rękach**, stwarzają się **szanse** na większą emisję akcji i obligacji. To byłoby czymś bardzo pozytywnym. Warto wskazywać też na rolę relacji wpływów z emisji do PKB.

Polska jest stosunkowo **wysoko** w tej klasyfikacji. Wiele przedsiębiorstw **pozyskuje** kapitały na inwestycje. W ramach rankingów np. przedsiębiorstw europejskich jest tak, że nawet giełda londyńska umożliwia pozyskiwanie **kapitału** dla **małych** i **średnich spółek**. Czasami nawet giełda londyńska w rywalizacji z **giełdą warszawską** może przegrać.

ROZWÓJ RYNKU KAPITAŁOWEGO

Wiele spółek, zwłaszcza małych, na tzw. rynku New Connect ma **możliwość** pozyskania **kapitału** na swe przedsięwzięcia gospodarcze. To bardzo cenne i warto myśleć ciągle, co zrobić, aby **polski rynek kapitałowy** był jeszcze bardziej **aktywny**. Dużą rolę może odegrać także bank centralny. Na Węgrzech bank centralny przejął pakiet kontrolny giełdy budapeszteńskiej. Okazało się, że Węgrzy chcą, aby bank centralny silnie współpracował z giełdą budapeszteńską. Jest to bardzo cenne. Warto zauważyć, że kiedyś giełdy były państwowe. Później gdy dochodziło do prywatyzacji, stawały się własnością zagraniczną. Teraz następuje pewna **refleksja**.

Na Węgrzech **giełda budapeszteńska** była giełdą zagraniczną, a teraz staje się powoli **własnością krajową**. To też budzi **niechęć** Unii Europejskiej, gdyż Unia Europejska ma inne cele niż cele węgierskie. Dlatego Węgrzy muszą uważać i działać w sposób bardzo sprytny. Podobnie inni muszą działać sprytnie. Działamy bowiem w ramach Unii Europejskiej jako organizacji, która niekoniecznie podziela nasze polskie cele. Trzeba być bardzo ostrożnym, bardzo wyważonym, bardzo sprytnym, aby te cele polskie zrealizować. Trzeba pamiętać, że rynek akcji jest tak ważny, bo umożliwia promowanie polskich spółek, promowanie tego, co polskie.

Każdego dnia są podawane dane o notowaniach akcji spółek giełdowych. Już samo to jest **promowaniem** tych **spółek**, czyli promowaniem tego, co **polskie**. Oczywiście mówiąc o tym, co polskie, ma się na myśli głównie spółki z udziałem w akcjonariacie kapitału polskiego. Ważne, aby duch patriotyzmu gospodarczego przenikał myślenie o zasadach funkcjonowania rynku kapitałowego w Polsce.

Przejdźmy do **sytuacji** na polskim rynku kapitałowym na przełomie lat 2016 i 2017, w szczególności na polskim rynku akcji. Jak ta sytuacja wyglądała?

Zanim zostałem **członkiem Rady Polityki Pieniężnej**, inwestowałem na polskim rynku akcji. Inwestowałem, a więc kupowałem i sprzedawałem **akcje** polskich spółek.

Dokonywałem także operacji finansowych na rynku **kontraktów terminowych** na giełdzie warszawskiej. Samodzielne inwestowanie przyczyniło się do lepszego **zrozumienia**, jak funkcjonuje rynek kapitałowy od **strony praktycznej**. To bardzo **ważne**. Można w Internecie znaleźć pewne moje wpisy poświęcone przykładowym transakcjom, jakich dokonywałem i jakie były tego rezultaty. Na mojej stronie internetowej są też historyczne portfele spółek, w które inwestowałem, zanim zostałem członkiem RPP[153].

Generalnie moje metody inwestycyjne są połączeniem trzech elementów: techniki, fundamentów i psychologii. Zainteresowanym osobom polecam jeden z moich artykułów pt.: „Gra na «zwyżkę» i «zniżkę» na rynku kontraktów na WIG 20 w 2015 roku"[154]. Artykuł ten zaprezentowałem na konferencji w **Wałczu** zorganizowanej przez **prof. Jerzego Olszewskiego** z Uniwersytetu Ekonomicznego w Poznaniu.

Warto pamiętać, że sytuacja na polskim rynku akcji to **ważne makroekonomiczne** uwarunkowanie **polityki pieniężnej** prowadzonej przez **NBP**. Można zauważyć, iż od połowy stycznia 2016 roku na polskim rynku akcji (biorąc pod uwagę podstawowe indeksy) **trwa hossa**. WIG 20 i inne indeksy od tego czasu **rosną**. Na wykresach tych indeksów w ostatnim czasie doszło do **ciekawej** sytuacji.

Doszło tu do wybicia z formacji podwójnego dna. Ta formacja zgodnie ze szkołą analizy technicznej to formacja zmiany trendu ze spadkowego na wzrostowy. Oznacza to, że została otwarta droga do dalszych wzrostów na polskim rynku akcji. Sytuację tę przedstawia wykres indeksu WIG 20 poniżej. Widzimy, iż formacja ta kształtuje się w horyzoncie kilkuletnim. W 2016 roku ukształtowały się dwa dołki i szczyt, a z początkiem 2017 roku doszło do tzw. **wybicia** z formacji podwójnego dna.

---

[153] Zob.: http://eryklon.pl/portfel-akcji-spolek/.
[154] E. Łon, Gra na zwyżkę i zniżkę na rynku kontraktów terminowych na WIG 20 w 2015 roku, Konferencja w Wałczu, 2015.

ROZWÓJ RYNKU KAPITAŁOWEGO 205

Jeżeli formacja miałaby się wypełnić, to czeka nas **odwrócenie trendu** notowań indeksu WIG 20 ze spadkowego na wzrostowy.

Wykres 77: Notowanie indeksu WIG 20 w latach 2007–2017. Źródło: opracowanie na podstawie danych portalu finansowego „Stooq".

Dla zainteresowanych **pogłębieniem wiedzy** z zakresu analizy technicznej polecam ciekawą stronę internetową autorstwa analityka giełdowego Sławomira Kłuska „Analizy-Rynkowe.pl"[155]. Warto zauważyć, iż Sławomir Kłusek jest także wykładowcą studiów podyplomowych „**Mistrzowie rynków finansowych**" na Uniwersytecie Ekonomicznym w Poznaniu. Z badań, które prowadziłem w ostatnich latach, wynika, że występuje **trwały pozytywny związek** między zachowaniem indeksu giełdowego w jakimś roku a np. sytuacją gospodarczą w roku następnym.

Mówiąc dokładniej, występuje pozytywna korelacja między stopą zwrotu z indeksu giełdowego w roku T a realną zmianą PKB w roku

---

[155] Zob.: http://analizy-rynkowe.pl/thomas-bulkowski-z-odsiecza-czyli-spalenie-formacji--podwojnego-szczytu-zapowiada-wzrost-indeksu-sp-500-o-142-proc/.

następnym. To oznacza, że rynek akcji jest **barometrem przyszłości**, poprzedza przyszłość. Z tego punktu widzenia obserwujemy, że wybicie z **formacji podwójnego dna** stwarza szansę na **wzrosty indeksów giełdowych** w 2017 roku. Jeżeli te wzrosty faktycznie się pojawią na polskiej giełdzie, to będzie to sprzyjać poprawie koniunktury gospodarczej, a szczególnie realnego tempa PKB w 2018 roku. W ostatnich kwartałach mieliśmy do czynienia z taką sytuacją, że PKB zaczęło trochę wyhamowywać. To korzystne zachowanie polskiego rynku akcji spowoduje, że w którymś momencie w najbliższych kwartałach gospodarka polska znów wróci do szybkiego tempa wzrostu gospodarczego.

Warto w tym momencie zauważyć, że **NBP** odgrywa **wielką rolę** w zakresie **edukacji** i różnego typu analiz. Nawet z badań zawartych w ostatnich „Raportach o inflacji" wynika, że w 2017 roku nastąpi prawdopodobnie przyśpieszenie wzrostu gospodarczego w naszym kraju. To stwarza też odpowiednie warunki do prowadzenia określonego typu polityki pieniężnej. Często o tym mówię w wywiadach do mediów[156].

Biorąc to wszystko pod uwagę, **oczekuję pozytywnego scenariusza** na polskim rynku akcji. Jeżeli ten pozytywny scenariusz się sprawdzi, to prawdopodobnie **zwiększy** się zainteresowanie **inwestowaniem** na polskim rynku akcji. Poszczególne osoby będą chętniej inwestować i nabywać **jednostki uczestnictwa**. Będą też zapewne chętniej uczestniczyć w różnego typu szkoleniach i studiach z zakresu rynku kapitałowego. Warto tu wspomnieć o studiach podyplomowych „Mistrzowie rynków finansowych", gdzie wykładają przede wszystkim praktycy **odnoszący sukcesy** na polskim rynku kapitałowym[157].

Tu rysuje się szansa na **ujawnienie postaw patriotycznych**. Gdy pojawia się mnóstwo szkoleń, to pewne szkolenia są prowadzone przez

---

[156] E. Łon, Optymizm konsumencki, Donald Trump oraz inne uwarunkowania, wywiad dla PAP z 10 lipca 2017 roku. Zob.: http://eryklon.pl/.
[157] Zob.: http://mistrzowierynkow.pl/wykladowcy/.

osoby, o których wiemy, że mają motywację patriotyczną. Warto brać udział w studiach prowadzonych przez te właśnie osoby, bo są i kompetentne, i służą Polsce. Warto o tych studiach informować. Jest to bardzo ważna **misja**. Zawsze można się zastanowić, co **możemy zrobić** jako zainteresowani takimi szkoleniami czy studiami, by wesprzeć instytucje szkoleniowe o polskim kapitale.

Bardzo ważna jest też swobodna **dyskusja** o perspektywach **polskiego rynku kapitałowego**. Taka dyskusja, gdy jest konstruktywna, może jeszcze bardziej **wzmacniać** postawy patriotyzmu gospodarczego w obszarze rynku kapitałowego.

Rozdział 10: Bitwa o polski handel

W ostatnich kilku latach mówi się wiele o potrzebie uprzemysłowienia. O tym, że warto, aby rola przemysłu w polskiej gospodarce się zwiększyła. Warto jednak zauważyć, że paradoksalnie udział przemysłu w PKB w Polsce nie jest znowu aż tak niski. Z danych np. porównawczych wynika, że udział przemysłu w PKB w Polsce i w Niemczech jest dość podobny. Natomiast różnica polega na tym, że w Polsce jest wyraźnie większy udział rolnictwa, natomiast mniejszy udział usług. To powinno skłaniać nas do refleksji nad **rolą usług** jako ważnego elementu składowego PKB. Na wykresie poniżej przedstawiono strukturę polskiego PKB z punktu widzenia tworzących go branż naszej gospodarki w 2016 roku.

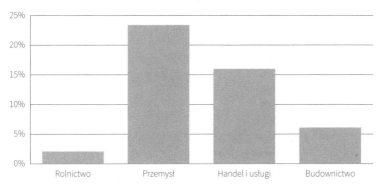

Wykres 78: Branżowa struktura polskiego PKB w % w 2016 roku. Źródło: opracowanie na podstawie danych GUS.

Widzimy, iż **przemysł** (23,4%) w dalszym ciągu ma znaczący wpływ na tworzenie tzw. wartości dodanej polskiej gospodarki. Niemniej jednak **rola handlu** jest również znacząca (15,9%).

Nawet jeżeli uważamy, że przemysł jest bardzo ważny, to jednak **usługi** pełnią wciąż w gospodarkach rozwiniętych (zwłaszcza tych, które się rozwijały w ostatnich latach bardzo szybko) bardzo dużą rolę. Usługi mają ogromne znaczenie.

Gdy mówimy o usługach, to mamy na myśli: **media, banki**, ale też **handel**. Handel ma wielkie znaczenie. Dlatego warto o nim pamiętać. Praktycznie rzecz biorąc, gospodarka nie może funkcjonować bez handlu. Jeżeli popatrzymy na sytuację naszych miast, to widać, że handel się rozwija. Są to w dużym stopniu centra handlowe. Są też sklepy mniejsze. Widzimy wyraźnie, że następuje pewne zróżnicowanie handlu. Niemniej jednak ten proces wypierania handlu mniejszego przez **centra handlowe** się dokonuje. To stwarza określone **zagrożenia** dla **mniejszych** przedsiębiorców handlowych.

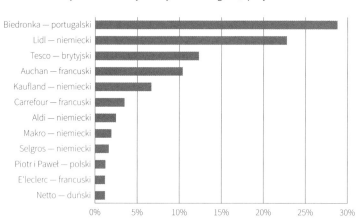

Wykres 79: Udział poszczególnych sieci handlowych na polskim rynku w kategorii „spożywcze" w % (stan na koniec 2016 roku). Źródło: opracowanie na podstawie danych portalu „Nowy Marketing".

Jest to bardzo ważne wyzwanie. To wyzwanie musi być poddane silnej refleksji. Niemniej jednak zawsze należy pamiętać, że niezależnie od konkretnych uwarunkowań **rola handlu** w gospodarce jest bardzo **ważna**. Nawet jeżeli sam udział handlu w PKB nie jest bardzo duży, to jednak trudno sobie wyobrazić rozwój przemysłu bez handlu. Wiadomo, że **artykuły przemysłowe** muszą być gdzieś **sprzedawane**. A są one sprzedawane za pośrednictwem różnego typu instytucji handlowych.

Warto zauważyć, iż dominującą rolę w działalności handlowej na terenie naszego kraju odgrywają podmioty zagraniczne. Na Wykresie 79 przedstawiono udziały w rynku poszczególnych sieci handlowych w kategorii artykuły spożywcze.

Widzimy, że sprzedaż artykułów spożywczych jest w znakomitej większości dokonywana prawie wyłącznie przez duże sieci handlowe z zagranicy. Portugalska Biedronka ma największy udział w rynku (28,8%). Kolejne miejsca zajmują niemiecki Lidl (22,78%) oraz Tesco (12,31%). W pierwszej dziesiątce sieci handlowych znajduje się tylko **jedna polska** sieć, tj. **Piotr i Paweł** (1,26%).

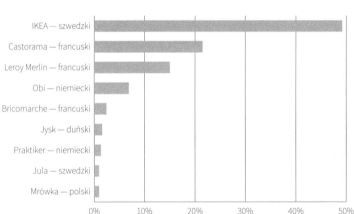

Wykres 80: Udział poszczególnych sieci handlowych na polskim rynku w kategorii „dom i ogród" w % (stan na koniec 2016 roku). Źródło: opracowanie na podstawie danych portalu „Nowy Marketing".

Ciekawe zestawienie prezentuje kolejny wykres pokazujący ranking sieci handlowych w kategorii „dom i ogród". Tutaj również podmioty zagraniczne zdominowały rynek.

W tym przypadku dominacja zagranicznych sieci handlowych jest jeszcze bardziej znacząca. Największy udział w rynku posiada szwedzka IKEA (49,2%). Na drugim miejscu jest francuska Castorama (21,52%). **Polska sieć handlowa Mrówka** ma jedynie udział w rynku na poziomie 0,96%.

Widzimy zatem, iż dominacja zagranicznych sieci handlowych coraz bardziej się utrwala na naszym rynku. Podmioty te są bardzo zasobne kapitałowo i prowadzą swoją działalność w wielu krajach poza Polską.

Warto przytoczyć jeszcze jedno zestawienie dotyczące produktów **drogeryjnych**.

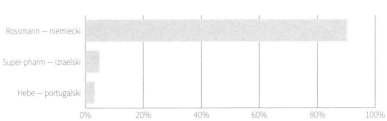

Wykres 81: Udział poszczególnych sieci handlowych na polskim rynku w kategorii „drogerie" w % (stan na koniec 2016 roku). Źródło: opracowanie na podstawie danych portalu „Nowy Marketing".

Również w tej kategorii dominują zdecydowanie zagraniczne sieci handlowe. Z wykresu wynika, iż polski rynek został opanowany przez niemiecki Rossmann (90,37%).

Warto zauważyć, że handel ma wielkie znaczenie w kontekście sytuacji z ostatnich miesięcy. Kiedy okazało się, że polski rząd zmierzał w kierunku wprowadzenia podatku handlowego, pojawiły się wówczas pewne określone propozycje. Następnie Komisja Europejska zaczęła blokować pewne postulaty.

To pokazuje bardzo wyraźnie, że ten **wielki handel** w postaci centrów handlowych ma wielką siłę. Handel ma także swoją silną pozycję w ramach

Unii Europejskiej. Dlaczego jest to bardzo wielka siła? Gdy pojawiały się postulaty wprowadzenia np. **ograniczeń** w handlu w niedzielę, to polski rząd zdecydował się pójść na pewien kompromis. Być może na początku ograniczenia będą dotyczyły nie wszystkich niedziel, ale tylko jednej niedzieli. W każdym razie widać wyraźnie, że rząd zdaje sobie sprawę, jak silną pozycję ma handel. Chodzi też o handel związany z **centrami handlowymi**. Pozycja przetargowa tego handlu w Polsce wynika nie tylko z tego, że jest to handel duży, ale też że jest w rękach kapitału zagranicznego.

Warto zauważyć, iż **rząd węgierski** planuje w 2017 roku wprowadzić pewne **ograniczenia** wobec **międzynarodowych** sieci handlowych[158]. Jeszcze w 2010 roku zagraniczne sieci handlowe dominowały na rynku węgierskim i sytuacja była tam podobna jak w naszym kraju dzisiaj. Dane na ten temat prezentuje Wykres 82.

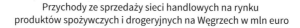

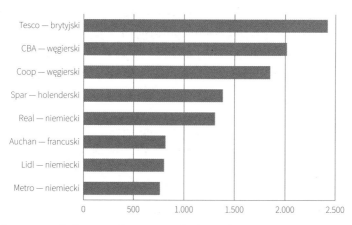

Wykres 82: Przychody ze sprzedaży poszczególnych sieci handlowych na rynku produktów żywnościowych i drogeryjnych na Węgrzech w 2010 roku. Źródło: opracowanie na podstawie danych portalu „Forsal".

---

[158] Zob.: http://biznes.onet.pl/wiadomosci/handel/ograniczenia-dla-sieci-handlowych-na--wegrzech-nowe-prawo/7s1vhc.

To, co różniło sytuację na Węgrzech od naszej, to silniejsza pozycja podmiotów węgierskich. W 2010 roku co prawda pierwszą pozycję utrzymywało brytyjskie Tesco (2,42 mld euro), jednak drugą i trzecią pozycję zajmowały **sieci handlowe węgierskie**, odpowiednio: **CBA** (2,01 mld euro) oraz **Coop** (1,85 mld euro). Propozycje rządu węgierskiego zmierzają m.in. do opodatkowania parkingów przy supermarketach, co kosztowałoby sieci handlowe co najmniej 64 mln euro rocznie. Oprócz tego wprowadzono zapis określający limit wydatków na cele reklamowe oraz minimalną liczbę pracowników. W projekcie rządu węgierskiego przewidziano też wprowadzenie **opłaty środowiskowej** z tytułu utrzymywania parkingów. Jej wysokość byłaby zależna od liczby miejsc parkingowych i zostałyby z niej zwolnione tylko sklepy w miejscowościach liczących mniej niż 2 tys. mieszkańców.

Sklepy sprzedające artykuły codziennego użytku mogłyby wydawać na reklamę najwyżej 0,5 proc. swych dochodów. W ten sposób konsumenci mogą bardziej świadomie wybierać produkt, a ponadto może się zmniejszyć konkurencyjna słabość mniejszych sklepów.

W projekcie oceniono też, że **wielkie sieci handlowe** nie zatrudniają wystarczającej liczby osób, przez co konsumenci w wielu przypadkach nie otrzymują w porę właściwej **informacji** niezbędnej do podjęcia **przemyślanej** decyzji.

Warto zatem dokładnie przyjrzeć się rozwiązaniom węgierskim i spróbować dokonać odpowiednich zmian polskiego prawa w tym zakresie.

Gdyby handel był w rękach kapitału rodzimego, to polski rząd mógłby się z tego typu przedstawicielami przedsiębiorstw handlowych bardziej dogadać. Wiadomo, że kapitał ma narodowość. Jak na czele polskich spółek stoją polscy przedsiębiorcy, to zawsze łatwiej zaapelować do ich **motywacji patriotycznej**. Jeżeli zaś handel jest bardziej w rękach zagranicznych, to wówczas jego pozycja jest niestety bardzo mocna. Takie postulaty jak podatek handlowy czy ograniczenie handlu w niedzielę są trudne do przeforsowania, ponieważ oczywiście pozycja handlu w gospodarce jest bardzo duża. To powinniśmy sobie jednoznacznie uświadamiać.

Dzisiaj, gdy mówi się o **uprzemysłowieniu**, o potrzebie tego procesu, jest to ważne z punktu **odzyskiwania polskiej własności** w przemyśle. Warto też pamiętać, że **usługi** mają olbrzymie znaczenie. Te przykłady, jakie podano, pokazują, jak wielką rolę odgrywa **handel** i jak wielką pozycję ma wówczas, gdy znajduje się w rękach kapitału zagranicznego, czyli jest niekoniecznie związany z naszym krajem, z Polską. Handel, który odgrywa swoją rolę, też jest zróżnicowany. Występuje handel detaliczny oraz handel hurtowy. Jako klienci, konsumenci, nasi rodacy stykają się oczywiście z handlem detalicznym. Różnego typu **sklepy** czy **centra handlowe** są przedmiotem naszego zainteresowania. Warto sobie uświadomić rzecz następującą. Jeżeli mówimy o centrach handlowych, to trzeba pamiętać, że **większość** z nich znajduje się w rękach kapitału zagranicznego. Nie zawsze tak musi być. Jeżeli na przykład centrum handlowe jest w rękach kapitału zagranicznego, to jednak w tym centrum znajdują się pewnego **typu sklepy**, które mogą mieć **różną** strukturę **własnościową**. Można dać tu pewien przykład. Przy **dworcu PKP** w Poznaniu znajduje się centrum handlowe, które jest własnością de facto kapitału zagranicznego, prawdopodobnie pewne fundusze venture capital są właścicielami tego centrum. Jednak w ramach tego centrum funkcjonują też sklepy o polskim kapitale. Gdy klient tam wejdzie i zobaczy, jakie tam są sklepy, to widzi, że np. jest tam sieć **Kolporter**, która sprzedaje prasę, czy sklep **Piotr i Paweł**, który oferuje głównie artykuły spożywcze. Są też tam sklepy cukiernicze. Zatem nawet jeśli jest to centrum zagraniczne, to też pewne **sklepy polskie** mogą być tam **obecne**. Jak wejdziemy na stronę internetową centrum „**Avenida**", to wtedy widzimy, że są tam różnego typu sklepy.

Gdy patrzymy na strony poświęcone patriotyzmowi gospodarczemu, w ramach tych stron też można gromadzić pewne dane o tym, w których centrach handlowych, nawet tych zagranicznych, funkcjonują **sklepy** o **kapitale polskim**. Wówczas i tak można wspierać **sklepy polskie** nawet, gdy ten sklep działa w ramach centrum handlowego zagranicznego. Przykładem tego jest Piotr i Paweł. Tu pojawia się też bardzo ciekawa sytuacja ze wspomnianym już kolportowanym w tym miejscu „**Naszym Głosem Wielkopolskim**", który jest gazetą o **kapitale polskim**. Jak się tam wejdzie do tego centrum zagranicznego (przy dworcu głównym PKP w Poznaniu), to też można tę **gazetę nabyć**, jest ona **bezpłatna**. To pokazuje, że **kapitał polski działa** w takich właśnie warunkach. Często sklepy o polskim kapitale wykorzystują centra zagraniczne po to, żeby tam wejść i aby tę rywalizację podjąć. To jest element „**Najdłuższej wojny nowoczesnej Europy**"[159], kiedy działamy w tych warunkach, jakie są. Zdajemy sobie sprawę, że sytuacja nie jest taka idealna i trzeba dokonywać zawsze pewnych wyborów. Trzeba zdawać sobie sprawę, że większość centrów handlowych w Polsce to centra handlowe zagraniczne.

Warto zastanowić się, jakie konkretnie produkty są najczęściej kupowane w sieciach handlowych w Polsce. Te dane zawiera Wykres 83.

Widzimy, iż w sieciach handlowych najwięcej kupowaliśmy w 2015 roku takich produktów jak: piwo (11,9%), kawa i herbata (9,7%), mięso i wędliny (8,20%) oraz pieczywo (6,55%).

Mimo że **zagraniczne sieci handlowe** dominują na polskim rynku, to jednak sieci te cieszą się dość **niskim zaufaniem** naszych **rodaków**. Dane na ten temat prezentuje Wykres 84.

Widzimy, iż największym zaufaniem cieszyły się w 2016 roku **sklepy dyskontowe** (45%). Hipermarkety miały zaufanie znacznie **niższe** (16%). Co ciekawe, jeśli chodzi o **zaufanie** do poszczególnych marek, to największym zaufaniem cieszy się Biedronka (65%). Codziennie zakupy w tej sieci dokonuje aż 4 mln Polaków. Większość z nas nie zmienia „swojego sklepu".

---

[159] Taki tytuł nosił polski serial z lat 1979–1981 o pracy organicznej na ziemiach polskich w zaborze pruskim. Zob.: http://www.filmpolski.pl/fp/index.php?film=123487.

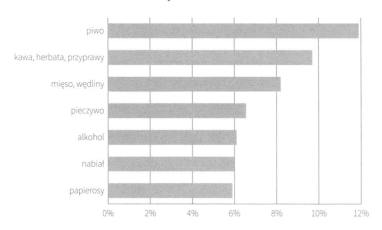

Wykres 83: Struktura sprzedaży poszczególnych produktów w sieciach handlowych w Polsce w 2015 roku w %. Źródło: opracowanie na podstawie danych Fundacji Republikańskiej.

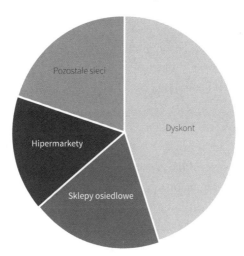

Wykres 84: Zaufanie Polaków do sieci handlowych w 2016 roku w %. Źródło: opracowanie na podstawie danych dziennika „Fakt".

Warto zauważyć, iż sieci zagraniczne odgrywają w Polsce wciąż ważną rolę. Jakiego typu są to sieci? Przykładem jest niemiecki Lidl. Widzimy wyraźnie, że pojawiły się sklepy Lidla o numerze 600. Widać zatem, że jest **to ekspansja zagraniczna**. Trzeba mieć tego świadomość. My nie jesteśmy w stanie dokonać działań odgórnych. **Rząd** zaproponował **podatek handlowy** oraz ograniczenia handlu w niedzielę i pojawiły się **naciski**, jest **potężny przeciwnik**. Jednak przez **ruch konsumencki**, ruch **oddolny**, przez działalność **wychowawczą**, tak jak w **czasie zaborów**, można pewnych rzeczy **dokonać**. To jest wielka siła polskiego konsumenta. Przez tego typu działalność toczy się wojna. Ta **wojna ekonomiczna** trwa. To bardzo ważne, aby mieć wiedzę o tych centrach handlowych. Dlatego tak ważne są strony internetowe, które o tym informują. Przede wszystkim zawsze trzeba **mieć świadomość** tego, że **trzeba** zawsze **szukać nadziei**.

Jeżeli się pojawiają takie artykuły, w których są napisane hasła np.: „handel w rękach zagranicznych", „nie jesteśmy u siebie" albo „tu wszystko jest obce", warto pamiętać, że tego typu **tytuły** mogą nas trochę **zniechęcać**. Tytuł artykułu ma wielkie znaczenie, to na niego czytelnik zwraca najpierw uwagę. Dlatego tak **ważne** znaczenie ma to, aby pisać o kwestiach związanych z **patriotyzmem gospodarczym** i wskazywać na te rzeczy, które powodują, że czytelnik będzie miał wiarę w to, że coś można zrobić.

Dam taki przykład. Mówiłem o **Planie Odpowiedzialnego Rozwoju**. W jednym z wywiadów powiedziałem, że bardzo ważne jest to, żeby starać się dotrzeć do **szerokich rzesz** naszego **narodu**. Dlatego **tekst** musi być **prosto**, zrozumiale **napisany**. Okazało się, że przedstawiciele rządu rzeczywiście tego typu argumentację podchwycili i też pracują nad tym, aby Plan Morawieckiego był tak przekazany opinii publicznej, aby był jak najbardziej zrozumiały. Dzisiaj żyjemy w czasach, gdy kwestia marketingu i promocji, pewnej metodologii działania mają duże znaczenie. Trzeba mieć tę świadomość, że te metody bardziej **udoskonalone**, nowoczesne, trzeba wykorzystywać dla **dobra Polski**. Bardzo ważne, aby „**siać** pewne **ziarno na ziemi**". Gdy zobaczymy artykuł typu „handel w obcych rękach", to pamiętajmy, aby **nie dać się zniechęcić**.

Nawet gdy prawdą jest, że centra handlowe są w rękach zagranicznych, to warto to wiedzieć. Ale to trzeba wiedzieć po to, żeby wzbudzić w sobie słuszny gniew, sprzeciw i żeby jeszcze to nas bardziej **mobilizowało do obrony tego, co polskie**. Czasem może nam się wydawać, że sprawa jest przegrana, że się nie da nic zrobić.

Otóż musimy o tym pamiętać, że w XIX wieku **praca organiczna** trwała też **wiele lat**. Polska była pod zaborami **123 lata**. Nie chciałbym dokonywać utożsamiania obecnej sytuacji z zaborami, ale **podobieństwa** pewne **są**. Zawsze **trzeba patrzeć z nadzieją**. Chodzi tu o konstruktywną nadzieję. Wielokrotnie się spotykam z takimi opiniami, że rzeczywiście te centra handlowe zagraniczne się umacniają i niełatwo się temu przeciwstawić. Niemniej jednak trzeba nasze środki policzyć. Tu z nadzieją przychodzi nam generałowa **Jadwiga Zamoyjska**. Ona mówiła w swoich wystąpieniach w następujący sposób: **trzeba** oszacować nasze **zalety narodowe**, ale także i swoje **wady**. Trzeba to wszystko poznać, aby być realistą. Trzeba zatem wiedzieć, gdzie są szanse, a gdzie zagrożenia.

Był taki **polityk** okresu międzywojennego **Jan Ludwik Popławski**. Powiedział on, gdy Polska była jeszcze pod zaborami, w sposób następujący: Jeżeli się dobrze przyjrzymy, to sytuacja nie jest tak bardzo dramatyczna[160]. Gdy policzymy nasze środki i nasze atuty, to zobaczymy, że można obronić naszą narodowość, narodowość polską. Bardzo jest ważne, aby się pozbyć **dwóch skłonności**. Jedna skłonność polega na tym, że jak to mówią Amerykanie, „dasz radę", „uda się". Jeżeli wypowiadamy to zawsze, to jest taki pusty, **naiwny optymizm**, trochę niepoważny. To jest takie pozytywne myślenie, trochę sztuczne. Z drugiej strony nie należy wpadać w rozpacz. Nie wolno mówić, że wszystko jest przegrane. Warto

---

[160] Z dziejów polskiego patriotyzmu, op. cit., s. 189–201.

przypomnieć, że **Zofia Kossak-Szczucka** ostrzegała, że **nie wolno nigdy w Polskę wątpić**[161]. Trzeba się pozbyć zarówno naiwnego optymizmu, jak i postawić na **realizm** będący **podstawą nadziei**. Dlaczego warto o tym mówić?

Chodzi w tej książce o **kwestię bardzo trudną**, o kwestię **centrów handlowych**. Wydawałoby się, że sytuacja jest wręcz beznadziejna. Mamy te centra handlowe w dużym stopniu zagraniczne. Powstaje **pytanie**, jak to **zmienić**? Jak dokonać w tym zakresie **repolonizacji**?

Tu jest kwestia działań „**sprytnych**". Dlatego mamy te spółki Skarbu Państwa, żeby one pewne działania mogły podejmować. Gdy jest taka sytuacja, że Lotos czy PKN Orlen **mają pewne środki** i mogą przejąć Żabkę, to trzeba to **wykorzystywać**. Nie ma się co przejmować, że będą nas atakować, że własność państwowa się szerzy. Ta własność państwowa po coś jest. To ma nam służyć. To jest własność obywatelska, nasza polska, rodzima. Dlatego bardzo ważne jest to, żeby wykorzystywać **każdy element** walki o **handel**. To jest bardzo istotne. Warto wiedzieć, kto jest **właścicielem centrów** handlowych zagranicznych. Nie po to wcale, żeby się tym przerażać. Tylko po to, żeby się też uczyć od tego centrum zagranicznego. Patrzeć, jak oni działają, **jak funkcjonują,** jakie **metody stosują,** jakie **reklamy**. Pojawiają się reklamy centrów handlowych Lidla, np. na **stacjach** autobusowych i **przystankach**, informujące, że zatrudnimy jakiegoś pracownika za taką a taką płacę za godzinę. Można było zauważyć na ul. Gronowej w Poznaniu w Piotrze i Pawle, że też pojawiły się napisy przy wejściu do **sklepu**, że szukają pracowników i oferują pewne **warunki pracy** i że jest tam dobra atmosfera w pracy. Trwa zatem tu walka. Wiadomo, że jest trudno, bo sklep o polskim kapitale nie ma takich środków finansowych jak zagraniczne. Na tak wielką reklamę jak Lidl nie może sobie pozwolić Piotr i Paweł. Dlatego tak ważna jest kwestia **promocji patriotyzmu gospodarczego** wśród naszych **rodaków**. Ważna

---

[161] Zob.: http://www.metanoeite.republika.pl/r.htm.

jest inicjatywa „Klubu Partnera" na polskiej uczelni, jaką jest Uniwersytet Ekonomiczny w Poznaniu. Do tego klubu należą zarówno podmioty gospodarcze o polskim, jak i zagranicznym kapitale. W tabeli poniżej zaprezentowano listę **polskich podmiotów gospodarczych** wchodzących w skład „Klubu Partnera".

Tabela 6: Lista **polskich** podmiotów gospodarczych należących do „Klubu Partnera" przy Uniwersytecie Ekonomicznym w Poznaniu.

Nazwa podmiotu	Branża
PKO Bank Polski	bankowość
SGB Bank	bankowość
ENEA	energetyka
Amica	elektromaszynowa
PKN Orlen	paliwowa
KGHM	surowcowa

Źródło: opracowanie na podstawie strony internetowej UEP.

Warto aby w przyszłości w „Klubie Partnera" było **więcej** niż obecnie **podmiotów** gospodarczych o **polskim kapitale**.

Też warto tu **wciągać** różne spółki **handlowe**. Warto również, aby i **Piotr i Paweł** był nośnikiem tego, co polskie. Zawsze trzeba wykorzystywać i patrzeć na atuty firm zagranicznych i zastanawiać się ciągle, jak można się od nich uczyć, aby je pokonać. Podam taki przykład. Ostatnio uczestniczyłem w pewnej debacie. W dyskusji tej jedna osoba mówiła, że pojechała do Niemiec. Zapytałem ją, czego my Polacy możemy się nauczyć od Niemców. Ta osoba w dyskusji wskazała na pewne fakty. Wówczas stwierdziłem, że trzeba zobaczyć, jak te **atuty firm** zagranicznych warto **wykorzystać**, żeby je **pokonać**.

Trzeba wiedzieć, że ta działalność odzyskiwania polskiego handlu będzie działalnością długofalową i będzie trwała nawet wiele lat. Wymagało będzie to mozolnej, systematycznej pracy oddolnej od naszych rodaków.

Handel jest zatem **bardzo ważny**, gdyż poprzez handel uzyskuje się **pewne dojścia do klienta**. Dam pewien przykład. Jest taka spółka cukiernicza Wawel. Kilkanaście miesięcy temu spółka ta poinformowała, że jej **produkty** nie będą mogły być już oferowane w pewnej **sieci handlowej**. Co się stało po tej informacji? Otóż **kurs akcji** spółki Wawel **spadł o 5%**. To pokazuje wyraźnie, że utrudnienie dojścia do tych centrów handlowych powoduje, że perspektywy rozwoju spółki się pogarszają. Z kolei dojście do tego centrum, do pewnej sieci powoduje lepsze perspektywy spółek handlowych.

Warto wskazać, że pozycja **polskich marek** też się lekko podnosi. Np. w sieci Biedronka o kapitale portugalskim też się pojawiają polskie produkty jak: **pulpety Międzychodu** czy wafle **Grześki**. Widać więc wyraźnie, że polscy producenci wykorzystują dojścia nawet do centrów zagranicznych, żeby poprzez wysoką **jakość konkurować,** co jest bardzo ważne. To musi być naszym źródłem nadziei, że nie wszystko przegrane, że walka trwa. Trzeba wykorzystywać każdy moment, każdą sytuację. Widzimy, że walka jest bardzo **zacięta**. Wiele walk i zmagań dokonuje się na **polskich** ziemiach **zachodnich** i **północnych**. To jest ważne nawet w aspekcie nie tylko gospodarczym. To bardzo **ważny obszar**. Ta wojna tu się właśnie toczy, bo tu mamy ten kapitał niemiecki bardzo aktywny. Trzeba się od niego uczyć. Tu jest ta rywalizacja z przemysłem niemieckim, także z niemieckim handlem. Dlatego ważne jest to, żeby **nie wpadać** ani w **przesadny** naiwny **optymizm,** ani w **rozpacz.** Warto też nie koncentrować się tylko na zbieraniu danych o tym, jakie centra handlowe są zagraniczne i promowaniu ich nazw, lecz na tym, aby zbierać dane o polskich sklepach, o polskich sieciach, centrach handlowych, żeby znać te sklepy. Warto też organizować pewne **konkursy** na temat **polskich sklepów,** aby były znane **nazwiska prezesów** tych sieci handlowych polskich. Warto organizować **spotkania** z prezesami **polskich** sieci handlowych na **polskich uczelniach**. To wymaga, aby **na uczelniach** pojawił się bardziej **duch** patriotyzmu gospodarczego. Dlatego kluczowe znaczenie ma znajomość informacji o centrach handlowych. Jest ważne, gdy zobaczymy listę największych przedsiębiorstw w **Polsce**, żeby wyszukiwać te przedsiębiorstwa, które są handlowe i **polskie**. Warto te **nazwy** sobie gdzieś zapisywać, wywieszać na ścianach, aby wiedzieć, co jest polskie. W Poznaniu też znajdują się i funkcjonują **polskie sklepy**. Widzimy, że to konkurowanie nie jest takie łatwe, gdyż część polskich sklepów nie wytrzymuje konkurencji. Jest jednak **źródło nadziei**.

Niedaleko **linii autobusowej 63** w Poznaniu (osiedle Przyjaźni) był sklep o polskim kapitale, który nazywał się „**Elise**". To był **sklep** o kapitale **polskim**. Niestety, nie udało mu się wytrzymać konkurencji i doszło do jego likwidacji. Jednak **dobrą wiadomością** było to, że na jego miejsce pojawiła się nie Biedronka, nie Lidl, nie Tesco, tylko **Chata Polska**, czyli polski sklep. To bardzo dobre, bo to oznacza, że **następuje** jednak **umacnianie kapitału polskiego**. To jest możliwe **dzięki** naszej **postawie**, postawie **polskich konsumentów**. To ogromnie istotne. Ten przykład pokazuje, że **Chata Polska** jest takim **orężem**, taką **redutą**, takim **bastionem**, który **wygrywa** i stawia czoła konkurencji zagranicznej.

Warto **promować polskie** sieci **handlowe** w rozmowach **prywatnych** (np. Dino), aby była **moda** na to, że to, **co polskie**, się **popiera**, się reklamuje. To jest nawiązanie do pracy organicznej, która trwała w XIX wieku. To jest ogromnie istotne z punktu widzenia handlu. To **przez handel** przechodzą produkty przemysłowe. Aby **odbudować polski przemysł** jest potrzebne dojście do handlu. W centrach zagranicznych, np. w Lidlu, nie ma promocji **polskiego** „Grześka" czy pulpetów z „Międzychodu". To oznacza, że trzeba niekoniecznie unikać centrów handlowych zagranicznych. Raczej należy tam chodzić, **patrzeć** i **zapamiętywać**, jakie produkty są tam promowane. Mamy dokładnie to wiedzieć, analizować i nie poddawać się.

Mówiąc o sytuacji w **handlu**, warto pamiętać, że trzeba mieć **wiedzę** na temat rzeczywistego **rankingu sieci handlowych**. Warto to przedstawić poprzez pokazanie pewnego typu danych. Tą powszechną informacją, najbardziej popularną, o sieciach handlowych jest sprzedaż (wielkość obrotów) sieci handlowych w danym roku.

Na portalu **Money.pl** ukazał się w lutym 2016 roku ranking obejmujący **największe** sieci **handlowe** działające w Polsce. W przypadku poszczególnych sieci została podana wielkość ich sprzedaży w mld złotych. Następnie te sieci zostały poklasyfikowane według wielkości ekonomicznej, m.in. wg **przychodów** ze sprzedaży.

Można zauważyć, iż **w pierwszej dziesiątce** największych sieci handlowych w Polsce aż siedem sieci to sieci zagraniczne. Jedną z polskich sieci jest **Nasz Sklep** (7,28 mld zł), która obejmuje sieć drobnych polskich sklepikarzy. Głównym właścicielem tej sieci jest **GK Specjał**. Można powiedzieć, że z rankingu wynika, iż zdecydowana większość tych sieci jest w rękach zagranicznych: niemieckich, portugalskich, duńskich, francuskich. Natomiast są jednak też **polskie sieci**. Poza **Naszym Sklepem** do polskich sieci należą **Eurocash** (16,96 mld zł) oraz **Lewiatan** (8,85 mld zł).

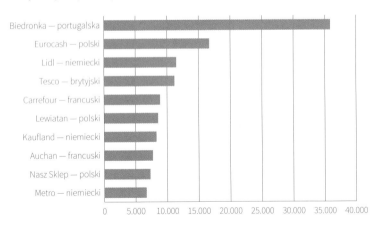

Wykres 85: Przychody ze sprzedaży sieci handlowych w Polsce na koniec 2015 roku. Źródło: opracowanie na podstawie danych portalu Money.pl.

BITWA O POLSKI HANDEL 225

Na kolejnych miejscach była (11. miejsce) sieć Żabka, która jest w rękach Europejskiego Funduszu Inwestycyjnego "MidEuropa". Niemniej jednak PKN Orlen i Lotos są zainteresowane przejęciem tej sieci. Gdyby do tego przejęcia doszło, byłoby to kolejnym krokiem w kierunku **odzyskania kontroli** nad tą siecią przez **kapitał polski**.

Jeżeli chodzi o rolę kapitału obcego w sieciach handlowych, to wydaje się, że tu jest większy **wpływ** kapitału **zagranicznego** niż np. w **bankowości**. W sektorze bankowym PKO BP uchodzi za bardzo duży bank. Podobnie PEKAO S.A. Oba banki są już w rękach polskich. Gdy chodzi o sieci handlowe, to sytuacja jest trudniejsza. Trzeba powiedzieć, że sieci handlowe są w rękach zagranicznych. Natomiast gdy chodzi o pozostałe sieci handlowe, które są w tym rankingu umieszczone i mają **kapitał polski,** to warto wymienić sieć handlową **Polomarket**. Inne sieci handlowe polskie to **Piotr i Paweł** — z centrum w Poznaniu. Inną siecią polską jest sieć **Stokrotka**, której właścicielem jest spółka **Emperia**. Spółka ta jest notowana na giełdzie warszawskiej. Są jeszcze inne sieci handlowe znajdujące się pod kontrolą kapitału polskiego, m.in. **Bać-Pol**. Widzimy tu bardzo wyraźnie, że te **polskie sieci** występują i też **działają prężnie**.

Jeżeli chcemy realizować ideę patriotyzmu w sferze handlu, istnieje silna potrzeba promocji poprzez konsumentów tych polskich sieci. Warto je promować w Internecie. Trzeba też wspomnieć o sieci Społem. To bardzo ważna, popularna sieć. Jest to sieć **spółdzielcza**. Gdy popatrzymy na sieć **Społem w Poznaniu**, to mamy dosyć prężnie działający sklep przy ul. 27 Grudnia. Tam jest bardzo ciekawa sytuacja. Sklep Społem jest **zamknięty w niedzielę**. Jest to też szacunek dla niedzieli jako **świętego dnia**. To przejaw **szacunku** dla **pracownika**, żeby miał wolną niedzielę. To pokazuje wyraźnie, że jest to **sklep**, który umożliwia klientom dokonywanie tam zakupów motywowanych także **odpowiedzialnością społeczną konsumenta**, który doceniając to, że w tym sklepie **pracownicy** nie są zmuszani do pracy w niedzielę, może dokonywać tam **zakupów**.

Widzimy więc wyraźnie, że **sytuacja** w sferze **handlu** działającego w naszym kraju nie jest łatwa. Ta sytuacja jest, jaka jest. Warto pamiętać, że **nie** wolno **wpadać** w **rozpacz**. Nawet niedawno widziałem na stronie „**Swój do swego po swoje**" takie wpisy, że sieci handlowe w Polsce są w rękach zagranicznych. Były w tym wpisie wymienione flagi duńskie, niemieckie itd. Jednak, jeżeli się tylko to podaje, to ludzie się tym mogą zniechęcać. Mogą wtedy nasi rodacy pomyśleć, że skoro wszystko jest w rękach obcych, to już nic nie da się zrobić.

Lepszą postawą, bardziej konstruktywną jest **budzenie nadziei**. Przykład tego rankingu pokazuje, że rzeczywiście sytuacja nie jest łatwa, ale **są** jednak **sieci polskie**. Te sieci polskie nie są na pierwszych miejscach, co do wielkości sprzedaży, ale są i mogą awansować w przyszłości na wyższe pozycje w rankingu. Przykładowo sieć Nasz Sklep uzyskała wielkość obrotów w wysokości 5,2 mld zł w 2015 roku. Do ósmego w rankingu francuskiego Intermarche niewiele jej już brakuje. Zatem jest możliwość skutecznej walki i rywalizacji. Sprawą kluczową jest budzenie tej nadziei na przyszłość, iż mogą polskie sieci skutecznie rywalizować z tymi zagranicznymi.

Chciałbym wyjść z przesłaniem, iż jest szansa, są możliwości i **można wygrywać**. Powstaje też pytanie o **warunki funkcjonowania** polskich sklepów. Dobrze, że został odzyskany bank **PEKAO S.A.**, wówczas jest większa szansa na to, że ten bank nie będzie w jakiś sposób negatywny traktował kapitału polskiego. To jest bardzo ważne. Odzyskanie kontroli polskiej nad bankiem PEKAO S.A. to wielkie osiągnięcie.

Obecną strukturę **akcjonariatu** PEKAO S.A. przedstawiono na wykresie poniżej.

Widzimy, iż w akcjonariacie czołową pozycję zajmują polscy właściciele (Skarb Państwa). PZU oraz Polski Fundusz Rozwoju posiadają razem ponad 30% akcji na Walnym Zgromadzeniu Akcjonariuszy. Przy dużym rozproszeniu pozostałych akcjonariuszy Skarb Państwa może samodzielnie podejmować kluczowe decyzje w banku PEKAO S.A.

Struktura akcjonariatu banku PEKAO S.A. w % (stan na koniec lipca 2017 roku)

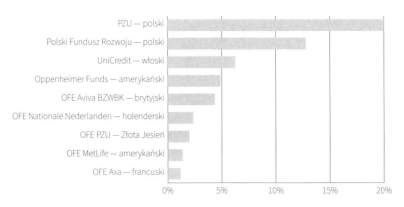

Wykres 86: Struktura akcjonariatu banku PEKAO S.A. Źródło: opracowanie na podstawie danych portalu „Stooq".

Dzięki temu także polscy handlowcy mogą mieć **łatwiejszy** dostęp do **kredytu bankowego**. Jeżeli instytucje polskie **mają kontrolę** nad udzielaniem kredytów, to zawsze jest większa szansa, że przedsiębiorstwa polskie o polskim kapitale nie będą traktowane gorzej. To bardzo ważne, gdyż odzyskiwanie kontroli nad usługami, repolonizacja banków, handlu, mediów jest bardzo ważna. Gdy chodzi o banki, to sytuacja wbrew pozorom nie jest taka zła, bo bank PKO BP i PEAKO S.A. są bardzo wysoko w rankingu największych banków. **Media i handel** są w o wiele **trudniejszej** sytuacji. Bardzo ważnym aspektem **repolonizacji** gospodarki są właśnie media i handel. Mamy już pewne osiągnięcia na tym polu. Przykładowo został wprowadzony podatek bankowy. To się jakoś udało. Jeśli chodzi o **podatek handlowy**, to **Komisja Europejska** to jednak **zablokowała**, bo w tym zakresie występuje bardzo silny **opór** kapitału **zagranicznego**. Jeśli chodzi o **media**, kiedy pojawiła się propozycja, by dostęp do mediów był nieco uregulowany, aby były pewne obostrzenia, to podniósł się **silny opór** stacji kontrolowanych przez kapitał zagraniczny. Dlatego tak się stało, gdyż media są silnie kontrolowane przez kapitał zagraniczny. **Kapitał** ma jednak narodowość. Jak jest większy udział kapitału zagranicznego w gospodarce i odzyskujemy pewne jej części, to łatwiej się **dogadać** w tych sferach gospodarki **bardziej polskich**. W pozostałych działach gospodarki, gdzie dominuje kapitał zagraniczny, jest trudniej, bo nie ma tej więzi patriotycznej z Polską.

Dlatego trzeba **krok** po kroku **odzyskiwać** polską **własność**. Ten ranking **sieci handlowych** pokazuje bardzo wyraźnie, że sytuacja nie jest łatwa, ale **są możliwości**. Jakie są zagrożenia?

Warto podać pewien przykład. Pani **dr Krystyna Sobczak** napisała pracę doktorską na temat porównania funkcjonowania przedsiębiorstw o kapitale polskim i zagranicznym[162]. W tej pracy stwierdziła, że **determinanty rozwoju** przedsiębiorstw o kapitale polskim i zagranicznym są podobne. Jednak są pewne różnice. Jedną z tych różnic jest dostęp do kapitału. Przedsiębiorstwa zagraniczne mają w tej mierze łatwiej, a polskie o wiele trudniej. Dlatego tak **ważne** jest **odzyskanie kontroli** nad bankiem **PEKAO S.A.**, także z punktu widzenia **polskiego handlu**. To jest istotne, że toczy się **wojna ekonomiczna**.

W kwestii handlu często pojawiają się takie opinie, że ważne są **warunki rozwoju** handlu. Np. **Robert Krzak**, prezes Piotra i Pawła twierdzi, że duże znaczenie będzie miało **łączenie** polskich **sieci handlowych**. Z kolei nie jestem pewien, czy to jest rozwiązanie **optymalne**. Są takie sytuacje, że **przedsiębiorcy** polscy są bardziej **samodzielni**, bo cenią sobie **wolność**, samodzielność. Oni chcą być samodzielnymi właścicielami. To jest też dobre, bo pokazuje, że **Polak** chce być **na swoim**. Ważne, że są te **sklepy polskie**. To dobrze, że my **Polacy** chcemy być **właścicielami**. Mogą być czasami łączenia sklepów. Jednak generalnie nawet **polski sklep**, nawet **kiosk** „Ruchu" jest **bastionem polskości**. To jest bardzo ważne. Każdy taki sklep to jest, można powiedzieć, współczesny „Chrobry" go-

---

[162] K. Sobczak, Czynniki sukcesu małych i średnich przedsiębiorstw z kapitałem polskim i zagranicznym — analiza porównawcza, Wydawnictwo Uniwersytetu Ekonomicznego w Poznaniu, Poznań 2014.

spodarczy czy współczesny „**Wóz Drzymały**". Dlatego kompletnie **nie wolno** wpadać w rozpacz. To przesłanie z tego fragmentu książki musi być **jasne**. Mamy dużo tych zagranicznych sklepów. Jednak ta tabela, gdzie są pokazane poszczególne sieci handlowe, pokazuje bardzo wyraźnie, że możemy podjąć skuteczną walkę i pokonać konkurentów zagranicznych. Warto ciągle podkreślać w przekazie medialnym, że są sieci **handlowe polskie** i my Polacy musimy ciągle o tym **pamiętać**. Trzeba robić wszystko, by były one doceniane i nie były krzywdzone. To ważne, bo tę trwającą wojnę ekonomiczną **musimy wygrać**.

Rozdział 11: Problematyka emigracji

W początkowych rozważaniach omawialiśmy problematykę funkcjonowania narodów. Narody są **wspólnotami naturalnymi**, które mimo procesów globalizacji istnieją. Mają one swoje prawa. Z tego punktu widzenia warto zastanowić się nad tym, jaka jest sytuacja tej **części** naszego narodu, która **mieszka w Polsce**, a więc tutaj przebywa.

Warto przypomnieć, iż przez naród możemy rozumieć albo ludzi, którzy przyznają się do **narodowości polskiej**, albo w sensie obywatelskim, czyli ogółu obywateli. Odwołajmy się do tego drugiego podejścia, czyli obywateli polskich.

Centrum Badania Opinii Społecznej opublikowało w grudniu 2016 roku pewien raport na temat skłonności członków naszego narodu do emigracji, czyli do opuszczania ojczyzny, do wyjazdu z kraju w celach zarobkowych.

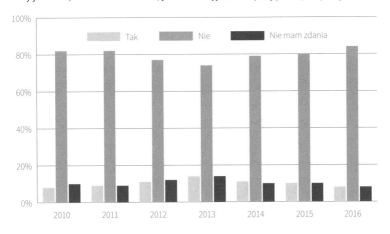

Wykres 87: Skłonność do emigracji Polaków w latach 2010–2016 (w %). Źródło: opracowanie na podstawie badań CBOS.

Generalnie okazało się, że 84% Polaków nie ma doświadczenia bycia na emigracji. W ostatnich latach było tak, że **skłonność do emigracji** nie ma charakteru masowego. Ponad 80% Polaków o emigracji w ogóle nie myśli. Ostatnio skłonność ta jeszcze **spadła**. Jest to pozytywne, gdyż oznacza, że Polacy w zdecydowanej większości wiążą swoje nadzieje z Polską. Ta skłonność do emigracji u pewnej grupy naszych rodaków występuje. Trzeba się nad tym problemem zastanowić.

Szczegółowe **badania** na temat skłonności naszych rodaków do emigracji zawiera Wykres 87.

Widzimy, iż od 2014 roku sukcesywnie **spada skłonność** Polaków do **emigracji**. W 2016 roku skłonność ta spadła do poziomu z 2010 roku.

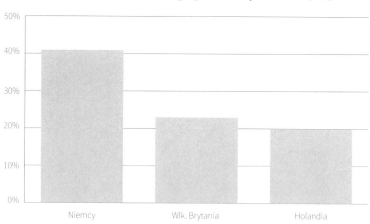

Wykres 88: Kraje emigracji zarobkowej naszych rodaków w 2016 roku (w %). Źródło: opracowanie na podstawie badań CBOS.

Warto pamiętać, iż różnego typu fale emigracji powodują, że emigrują Polacy, którzy porzucają Polskę. Nie jest wykluczone, a nawet bardzo prawdopodobne, że czynią to niektórzy z zamiarem pozostania długo poza granicami naszego kraju, a nawet może do końca swego życia. To jest wielki problem, bo to pokazuje, że jednak skłonność do emigracji jest wciąż widoczna. Wprawdzie skłonność ta nie dotyczy większości Polaków, ale jest to jednak ważny problem.

Krajami, do których **najczęściej emigrowali** nasi rodacy w celach zarobkowych w 2016 roku, były: Niemcy (41%), Wlk. Brytania (23%) oraz Holandia (20%).

Powstaje zawsze pytanie, **co uczynić**, aby ta **skłonność trwale się zmniejszyła**. Aby na to pytanie odpowiedzieć, trzeba zdawać sobie sprawę z tego, że emigracja z Polski za granicę, zwłaszcza na trwałe, po prostu powoduje określone problemy, jak: **rozpad rodzin**, np. (emigracja tylko jednego małżonka, dziecka itp.), albo **zerwanie** bliskich **relacji** z Polską. Jest to praca na rzecz gospodarek zagranicznych. Są pewne przeciwwagi.

Gdy emigruje część rodziny, to może przekazywać pewne środki pieniężne z tytułu zarobków **do Polski**. Mimo wszystko jest to **rozpad więzi rodzinnych**. To bardzo ważne, bo rodzina, małżeństwo znajduje się pod ochroną polskiej konstytucji. Jeżeli dzieje się tak, że ta emigracja następuje, to jednak dana **rodzina traci**, tym bardziej gdy **część rodziny** emigruje. Trzeba pamiętać, że rodzina to nie tylko małżonkowie, dzieci, ale też wnuki itd. To jest problem, który właśnie zaburza stabilność rodziny, który godzi w **stabilność życia narodowego**.

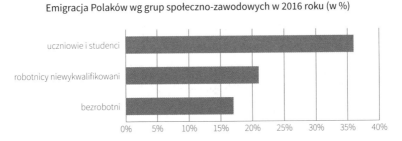

Wykres 89: Emigracja Polaków wg **grup społeczno-zawodowych** w 2016 roku (w %). Źródło: opracowanie na podstawie badań CBOS.

Niepokojący jest **fakt**, iż stosunkowo liczną grupę emigrantów stanowią **młodzi Polacy**. W 2016 roku aż **36%** emigrantów stanowili **uczniowie i studenci**.

Mówiąc o prawie do emigrowania, warto wspomnieć, że **Jan Paweł II** z okazji Dnia Emigranta zwrócił uwagę, iż istnieje też **prawo do nieemigrowania**, czyli **prawo do pozostania** we własnej **ojczyźnie**. Co więcej prawo to wydaje się być prawem naturalnym, bardzo ważnym prawem, gdyż tak samo jak poszczególne ptaki mają swoje jakieś miejsca, gdzie mogą spać, czy jak borsuki mają swoje nory, tak samo i naród ma prawo do swojego **domu**, do swojego **państwa**, do swojego miejsca na ziemi.

Dlatego jest też tak, że warto aby do tej emigracji nie dochodziło, aby skala emigracji była stosunkowo mała, niewielka, bo to zawsze jest strata dla Polski. To jest tak, że ten człowiek wyjeżdża z kraju i dla naszej ojczyzny jest w pewnym sensie stracony.

Oczywiście zawsze można mówić, że ten człowiek może **utrzymywać więź** z Polską, że może o Polsce myśleć. Może zajmować się różnymi zagadnieniami za granicą jednoczącymi Polaków. Niemniej jednak jest tak, że jest to pewien problem. Chociażby dlatego, że państwo narodowe jest bardziej takie **stabilne**, jak pisał św. **Tomasz z Akwinu**. Z tego powodu warto, aby ta skłonność do emigracji nie występowała.

Człowiek się najlepiej czuje **u siebie**, w swoim **domu**. Dlatego powstaje tu pytanie, do jakich krajów następuje ta emigracja **naszych rodaków**? Z **badań** CBOS, jak to już przedstawialiśmy, wynika, że przede wszystkim tym terenem, do którego najczęściej emigrują Polacy są Niemcy, następnie Wlk. Brytania, Holandia i inne kraje.

Niemniej jednak warto również wiedzieć, **w jakich** w ogóle **krajach** są największe skupiska naszych rodaków.

Widzimy, iż najwięcej Polaków zamieszkuje w **USA**. Żyje tam blisko **10 mln** naszych rodaków. Drugim krajem pod tym względem są **Niemcy**, gdzie zamieszkuje ok. **2 mln** Polaków. Kolejne miejsca największych skupisk naszych rodaków to **Brazylia** (1,8 mln) oraz **Francja** (1,05 mln).

PROBLEMATYKA EMIGRACJI

Wielu Polaków mieszka również u naszych wschodnich sąsiadów, m.in. w takich krajach, jak: **Litwa, Ukraina** i **Rosja**. Wg szacunków poza granicami żyje blisko **20 mln Polaków**.

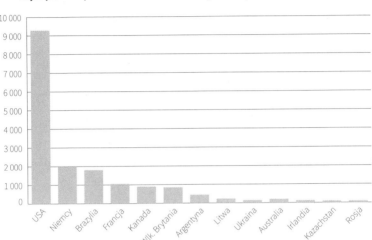

Wykres 90: Największe **skupiska** Polaków na świecie w tys. osób. Źródło: opracowanie na podstawie Wikipedii.

Warto zauważyć, iż ważną rolę w **jednoczeniu** naszych rodaków odgrywa **telewizja**. Jeżeli ktoś ogląda różnego typu **programy satyryczne**, które są prowadzone w **Telewizji Polskiej** czy innej telewizji, to czasami, gdy jest taka możliwość, do programu dzwonią widzowie, słuchacze. Widzimy wówczas, że są to widzowie z różnych polskich miast, a także często dzwonią też **widzowie spoza Polski**. To pokazuje, że te osoby są zainteresowane tematyką polską, że chcą więź z Polską podtrzymywać.

Pewnego razu **jeden z dzwoniących** telewidzów zauważył dla niego zaskakującą rzecz. Kiedy słuchał muzyki nadawanej przez stacje telewizyjne i radiowe w naszym kraju, był zdziwiony, że w znakomitej większości były to **utwory angielskojęzyczne**, a prawie w ogóle nie nadawano w nich polskiej muzyki. Czuł się wtedy, jakby był za granicą, a nie we własnym kraju[163].

Tutaj dotykamy bardzo **ważnej kwestii**, o której wspominaliśmy w pierwszym rozdziale pracy, a mianowicie o **wielkiej roli** w umacnianiu **wspólnoty narodowej**, jaką jest język ojczysty, **język polski**. To, że są Polacy, którzy mieszkają za granicą i dzwonią do Polski, wyrażając troskę o polskie sprawy, to jest bardzo optymistyczne.

Warto jednak tym osobom, które dzwonią z zagranicy zadawać **pytania:** co Panią/Pana tam za granicą nadal trzyma? Czy myśli Pani/Pan o **powrocie** do Polski? Jakie **warunki** musiałyby być spełnione, żeby wróciła Pani/Pan do Polski? To są **pytania** bardzo **ważne**. Na początku, żeby na te pytania jakoś odpowiedzieć, trzeba mieć świadomość, co z kolei skłania do emigracji. Nie tyle, co może skłonić do powrotu do Polski, ale **co skłania do emigracji**, do wyjazdu z Polski **na stałe?**

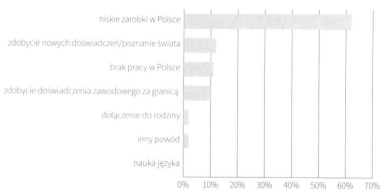

Wykres 91: Czynniki powodujące emigrację Polaków. Źródło: opracowanie na podstawie badań CBOS z 2016 roku.

---

[163] Program „W Tyle wizji", TVP Info, czerwiec 2017 roku.

To mogą być oczywiście **różne** czynniki. Z badań CBOS wynika, że w większości jest to, jak to ankietowani wskazują, stosunkowo **niska perspektywa zarobków** w Polsce. Następnym czynnikiem wymienianym przez naszych rodaków jest **chęć zdobycia kwalifikacji**, kwestia w ogóle **braku pracy** w Polsce. To jednocześnie pokazuje, że jednak te **czynniki ekonomiczne** są bardzo ważne. Na Wykresie 91 przedstawiono główne czynniki powodujące emigrację Polaków. Widzimy, iż **głównym czynnikiem** emigrowania Polaków jest chęć poprawy ich **zarobków**. Ponadto chęć zdobycia **nowych doświadczeń** za granicą. Nawiasem mówiąc, nikt nie wskazuje na to, aby emigracja była powodowana chęcią nauki języka obcego. Wiele osób dostrzega, iż można opanować język obcy, ucząc się go również w Polsce.

Co ciekawe, CBOS badał również **długość pobytu** za granicą emigrujących Polaków. Badania na ten temat są przedstawione na Wykresie 92.

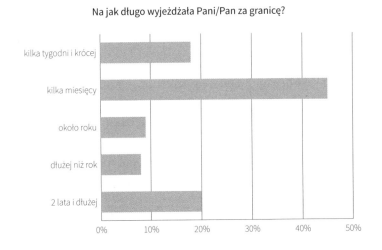

Wykres 92: Długość pobytu Polaków za granicą (2016 r.). Źródło: opracowanie na podstawie badań CBOS.

Z wykresu wynika, iż większość Polaków wyjeżdża za granicę na okres nie dłuższy niż **kilka miesięcy**. Pocieszające jest to, iż tych którzy wyjeżdżają za granicę na dłużej **niż 2 lata** jest zdecydowanie mniej (20%).

Warto się zastanowić, co robić, aby tę skłonność do emigracji zmniejszać, dlatego że emigracja powoduje, iż wyjeżdżają także osoby mające wysokie kwalifikacje. Są to także osoby, które mają te kwalifikacje niższe. Są też osoby, które mogłyby być członkami **elity naszego narodu**. Nawet jeżeli ktoś wyjeżdża i jest z wykształceniem podstawowym i ma kwalifikacje mniejsze, to i tak może się **rozwinąć** w Polsce i stać się członkiem **naszej** elity narodowej. Tu w Polsce mógłby być **bardzo potrzebny**, mógłby także stać się uczestnikiem wykładów z „**Patriotyzmu gospodarczego**". Następnie mógłby realizować misję, **chodząc** na nasze wykłady. Jednak niestety dochodzi do emigracji.

Bardzo ważne jest to, aby starać się **dać Polakom** takie **nadzieje**, że tutaj w Polsce można się **rozwijać**. Z tego punktu widzenia bardzo ważne znaczenie ma **program 500+**. Ten program był na początku różnie oceniany. Były opinie pozytywne i krytyczne. Jednak ten program został wdrożony i spowodował **zmniejszenie** skali **biedy**.

Na wykresie poniżej przedstawiono, jaki był wpływ programu 500+ na ograniczenie biedy w Polsce w 2016 roku.

Widzimy, iż program 500+ bardzo silnie ograniczył biedę **wśród dzieci** (94%).

Pozytywne **skutki programu 500+** dla polskiej gospodarki powodują prawdopodobnie, iż skłonność do emigracji w Polsce spada. Być może ludzie z tego powodu czują się bardziej bezpiecznie finansowo. Rodziny **wielodzietne zostały** bardziej **docenione**, są bardziej z tego powodu przekonane, że wnoszą ważny, cenny wkład w życie narodu. To jest element, który służy temu, żeby skłonność do emigracji jeszcze zmniejszyć.

Nawet widzimy, gdy te **osoby** (kiedyś krytyczne wobec programu 500+) się wypowiadają, to dzisiaj oceniają, że nawet gdyby ich **ugrupo-**

wania polityczne doszły do władzy w Polsce, starałyby się ten program 500+ utrzymać. Być może go nieco by zmodyfikowali, ale generalnie chcą ten program utrzymać. To oznacza, że stał się ten **program ważnym** elementem **polskiej rzeczywistości**. Dlatego jest to bardzo ważne. Jeżeli bowiem człowiek w sposób naturalny żyje w rodzinie, to troska o rodzinę jest bardzo ważnym elementem tego, by skłonność do emigracji zmniejszać. Dlatego te kwestie polityki prorodzinnej są bardzo ważne. Należy to kontynuować.

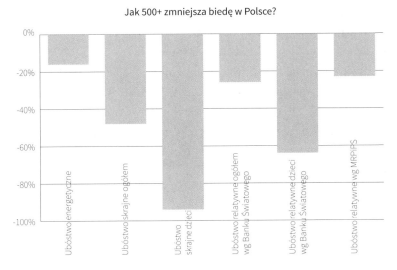

Wykres 93: Program 500+ a skala biedy w Polsce w 2016 roku. Źródło: opracowanie na podstawie badań Ministerstwa Rodziny Pracy i Polityki Społecznej.

Z badań wynika, iż programem 500+ jest objętych **55%** wszystkich **dzieci** w Polsce w wieku do 18 lat. Z danych Ministerstwa Rodziny Pracy i Polityki Społecznej wynika, iż **42% świadczeń** wypłacana jest na **pierwsze dziecko**. Ponadto **wsparcie** z programu otrzymuje 90% dzieci z niepełnosprawnością. Na Wykresie 94 podane są dane dotyczące **świadczeń dla dzieci** z programu 500+ wg ich miejsc zamieszkania.

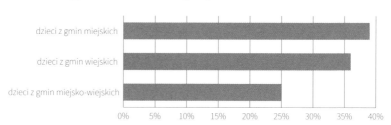

Wykres 94: Dzieci wg miejsca zamieszkania korzystające z programu 500+. Źródło: opracowanie na podstawie badań Ministerstwa Rodziny Pracy i Polityki Społecznej.

Widzimy, iż świadczenia docierają zarówno do dzieci mieszkających zarówno w **miastach**, jak i obszarach **wiejskich**.

Trzeba o tym także pamiętać, że aby zmniejszać skłonność do emigracji należy wprowadzać modę na pozostanie w Polsce. Warto wzbudzać takie przekonanie nas samych, że my jesteśmy tu w Polsce, bo **jesteśmy** dla niej **wartościowi** i potrzebni. Dlatego chcemy tu **w Polsce** być i **pracować**.

Nie możemy wpadać w jakiś **kompleks**, że ten, kto wyjechał za granicę, to jest bardziej przedsiębiorczy i lepszy od nas, czy bardziej dynamiczny. Trzeba mieć przekonanie, że Polak pozostaje w Polsce. Tu **w Polsce** jest **miejsce Polaka**. Tu w naszym kraju są **polskie** obowiązki i polskie **prawa**. Nie może być tak, że emigracja jest domeną bardziej wartościową aniżeli pozostanie w Polsce. Ci, którzy są za granicą, mogą być także **przydatni**. Niemniej jednak trzeba o tym pamiętać, że sporo z tych osób za granicą jest **narażonych** np. na **utratę kultury polskiej, języka polskiego**. Nawet wielu duchownych mówi, że emigranci często odchodzą z Kościoła i frekwencja w kościołach jest stosunkowo mała. To oznacza, że następuje utrata takiego duchowego wymiaru tych osób. Nie może być nam to obojętne. Nawet w polskiej konstytucji, w preambule jest mowa, że to właśnie **chrześcijaństwo** jest elementem bardzo ważnym naszego **dziedzictwa**.

To oznacza, że te osoby są narażone na **wyjazdy emigracyjne** i wejście w kulturę, która im po prostu szkodzi. Nie może zatem to być nam obojętne. Wiadomo, że ta kultura za granicą jest często odległa od chrześcijaństwa. Bardzo dobrze obrazuje to wypowiedź doc. Olgierda Baehra dotycząca kwestii **spowiedzi we Francji**. Doc. Olgierd Baehr podkreślał, iż występuje na zachodzie Europy **zacieranie różnicy między dobrem i złem**.

Trzeba zatem stwarzać **modę** na pozostanie w Polsce. Trzeba wpływać na to, aby **elity polskie** i ci, którzy za Polskę w najwyższym stopniu są **odpowiedzialni**, dawali taki **przekaz**. Chodzi w tym przekazie, aby podkreślać, że **cieszymy się**, że **Polacy** pozostają w **Polsce**. Nawet mogą być pewne **akcje organizowane**, nawet pod pewnymi fasadami, jak np. Urząd Pełnomocnika ds. Równego Traktowania. Trzeba ukazywać te **akcje społeczne** np. w telewizji. Dzięki nim rosłaby świadomość, że ten, kto pozostał w Polsce, też ma swoje równe prawa i też jest **wartościowym człowiekiem**. Można to skonsultować ze specjalistami od marketingu.

Ciekawe badania na temat patriotyzmu naszych rodaków przeprowadził TNS Polska dla **Narodowego Centrum Kultury** w 2016 roku. Pytano respondentów, jakie czynniki spowodowały, iż Polska odzyskała niepodległość w 1918 roku. Wyniki tych badań prezentuje poniższy wykres.

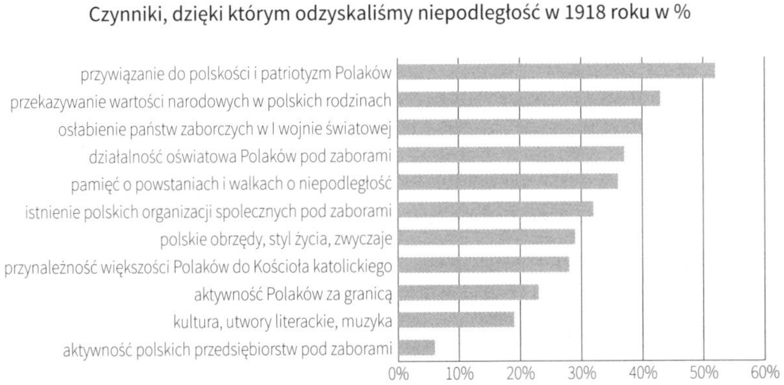

Czynniki, dzięki którym odzyskaliśmy niepodległość w 1918 roku w %

- przywiązanie do polskości i patriotyzm Polaków
- przekazywanie wartości narodowych w polskich rodzinach
- osłabienie państw zaborczych w I wojnie światowej
- działalność oświatowa Polaków pod zaborami
- pamięć o powstaniach i walkach o niepodległość
- istnienie polskich organizacji społecznych pod zaborami
- polskie obrzędy, styl życia, zwyczaje
- przynależność większości Polaków do Kościoła katolickiego
- aktywność Polaków za granicą
- kultura, utwory literackie, muzyka
- aktywność polskich przedsiębiorstw pod zaborami

Wykres 95: Czynniki, które sprzyjały odzyskaniu przez Polskę niepodległości w 1918 roku.
Źródło: opracowanie na podstawie badań TNS Polska.

Widzimy, iż **przywiązanie do polskości** i patriotyzm ówczesnych naszych rodaków były czynnikiem, który uzyskał najwięcej wskazań przez współczesnych Polaków (52%). Podobnie ważnymi czynnikami były **przekazywanie wartości narodowych** (43%) czy **pamięć** o naszych **powstaniach** i walkach o **niepodległość** (36%). Bardzo ważnym czynnikiem była również **działalność oświatowa pod zaborami** (37%). Myślę, że te wszystkie czynniki są bardzo ważne i w dzisiejszych czasach.

Bardzo ważne znaczenie ma dzisiaj kwestia **wychowania w szkołach**. Chodzi o to, by promować **literaturę polską**, szczególnie tę, która mówi, iż obowiązkiem Polaka jest **trwać przy Polsce**, a także tę, która **uczy** rzetelnej **pracy**, tę, która nawiązuje do tradycji w książce **„Nad Niemnem"**, jak również, która mówi o doktorze Judymie, o „Siłaczce" i wiele innych ukazujących walkę Polaków pod zaborami. Bardzo duże znaczenie ma tu **publiczne odczytywanie książek** gloryfikujących **patriotyzm** gospodarczy naszych **przodków**. Taką niewątpliwie ważną książką jest **„Lalka" Bolesława Prusa**. Warto wspomnieć, iż w popularyzowanie polskich książek patriotycznych włączyła się **polska para prezydencka**: prezydent Polski **Andrzej Duda** wraz ze swą małżonką **Agatą Kornhauser-Dudą**. Nasza para prezydencka odczytywała we wrześniu 2015 roku m.in. „Lalkę" w **Ogrodach Saskich** w Warszawie[164].

Była też taka ważna **debata** w Sejmie RP, w wyniku której pojawiła się **inicjatywa** uczczenia **setnej rocznicy niepodległości Polski**. Został zgłoszony pomysł powołania Komitetu Ogólnopolskiego. Tę propozycję zgłosił prezydent **Andrzej Duda**. Spotkało się to także z **poparciem** ludzi **spoza** rządu. To **bardzo dobra** inicjatywa. To jest ważne, by elementem tych przygotowań było tworzenie konsekwentnej **mody** na pozostanie **w Polsce**, mody niewynikającej z jakichś marketingowych **sztuczek**, ale z tego, że motywacja patriotyczna **nakazuje** zostać i **wytrwać** przy Polsce.

---

[164] Zob.: https://www.wprost.pl/literatura/520189/Dzis-cala-Polska-czyta-Lalke-Prusa-Narodowe-Czytanie-rozpocznie-prezydent-Duda.html.

Dlatego ważne są także słowa prymasa **Stefana Wyszyńskiego**, który w 1981 roku po śmierci pewnego zasłużonego dla nauki polskiej profesora powiedział, iż wskazaniem dla nas Polaków jest **wytrwać**. Choć **ofiara życia** za ojczyznę na wojnie to wielkie bohaterstwo, ale często **większym bohaterstwem** jest zostać tu w **Polsce** i **wytrwać** w trudach życia **codziennego** w naszej ojczyźnie.

Czasami słyszy się, **czy mogą skłonić** do pozostania w Polsce czynniki pozaekonomiczne. Niektórzy w to wątpią, bo uważają, że decydują **kwestie finansowe**. Jeżeli ktoś myśli kategoriami tylko **czysto finansowymi**, to nawet gdy Polskę opuści, to nie będzie to jakaś wielka strata dla naszego kraju. Nam powinno zależeć na tych, którzy **potrafią wytrwać** przy **Polsce** mimo trudów **życia codziennego**, nawet tych finansowych.

Powinno nam zależeć, by występowały **skłonności** do pozostania w Polsce i aby je motywowano zarówno czynnikami ekonomicznymi, jak i pozaekonomicznymi. Trzeba o to się starać. To powinno być zadaniem patriotyzmu tego **oddolnego** i **odgórnego**.

Problem skłonności do emigracji ma swój istotny związek z **funkcjonowaniem szkolnictwa**. Dlatego że ci ludzie, którzy z Polski zamierzają ewentualnie wyemigrować, ukończyli przecież polskie szkoły. Państwo polskie poniosło określone wydatki na ich wykształcenie, a dokładnie rzecz biorąc, ponieśli te wydatki **polscy podatnicy**.

Ciekawe zestawienie, ile **wydają** poszczególne kraje członkowskie UE na **edukację** zawiera Wykres 96.

Widzimy, iż **Polska** pod względem **wydatków na edukację** zajmowała w 2014 roku miejsce w **środkowej** części zestawienia państw członkowskich UE. Wydatki na edukację **naszego kraju** stanowiły **5,41% PKB**. Najwięcej wydawały w tym samym czasie na edukację takie kraje jak: Dania (8,44%) oraz Szwecja (7,36%). Zatem wydatki na edukację stanowią dość znaczące obciążenie naszego **budżetu**.

Wpływy z podatków idą bowiem do budżetu i potem są przeznaczane na funkcjonowanie **szkolnictwa**. Tak więc te osoby, które wyemigrowały zostały wykształcone przez szkolnictwo w naszym kraju. To jest **wielka strata**, że zostały poniesione te wydatki na ich szkolenie, a oni jednak wyemigrowali. To jest **duży problem**. Dlatego tak ważne jest poczucie tego, że jeżeli ktoś został tutaj w Polsce wykształcony, to jednak **powinna się** pojawiać **refleksja** na temat zobowiązania do pracy **na rzecz** gospodarki **polskiej**.

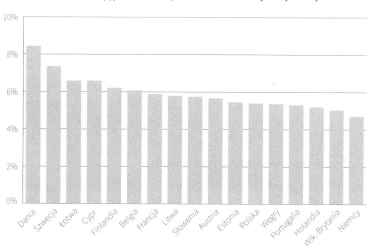

Wykres 96: Wydatki na edukację w wybranych krajach UE jako % PKB (stan na 2014 r.). Źródło: opracowanie na podstawie danych Eurostatu.

Warto zastanowić się nad tym, **jak w Polsce** powinny funkcjonować szkoły **podstawowe, średnie i wyższe**, aby jednak ta skłonność do emigracji **się zmniejszała**. Jednocześnie chodzi o to, aby **chęć** do pracy w Polsce się **zwiększała**. Z tego punktu widzenia bardzo ważne jest to, aby **programy szkół** podstawowych i średnich były **nasycone** elementami **patriotyzmu gospodarczego**. Kiedy udzielałem wywiadu dla „Naszego Dziennika" **w lutym 2017 roku**, zostałem zapytany o bardzo ciekawą **kwestię**, o to, w jaki sposób patriotyzm gospodarczy powinien się przejawiać w **programie szkół**[165]. To jest bardzo ważne, bo to ma być elementem, który będzie sprzyjał temu, aby ludzi mobilizować do tego, by zostawali w kraju i pracowali na rzecz polskiej gospodarki.

W tym wywiadzie przykładowo wskazałem, że na lekcjach z **Języka polskiego** szczególnie powinno podkreślać się rolę języka polskiego jako elementu naszej **narodowości**. Zwracałem na to uwagę na pierwszych wykładach z „Patriotyzmu gospodarczego" na Uniwersytecie Ekonomicznym w Poznaniu. To bardzo ważne dzisiaj, gdy występuje taka **inwazja języka angielskiego** i wypieranie języka polskiego przez ten **obcy język**. Trzeba o tym pamiętać, że **jesteśmy** przede wszystkim **Polakami**. Znajomość języków obcych jest bardzo ważna i przydatna, ale **jesteśmy** przede wszystkim **narodem polskim**. Na zajęciach z kolei z **Historii** warto podkreślać rolę **pracy organicznej** prowadzonej w XIX wieku. Ciekawe badania na temat sposobów promocji patriotyzmu poprzez odwoływanie się do **historii Polski** prezentuje poniższy wykres.

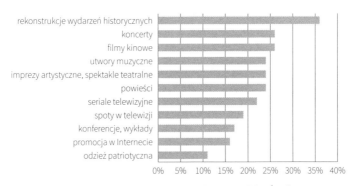

Wykres 97: Sposoby promocji patriotyzmu poprzez historię Polski. Źródło: opracowanie na podstawie badań TNS Polska.

---

[165] E. Łon, Czym jest patriotyzm gospodarczy, „Nasz Dziennik" z 20 lutego 2017 roku. Zob.: http://www.naszdziennik.pl/mysl/176701,debata-o-patriotyzmie.html.

Widzimy, iż Polacy cenią sobie **rekonstrukcje ważnych bitew** czy wydarzeń (36%). Takim niewątpliwie wielkim sukcesem jest inscenizacja **bitwy pod Grunwaldem**, która przyciąga **wielkie rzesze** Polaków. Co roku blisko **100 tys.** naszych **rodaków** uczestniczy w tym wydarzeniu na polach grunwaldzkich. Warto podkreślić, iż to wydarzenie jest mocno promowane przez **Polskie Radio**.

Inne sposoby promocji patriotyzmu wskazane przez respondentów to: **koncerty** (26%), **filmy kinowe** (26%) oraz **utwory muzyczne** (24%). Warto zauważyć, że są to sposoby patriotyzmu szczególnie cenione przez naszych młodszych rodaków. To jest bardzo istotne, dlatego że jeżeli młodzi ludzie będą poznawali, w jaki sposób wyglądała **praca organiczna**, jakie były działania ze strony **Hipolita Cegielskiego**, **Karola Marcinkowskiego** czy innych polskich organiczników, to będą mogli się **zachwycić** ich pracą. Będą mogli **wyrobić sobie** motywację do tego, aby w Polsce **zostać** i dla **Polski** pracować. To jest ważne, bo to, co **człowiek w młodości** uzyskuje: wiedzę, wykształcenie i wychowanie, **będzie** mu bardzo **potrzebne** w przyszłości. Dlatego tak istotne jest to, żeby **lekcje historii** były także związane z takim eksponowaniem **pracy organicznej**.

Niedawno w Sejmie RP została uruchomiona **wystawa** ku czci **Powstania Wielkopolskiego**. To bardzo cenne, bo pokazuje, że **powstanie** to było poprzedzone **pracą organiczną**. Dlatego ta wiedza powinna być bardzo ważna w szkołach na lekcjach historii.

Z kolei na lekcjach **Wiedzy o społeczeństwie** warto będzie przekazywać **informacje** o obywatelach i obowiązkach takich jak np. głosowanie w wyborach, patriotyzm, **poczucie odpowiedzialności za naród**, odpowiedzialne społecznie **postawy życiowe**. To wszystko ma kształtować Polaka, który ma **obowiązki** i ma **poczucie** takiej **misji**, takiego obowiązku i **radości pracy** na rzecz Polski.

Ciekawe badania na temat, na czym polega **dzisiaj patriotyzm** zawiera Wykres 98. Widzimy, iż udział w wyborach (45%) jest bardzo wysoko w rankingu postaw ocenianych jako patriotyczne.

Jak można promować patriotyzm poprzez odwoływanie się do historii Polski?

Wykres 98: Koncepcja dzisiejszego patriotyzmu Polaków. Źródło: opracowanie na podstawie badań TNS Polska.

Innym ważnym przedmiotem jest **Wychowanie do życia w rodzinie**. Tu można wspomnieć o kwestiach związanych z działalnością **firm rodzinnych**. Istnieją firmy rodzinne małe i nieco większe. To jest istotne, bo pokazuje, że **elementem życia rodzinnego** jest także dokonywanie różnego typu **wyborów gospodarczych**. Widzimy też w Poznaniu, że występują **sklepy polskie kapitałowo**. Część z nich prowadzona jest przez **małżeństwa**. Widać wyraźnie, że to pokazuje **rolę rodziny**, jako takiej ostoi, **bastionu**, który ma też **służyć Polsce** i powodować, że ci **młodzi ludzie** będą mieli **ambicje**, aby pozostać **w Polsce**.

Jest taka ciekawa strona internetowa **Wielkopolskiej Gildii Rolno--Ogrodniczej S.A.**, gdzie można znaleźć poszczególne **sklepy** będące własnością **polskich przedsiębiorców**[166].

Na przedmiocie Wychowanie do życia w rodzinie można pokazać sieć tych sklepów i pokazać młodzieży ich **atuty konkurencyjne**.

Warto również wspomnieć o innych ciekawych inicjatywach i programach promowanych wśród naszych rodaków przez **Wielkopolską Gildię**

---

[166] Zob.: http://produktzwgrosa.pl/o-nas.

Rolno-Ogrodniczą S.A. Można tu wyróżnić następujące programy lojalnościowe: „Produkt z WGRO S.A.", „Smacznego Wielkopolsko", „Jemy zdrowo i żyjemy sportowo", „Kochajmy kwiaty" oraz „Ja i moja rodzina jemy owoce i warzywa".

Zdjęcie 11: Baner reklamujący **sklepy** kapitałowo **polskie**. Źródło: na podstawie strony http://produktzwgrosa.pl/o-nas.

„**Produkt z WGRO S.A.**" to program promujący zakupy dokonywane w sklepach zaopatrujących się na WGRO S.A. Przynależność do sieci buduje pozytywny i silny wizerunek jego uczestników oraz WGRO S.A., zachowując autonomię własnościową i decyzyjną. Zapewnia atrakcyjną infrastrukturę wyposażenia sklepów, materiały wspierające sprzedaż oraz promocję medialną. Znakami pomocniczymi dla „Produkt z WGRO S.A." są znaki „Kapitałowo polskie sklepy" oraz „Świeże, zdrowe, wielkopolskie". W ramach systemu funkcjonuje 1000 sklepów z Wielkopolski!

„**Smacznego Wielkopolsko**" to program kulinarny, promujący przepisy oraz konsumpcję warzyw i owoców, ze szczególnym uwzględnieniem produktów krajowych. Jest oparty na propagowaniu spożywania warzyw oraz owoców ze wskazaniem ich roli w codziennej diecie. Konsumenci mają dostęp do całego cyklu programów kulinarnych oraz przepisów, które stanowią inspiracje na ciekawe i zdrowe dania. WGRO S.A. sugeruje jednocześnie, że najlepszym miejscem zaopatrzenia w świeże warzywa i owoce są sklepy ze znakiem „Produkt z WGRO S.A.".

„**Jemy zdrowo i żyjemy sportowo**" to program promujący aktywny tryb życia w połączeniu z konsumpcją zdrowej żywności, sprzedawanej w sklepach ze znakiem „Produkt z WGRO S.A.", zaopatrujących się na WGRO S.A. Ociepla on wizerunek oraz buduje pozytywne skojarzenie sklepów ze znakiem „Produkt z WGRO S.A." oraz samego rynku hurtowego, poprzez skojarzenie z aktywnym stylem życia — ze szczególnym uwzględnieniem zdrowego odżywiania. Program oparty jest na uczestnictwie w wydarzeniach sportowych odbywających się w obszarze oddziaływania sieci „Produkt z WGRO S.A.".

„**Kochajmy kwiaty**" to program promujący zakupy dokonywane w kwiaciarniach zaopatrujących się na WGRO S.A. Przynależność do programu buduje pozytywny i silny wizerunek jego uczestników oraz WGRO S.A., zachowując autonomię własnościową i decyzyjną. Wspólne znakowanie zapewnia rozpoznawalność punktu sprzedaży, do którego klienci detaliczni zapraszani są za pośrednictwem reklam w prasie, mediach oraz Internecie.

„**Ja i moja rodzina jemy owoce i warzywa**" to program edukacyjny, skierowany do dzieci, promujący zdrowe odżywianie. Program ma charakter edukacyjny i bazuje na promocji zdrowego odżywiania ze szczególnym udziałem warzyw i owoców w codziennej diecie całej rodziny. Prowadzący zajęcia w przystępny sposób podpowiadają rodzicom, w jaki sposób wpleść pełnowartościowe posiłki w dietę dziecka, jednocześnie udowadniając najmłodszym, że jedzenie warzyw i owoców nie wiąże się z przykrym obowiązkiem, ale z doskonałym smakiem i atrakcyjnym wyglądem. Program łączy się z promocją sklepów ze znakiem „Produkt z WGRO S.A." jako najlepszych miejsc zaopatrzenia gospodarstw domowych w świeże warzywa i owoce.

Kolejnymi bardzo ważnymi zajęciami dla młodzieży, gdzie można uczyć patriotyzmu to **Religia i Etyka**. Nie każdy jest człowiekiem wierzącym, ale **patriotyzm** można także realizować, będąc **niewierzącym**. Wiele osób szuka motywacji w różny sposób. Niemniej jednak dla katolika **motywacja religijna** jest bardzo ważna, nawet **kluczowa**. Są zatem **różne motywacje** i dlatego jest ważna i religia, i etyka. Nawet ci niewierzący, widząc **Dekalog**, zdają sobie sprawę, że istnieje **czwarte przykazanie**, które wskazuje na rolę **postaw patriotycznych**. To wszystko jest **bardzo istotne**. Można ciągle pogłębiać potrzebę zajęć z **Przedsiębiorczości** w szkołach **podstawowych** czy **średnich**.

Czasami mogą pojawiać się takie **postulaty**, żeby wprowadzić odrębny przedmiot **Patriotyzm gospodarczy**. Moja opinia jest następująca. Na **uczelniach wyższych** jest to potrzebne, bo kształci się **ludzi**, którzy **mogą** stać się w **przyszłości elitą**. Natomiast w szkołach **niższego szczebla** (podstawowe i średnie) lepszym rozwiązaniem jest **nasycenie** programów **kształcenia** tymi elementami **patriotycznymi**, aby to wszystko było przeniknięte patriotyzmem gospodarczym. Dlatego, że to jest szczególnie ważny początkowy **etap życia młodego człowieka**, kiedy on powinien być tym myśleniem patriotycznym także w sensie gospodarczym bardzo silnie **nasycony**.

W późniejszym etapie nauczania jest wielka **rola szkół wyższych**. Dlatego bardzo się cieszę, że władze Uniwersytetu Ekonomicznego w Poznaniu wyraziły zgodę na prowadzenie wykładów z „Patriotyzmu gospodarczego".

Kiedy były wybory na rektora tejże uczelni w 2016 roku, to zadałem **dwóm kandydatom** następujące **pytania**. Po pierwsze, czy **obaj kandydaci** są skłonni zgodzić się, aby na inaugurację roku akademickiego odśpiewać **„Rotę"** Marii Konopnickiej z **czterema zwrotkami**. Po drugie, co sądzą obaj kandydaci o **patriotyzmie gospodarczym**? Generalnie odpowiedzi na te pytania przez obu kandydatów były **pozytywne**. To oznacza, że jest tu **duże zrozumienie**. O odśpiewaniu „Roty" można pomyśleć z okazji **setnej rocznicy** odzyskania przez Polskę **niepodległości**. W każdym razie to, że jednak zostało to **pytanie zauważone**, jest bardzo ważne. To sprawia, że coraz więcej i wykładowców, i studentów dostrzega, jak ważne znaczenie ma problematyka patriotyzmu gospodarczego.

Nie wolno potrzeby przejawiania **postaw patriotycznych** przerzucać

PROBLEMATYKA EMIGRACJI

na innych. Każdy powinien tu **coś** z siebie **dać,** aby razem ten patriotyzm gospodarczy w Polsce **budować.** Tak istotne znaczenie ma **szkolnictwo.** Wiadomo, że patriotyzmu człowiek **nie będzie się uczył w korporacjach.** Tam nie uczą raczej postaw patriotycznych. Tego można się uczyć **w szkołach** wszystkich **szczebli.** W szkołach przeniknięcie duchem patriotycznym jest **możliwe.** Ważne, by był to **duch patriotyczny** oparty na rzetelnej, długofalowej, konsekwentnej pracy opartej na **męstwie, roztropności, sprawiedliwości,** a także **pogłębianiu wiedzy** i doskonaleniu się, a nie tylko na odważnych **przeżyciach emocjonalnych** przy śpiewaniu **pieśni patriotycznych.** Choć oczywiście to też jest istotne. Kluczowe jest jednak to, aby właśnie to się przekładało na **konkretne codzienne działania.** Dlatego to, co się dzieje w **szkołach,** ma tak wielkie **znaczenie.** Uczelnie mają też wielki **wpływ** na kształtowanie **elity narodowej,** czyli tych wszystkich, którzy będą potem realizowali **patriotyzm odgórny.** Natomiast **szkoły średnie** mają wpływ na rozwijanie tego **patriotyzmu oddolnego.**

Dlatego, gdy dokonywałem tego **podziału** (oddolny patriotyzm wynikający z **wychowania całego narodu** i odgórny wynikający z realizacji **zadań publicznych** przez **władze publiczne**), zdawałem sobie sprawę, że te zadania mogą być wykonywane przez osoby mające **określoną wiedzę i doświadczenie.** To są osoby, które są gotowe do podejmowania pracy publicznej. Nie każdy ma takie **przygotowanie** i jest do tego **gotowy.** Dlatego tak wielka **rola uczelni wyższych,** żeby nasycić je **myśleniem patriotycznym.** Te wykłady z „Patriotyzmu gospodarczego" są zatem wielkim **zaszczytem i zobowiązaniem.**

Warto w tym miejscu zauważyć, że nieprzypadkowo car rosyjski Mikołaj I po nieudanym dla Polski **powstaniu listopadowym** (lata 1830–1831) dokonał m.in: rozwiązania polskiej armii, likwidacji polskiej waluty, likwidacji uczelni wyższych, likwidacji parlamentu i konstytucji. Ponadto wprowadził on język rosyjski jako język urzędowy, zniósł swobodę sądownictwa oraz wolność prasy. Wiedział bowiem bardzo dobrze, iż są to ważne **atrybuty suwerennego państwa.** Car

Mikołaj I chciał w ten sposób **osłabić** polską wspólnotę narodową i prowadzić do jej **wynaradawiania**.

Czasami mówi się, że patriotyzm jest ważny, ale „**z czegoś trzeba żyć**". Wiele osób będzie zgłaszało takie uwagi, że przecież gdy dana osoba ma **szansę na pracę** za granicą, a nie ma jej w Polsce, to powinna z tego skorzystać i podjąć pracę w **korporacji zagranicznej**. Tego typu myślenie jest oczywiście **zrozumiałe**. Jeżeli jednak będziemy **tak myśleli** i się ciągle usprawiedliwiali, **to nic się nie zbuduje**.

Chodzi tu o to, że ta **motywacja patriotyczna** w ostrzeganiu przed emigracją czy popieranie polskiej własności może nawet kogoś **denerwować**. Ktoś wtedy powie, że to przecież jest nierealne, tego się nie da **osiągnąć**. Wiadomo bowiem, że **poszczególni ludzie** myślą przede wszystkim w kategoriach własnych korzyści. **Jednak** gdy będziemy się **koncentrowali tylko** na **własnych korzyściach**, to się **nic nie zrobi**. Dlatego gdy ktoś powie, że musimy zrobić wszystko, by przedsiębiorczość w Polsce miała łatwiej, aby składki na ZUS były niższe, by „**Konstytucja dla biznesu**"[167] była realizowana itp., to trzeba się zdecydowanie z tym zgodzić. Jednak ważne jest, aby jednocześnie **mieć świadomość**, że bez motywacji patriotycznej nic się nie zrobi.

---

[167] Zob.: https://www.mr.gov.pl/media/29158/KONSTYTUCJABIZNESU.pdf.

Rozdział 12: Praca organiczna wczoraj i dziś

Mówiąc o obecnej sytuacji Polski, zawsze warto zastanawiać się, jakie są **różnice**, a także jakie są podobieństwa między czasami **współczesnymi** a **dawnymi**. Chciałbym w tym fragmencie pracy poddać pod refleksję problem różnicy i podobieństwa między okresem **obecnym** a okresem **zaborów**. Warto zauważyć, iż ważne dla naszego kraju wydarzenia historyczne cały czas interesują Polaków w czasach obecnych. Na wykresie poniżej przedstawione są te wydarzenia **historyczne**, z których jesteśmy **dumni**.

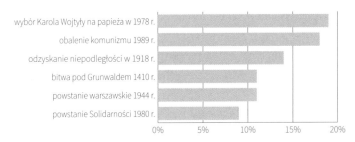

Wykres 99: Wydarzenia historyczne, z których Polacy są dumni w % (badania z 2016 roku). Źródło: opracowanie na podstawie badań TNS Polska.

Widzimy, iż niezwykle ważnym wydarzeniem dla naszych rodaków był wybór pierwszego Polaka na papieża, **Karola Wojtyły**. Wiele osób uważa św. Jana Pawła II za największego z rodu Polaków (46%). Co ciekawe, odzyskanie niepodległości przez Polskę w 1918 roku w dalszym ciągu należy do tych wydarzeń, z których Polacy są dzisiaj dumni (14%). Okres zatem zaborów i potem wywalczenie niepodległości ciągle tkwią głęboko w świadomości narodowej naszych rodaków.

Warto o tym pamiętać, że **obecna sytuacja** Polski od okresów zaborów **różni się** w wielu rozmaitych kwestiach. Nie grożą nam wywózki na

Sybir i innego typu represje. Z drugiej strony **Polska znajduje się** pod różnego typu **wpływami zewnętrznymi**. Przykładowo wiadomo, że podmioty gospodarcze, zwłaszcza duże, są w rękach kapitału zagranicznego. Polskie prawo jest poniżej prawa unijnego. Polska podlega pod różnego typu uregulowania międzynarodowe. Skoro tak jest, to warto zastanowić się, w jakim stopniu wykorzystywać instrumenty przydatne w okresie zaborów do działalności tu i teraz.

Ażeby na to pytanie odpowiedzieć, trzeba się zapoznać, na czym polegał ten okres zaborów, a przede wszystkim na czym polegała **metoda pracy organicznej** tak bardzo przydatna także i dziś. Odpowiadając na te pytania, trzeba zastanowić się nad tym, jakie cechy ludzi cenimy.

Ciekawe badania na temat wartości, które **cenią** sobie **Polacy** przedstawia Wykres 100. Badania przeprowadzono w grudniu 2015 roku. Widzimy, iż do najbardziej cenionych wartości należały wówczas: **uczciwość** (47%), sprawiedliwość (37%), **życzliwość** (30%) czy **odpowiedzialność** (29%). Warto zwrócić uwagę, że ceniono też **współpracę** (14%) oraz **pracowitość** (12%). Te dwie ostatnie cechy są szczególnie przydatne w pracy organicznej.

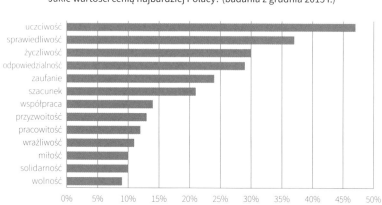

Wykres 100: Jakie **wartości** cenią sobie Polacy w % (grudzień 2015 r.). Źródło: opracowanie na podstawie badań TNS Polska.

PRACA ORGANICZNA WCZORAJ I DZIŚ 255

Osobiście uważam, że u ludzi można cenić konsekwencję, np. ktoś jest konsekwentny w pewnych sprawach. Z drugiej strony niekoniecznie taka konsekwencja świadczy o mądrości. Dlatego, że jeżeli ktoś ma pogląd w jakiejś sprawie i potem widzi, że są **argumenty** przeciwko temu poglądowi, i nie zmienia tego poglądu na inny, to nie jest to człowiek tak bardzo doskonały. To może być tak, że on się upiera przy poglądach, które okazały się niekoniecznie słuszne. Dam pewien przykład. W okresie zaborów były podejmowane powstania: powstanie **listopadowe**, powstanie **styczniowe**. Był to krzyk narodu polskiego o **niepodległość**. Było naturalne, że tego typu krzyk się przejawia. Był to wyraz woli narodu, który nie chce być zniewolony. Natomiast ludzie, którzy przeżyli powstania narodowe po pewnym czasie dochodzili do wniosku, że być może trzeba jednak **zmienić taktykę**, sposób postępowania.

Warto nawiązać do powieści „**Nad Niemnem**". Widzimy tu rodzinę **Bohatyrowiczów**. Jest tam taka sytuacja, że mówi się, dlaczego ten ród tak się właśnie nazywał. Dlaczego Bohatyrowicze? Dlatego, że oni po bohatersku „puszczę zawojowali". To znaczy mieli świadomość, że są mogiły i że należy wspominać te mogiły, bo to jest polskie, bo jest cenne i ważne. Ale po pewnym czasie przychodzi czas nowych wyzwań, gdy kluczowa jest praca organiczna. Gdy to bohaterstwo **pracy codziennej** jest czymś **ogromnie ważnym**, czymś wielkim, czymś bardzo **polskim**, patriotycznym.

Warto w tym miejscu podać przykład bardziej nam współczesny. Otóż niedawno zmarła 96-letnia nasza rodaczka śp. **Anastazja Jankowska** przez całe swoje życie opiekowała się **cmentarzem w Wolicy** (obecnie niewielkiej miejscowości na Ukrainie)[168]. Na tamtejszym cmentarzu są pochowani członkowie jej rodziny (m.in. jej mąż), a także inni Polacy, ofiary banderowskich czystek w 1944 roku.

---

[168] Zob.: http://www.studiowschod.pl/artykuly/96-letnia-rodaczka-z-kresow-spiewa-rote-
-z-wizyta-u-strazniczki-polskich-mogil-z-wolicy/.

Na pytanie dziennikarzy, dlaczego nie wyjechała do Polski po II wojnie światowej i została tam przez te wszystkie lata, odpowiedziała ona, że nie mogła tego uczynić ze względu na **pamięć o mężu** i innych pochowanych tam **Polakach**. Nikt bowiem poza nią samą nie opiekował się tymi **polskimi grobami**. Ten przykład jest dowodem przeogromnej miłości Pani Anastazji Jankowskiej do naszych rodaków, do Polski. Jej osoba jest wielkim wzorem dla nas dzisiaj, bo pokazuje jak silna może być motywacja patriotyczna i przywiązanie do ziemi ojczystej, ziemi swoich krewnych i przodków. Warto zauważyć, iż **ulubioną pieśnią patriotyczną** Pani Anastazji Jankowskiej była właśnie „**Rota**"[169]!

Ciekawe badania przeprowadził TNS Polska, który zapytał Polaków, które postaci z przeszłości są dla nich powodem do dumy. Wyniki badań przedstawia Wykres 101.

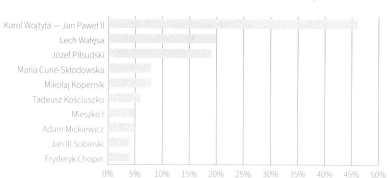

Postaci z przeszłości uznawane przez Polaków za powód do dumy (2016 r.)

Wykres 101: Z których Polaków jesteśmy dumni w % (badania z 2016 roku). Źródło: opracowanie na podstawie badań TNS Polska.

Osobą, z której **najbardziej** jesteśmy **dumni** jest św. Jan Paweł II. Z badań wynika, iż Polacy są dumni z tych naszych rodaków, którzy odegrali ważną rolę w dziejach naszej ojczyzny i często przewodzili naszemu

---

[169] Zob.: https://www.youtube.com/watch?v=GzAGSBOMsI4.

PRACA ORGANICZNA WCZORAJ I DZIŚ 257

narodowi (Lech Wałęsa, Józef Piłsudski czy Jan III Sobieski). Nasi rodacy cenią sobie też tych Polaków, którzy rozsławili nasz kraj na świecie (Maria Curie-Skłodowska, Mikołaj Kopernik, Fryderyk Chopin).

Warto również, doceniając zasługi wielu naszych rodaków, wskazywać na rolę lektur szkolnych, zwłaszcza tych, które pokazują przemiany sposobu myślenia. Z myślenia, że potrzebne są powstania, na myślenie, że potrzebna jest praca organiczna nakierowana na motywację patriotyczną. Dlatego, że tego typu praca organiczna każe czekać na odpowiedni moment, żeby ten moment wykorzystać. Warto zachęcać do czytania książek opisujących **pracę organiczną**.

Powinniśmy też zwrócić uwagę, iż **Narodowy Bank Polski** włączył się aktywnie w **uczczenie 100-lecia** odzyskania przez Polskę **niepodległości**. W 2018 roku minie dokładnie 100 lat od odzyskania przez Polskę niepodległości. NBP wydaje w związku z tym wydarzeniem **serię monet** poświęconych naszym **bohaterom**. Są to monety z wizerunkiem: Józefa Piłsudskiego, Józefa Hallera, Ignacego Paderewskiego oraz Romana Dmowskiego[170].

Warto też zwrócić uwagę na bardzo cenną książkę pt.: „**Nie tylko orężem**" autorstwa Marka **Rezlera**[171]. Jest to książka o polskiej drodze do niepodległości. Jej lektura może być wielką okazją do kształtowania w sobie postawy patriotycznej, także na polu gospodarczym. Można zobaczyć, w których księgarniach jest ta książka dostępna. Jeżeli kupimy ją w polskiej księgarni, to wówczas będzie spełniona i motywacja patriotyczna — kupimy ją u księgarza polskiego. Jeżeli będzie do wyboru Empik i jakaś **księgarnia polska**, to zawsze istnieje możliwość zdecydowania. Nawet nie chcę dokładnie pisać, co należy wybrać, ale sam wybór już daje do myślenia: gdzie kupić.

---

[170] Zob.: http://www.polskieradio.pl/42/5107/Artykul/1614947,Nowa-seria-monet-NBP--na-stulecie-odzyskania-niepodleglosci-Pilsudski-Haller-Paderewski-i-Dmowski.
[171] M. Rezler, Nie tylko orężem, Dom Wydawniczy Rebis, Poznań 2013.

W książce tej poruszono bardzo ważne kwestie. Warto tę książkę czytać dniami i nocami i o niej dyskutować. Warto spotykać się na spotkaniach towarzyskich i poruszać pewne ważne tematy zawarte w tej książce. Ta książka porusza przede wszystkim bardzo ważne **problemy metodologiczne.** Mianowicie to, **jakie** były **cechy** tej **metody pracy organicznej** wypracowanej w **Wielkopolsce.** Są to metody walki o odzyskanie państwa. Ważne znaczenie miało to, że były podejmowane inicjatywy przez ludzi, którzy byli wyedukowani i kształceni, z pewnych kręgów, które miały charakter patriotyczny i przekazywały ogromny zasób wiedzy. Dlatego ważne jest dziś zdobywać wiedzę, uczyć się, kształcić i doskonalić swoją wiedzę i iść drogą rozwoju. Gdzie można się kształcić? M.in. na naszej uczelni, Uniwersytecie Ekonomicznym w Poznaniu, bo to polska uczelnia, na polskiej ziemi, w Poznaniu.

Przykładem są studia podyplomowe „**Mistrzowie rynków finansowych**". Uczestniczenie w takich studiach ma pewien **określony cel.** Może danego człowieka **doskonalić.** Jest to bowiem **budowanie** tego co **polskie.** Jest pewną nauką **wytrwałości** przy Polsce. Każdy student, który zapisuje się na studia podyplomowe „Mistrzowie rynków finansowych", po to by poznać mechanizm funkcjonowania tych rynków ma wielkie znaczenie, bo wtedy idzie on drogą pracy organicznej. Kolejna edycja studiów rozpocznie się na jesieni 2017 roku.

Warto pamiętać, że w pracy organicznej uczestniczyli różni ludzie. Wiadomo, że byli to zarówno mężczyźni, jak i kobiety. Przeważali co prawda mężczyźni. Niemniej jednak kobiety również odgrywały bardzo ważną rolę w upowszechnianiu pracy organicznej. Przykładowo były to: Emilia Szczaniecka, Bibianna Moraczewska, Julia Molińska-Woykowska. Bardzo **ważną rolę** wśród kobiet propagujących pracę organiczną odegrała **generałowa Jadwiga Zamoyska.**

W dzisiejszych czasach, gdy mówi się, że rola kobiet w życiu społecznym wzrasta, warto to przypominać. **Święty Jan Paweł II** napisał nawet **list do kobiet.** Warto pamiętać zatem, że w tej pracy organicznej, która się dzieje tu i teraz, uczestniczą nie tylko mężczyźni, ale też i kobiety. Dlatego warto zawsze patrzeć na to, jak sytuacja wyglądała wtedy w czasach zaborów, gdzie głównie przeważali mężczyźni, i jednocześnie obserwować, jak wygląda to w nam współczesnych czasach, w których zaznacza się coraz większy udział kobiet w pracy organicznej.

Ciekawe badania na temat roli kobiet w życiu społecznym w obecnych czasach przedstawiła **Anna Titkow** w swej książce pt.: „Tożsamość polskich kobiet". Autorka wyróżniła sześć typów współczesnych Polek: matka Polka — przeciążona, poświęcająca się dla swoich bliskich, menedżer życia rodzinnego, kobieta asertywna — mająca świadomość swoich praw, kobieta powój — która musi się na kimś oprzeć, kobieta strateg — która umie osiągać to, co lubi, bez nadmiernego wysiłku, kobieta „do przodu" — która osiąga to, co zamierza, oraz kobieta cwana — która lubi być przez innych wyręczana i być osobą przy tym lubianą.

Równie ciekawe badania przeprowadziły studentki II roku socjologii z Uniwersytetu Zielonogórskiego (Dorota Łangowska, Izabela Łacek, Ewa Zaranek i Ilona Wusek) na temat roli kobiet **w rodzinie**[172]. Zadawały one pytania respondentkom z okręgu zielonogórskiego m.in. o **wartości**, które są dla nich **najważniejsze** w ich **życiu**. Wyniki zawiera Wykres 102.

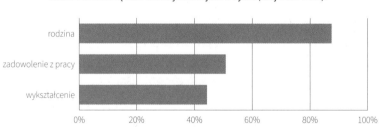

Wykres 102: Jakie wartości są najważniejsze dla kobiet w % (maj 2008 r.). Źródło: opracowanie na podstawie badań „Rola i pozycja kobiet w rodzinie".

---

[172] D. Łangowska, I. Łacek, E. Zaranek, I. Wusek, Rola i pozycja kobiet w rodzinie, Uniwersytet Zielonogórski, Zielona Góra 2008.

Widzimy, iż zdecydowanie **najważniejszą kwestią** w życiu dla badanych kobiet była **rodzina (87,5%)**. Na kolejnych miejscach pojawiło się zadowolenie z pracy (50,8%) oraz wykształcenie (44,3%). Biorąc pod uwagę, iż kobiety będą odgrywać coraz większą rolę w naszym życiu społecznym, to te wyniki są budujące. Jeżeli myślimy bowiem o polskim narodzie jako o rodzinie wszystkich rodzin naszych rodaków, to należy być optymistą. Kobiety jako ostoja polskich rodzin będą zapewne troszczyć się o rodzinę w przyszłości i to jest duża szansa na to, by polski naród przetrwał i się dalej rozwijał.

Odwołując się do **myśli chrześcijańskiej,** warto przypomnieć artykuł **ojca Jacka Salija** „O powołaniu do życia samotnego". Autor ten wskazuje na to, że istnieje cała grupa ludzi, którzy nie założyli rodziny i to jest też rola dla kawalerów i panien na polu działalności społecznej. Warto się angażować w działania w zakresie patriotyzmu gospodarczego. Widzimy więc, że droga jest otwarta dla każdego. Bardzo ważne jest, aby patrzeć na te kwestie pracy organicznej opisywanej w książce **Marka Rezlera** pod kątem tego, **co jest aktualne dzisiaj,** a co musi **ulec zmianie**. Tak naprawdę nie chodzi o to, by dokładnie opowiadać o szczegółach życia poszczególnych propagatorów pracy organicznej. Przede wszystkim chodzi o tę wspomnianą już wcześniej metodologię pracy organicznej, bo to ta metodologia jest kluczem i dzięki temu Polska ma szansę wygrać i przetrwać w dzisiejszych czasach. Marek Rezler zaznacza, że ludzie zaangażowani w pracę organiczną wcześniej byli żołnierzami w powstaniach narodowych. Było tak, że dany bohater był żołnierzem, potem zaczął przechodzić pewną ewolucję. Stawał się człowiekiem pracy organicznej. Takimi ludźmi byli: Dezydery Chłapowski, Karol Marcinkowski, Tytus Działyński. To pokazuje wielką rolę tego, żeby być gotowym na zmianę podejścia. Czasem potrzebne jest podejście bardziej radykalne. Uderzamy, bo jest szansa zwyciężyć, a czasem bywa tak, że trzeba **przetrwać**, przeczekać, budować, **uświadamiać**. Taka postawa jest bardzo ważna. Dlatego dzisiaj możemy powiedzieć tak wiele pozytywnego o: Hipolicie

Cegielskim, Karolu Marcinkowskim, ks. Piotrze Wawrzyniaku, o tych wielkich tuzach polskiego patriotyzmu. To oni właśnie rzetelną pracą i troską budowali to, co polskie. Hipolit Cegielski budował polski przemysł, Karol Marcinkowski troszczył się o biednych. Ks. Piotr Wawrzyniak stworzył sprawny polski system bankowy w Wielkopolsce. To wszystko jest potrzebne. **Każdy** z nas jest **potrzebny**. Każdy ma swój obszar działania, **specjalizację**, jakąś niszę. To wielka sprawa **wychowawcza**.

Bardzo ważne znaczenie ma pokazywanie takich przykładów zmiany nastawienia od zwolennika powstań do zwolennika pracy organicznej. Zawsze warto się zastanawiać, jakie motywy daną osobę do pewnych postaw skłoniły. Co było tym momentem przełomowym. Warto czytać książkę Marka Rezlera po to, by samemu takie pytania zadawać i samemu się starać na te pytania odpowiadać. Nie chodzi o to, bym kogoś wyręczał, ale zachęcam do **samodzielnego czytania,** by samemu te problemy pracy organicznej **przemyśleć**. To jest jeden z **podstawowych celów** mojej **książki**.

Warto pamiętać, że w tej pracy organicznej uczestniczyli ludzie, którzy byli wyszkoleni w armiach obcych, np. armii pruskiej, jak Jan Henryk Dąbrowski, Andrzej Niegolewski czy Franciszek Gajewski. To pokazuje, że często jest tak, że osoby, które w przeszłości dokonały różnych wyborów, a potem poszły inną drogą, też mogą być bardzo przydatne w kultywowaniu pracy organicznej.

Ta praca organiczna odbywała się na pewnym terytorium. Organicznicy najlepiej czuli się w Polsce Zachodniej. Obecnie to część **Polski Północno-Zachodniej**. Nie wolno **Polski Wschodniej** skazywać na brak pracy organicznej. Niedawno była konferencja w Lublinie na temat pracy organicznej, gdzie się mówiło o np. **Janie Ludwiku Popławskim**. Był to polski działacz społeczny i polityczny, który współtworzył pracę organiczną, wiele pisał. Jan Ludwik Popławski mówił w okresie zaborów, aby policzyć nasze siły, bo może okazać się, że walka jest co prawda trudna, ale nie beznadziejna. Dlatego warto zdecydowanie o tym pamiętać, że trzeba **pewne siły rozpoznać** i te słabsze strony również. Warto wiedzieć, iż idea pracy organicznej była i jest obecna na całym polskim terytorium. To jest bardzo ważne, gdyż my wszyscy musimy myśleć głównie w kategoriach ogólnopolskich. Choć z natury rzeczy każdy jest przywiązany do danego miasta czy klubu piłkarskiego. Można kibicować różnym polskim drużynom, ale warto pamiętać, że jesteśmy przede wszystkim Polakami. Są rywalizacje klubowe, ale gdy gra reprezentacja Polski, kibicujemy jej niezależnie od tego, czy gra tam ktoś z Poznania, z Warszawy czy z Łodzi. Myślenie zatem **ogólnopolskie** powinno być w pracy organicznej **obecne**.

Przykładem działań w duchu pracy organicznej jest inicjatywa młodzieży polskiej „**Akademia Nowoczesnego Patriotyzmu**"[173].

Zdjęcie 12: Oficjalny logotyp „Akademii Nowoczesnego Patriotyzmu". Źródło: strona internetowa: http://anp.kj.org.pl/.

Jest to inicjatywa „**Klubu Jagiellońskiego**". Propagatorzy tej idei starają się łączyć tradycję z nowoczesnością. Autorzy tegoż projektu stawiają sobie trzy ważne cele: pielęgnowanie kultury pamięci, przygotowanie do samorządności oraz promowanie patriotyzmu gospodarczego. Warto podkreślić, iż celem tej inicjatywy jest zachęcanie uczestników „Aka-

---

[173] Zob.: http://anp.kj.org.pl/.

demii Nowoczesnego Patriotyzmu", aby przechodzić **od narzekania do działania**. Organizatorzy Akademii starają się włączyć **młodzież szkół średnich** do praktycznych działań, ucząc m.in. zarządzania państwem i samorządem terytorialnym na szczeblu swoich **polskich wspólnot** w miejscu zamieszkania.

„Akademia Nowoczesnego Patriotyzmu" ma swoją aktywną stronę facebookową[174]. Zainteresowanie projektami społecznymi Akademii stale rośnie wśród młodzieży. Do tej pory zorganizowano i zakończono **pięć edycji projektu**. Samych zaś projektów społecznych w ramach „Akademii Nowoczesnego Patriotyzmu" powstało już ponad 240. W zajęciach tych wzięło udział ponad 11 000 osób. Akademia działa też w mediach m.in. w Polskim Radio oraz Telewizji Publicznej, TVP Info, a także w tygodnikach np. „Do Rzeczy" i dziennikach, np. „Dziennik Polski".

Widać, iż „Akademia Nowoczesnego Patriotyzmu" działa bardzo **prężnie** i **sprytnie**. Na uwagę zasługuje „**Mapa województw**", na której jest uwidoczniona lista szkół (liceów, techników, gimnazjów), które wzięły udział w projektach społecznych[175]. Bardzo mnie cieszy, że jest wiele szkół z terenów północno-zachodniej Polski, gdzie szczególnie potrzebne są działania ofensywne propagujące patriotyzm gospodarczy. Wielokrotnie w książce podkreślałem, iż na tych **terenach północno-zachodnich** naszej ojczyzny rozegra się **bój** o polską **gospodarkę**. Wiemy, że na tych terenach szczególnie aktywny jest kapitał zagraniczny m.in. kapitał niemiecki.

Ciekawą informacją, która jest podawana na stronie „Akademii Nowoczesnego Patriotyzmu" jest **aktywność** przedstawicieli **poszczególnych szkół** biorących **udział** w projektach (liczba wyświetleń). Informacje na ten temat zawiera poniższy wykres.

W minionych dwóch edycjach projektu wzięły udział szkoły ze wszystkich 16 województw, ale nie wszystkie szkoły zrealizowały projekty

---

[174] Zob.: https://www.facebook.com/AkademiaNP/.
[175] Zob.: http://anp.kj.org.pl/mapa-wojewodztw/.

społeczne. Projekty społeczne „Akademii Nowoczesnego Patriotyzmu" budzą zatem uznanie i budują polską wspólnotę.

Można powiedzieć, iż **prekursorzy pracy organicznej** czasów zaborów mają godnych **swych następców i kontynuatorów** w dzisiejszych pokoleniach Polaków. Z zadowoleniem warto odnotować te wszystkie **patriotyczne inicjatywy**, gdyż dzięki temu nasz kraj ma szansę się dalej rozwijać i umacniać swoją pozycję w świecie.

Warto zwrócić uwagę, iż cechą tych wszystkich **polskich patriotów** okresów zaborów była ich **pracowitość, konsekwencja, planowanie**. Te działania pracy organicznej nie były przypadkowe. To była **konsekwentna praca** i wielkie przywiązanie do **drobnych rzeczy**.

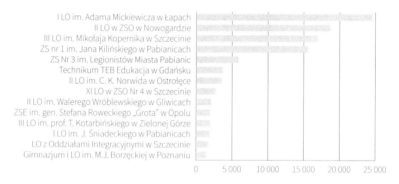

Wykres 103: Liczba wyświetleń poszczególnych filmików przygotowanych przez uczniów szkół współpracujących z „Akademią Nowoczesnego Patriotyzmu". Źródło: strona internetowa: http://anp.kj.org.pl/ranking-2017/.

W dzisiejszych czasach takim przykładem konstruktywnej pracy organicznej będzie przywiązywanie wagi do dobrze przygotowanego artykułu, do dobrze wykonywanej pracy magisterskiej, do dobrze napisanego wpisu w Internecie, czyli do pewnych drobnych rzeczy, które składają się na pewną zwartą całość.

Spotkanie się na wykładach i prelekcjach z „Patriotyzmu gospodarczego" wielu pokoleń Polaków jest szansą na pogłębienie więzi społecznych i umacnianie wspólnoty narodowej. Wymiana informacji czy dyskusja — to wszystko buduje więzi społeczne i to jest wielka sprawa dla Polski. Chciałbym przejść do pewnej sprawy natury symbolicznej. Jeden z parlamentarzystów, **dr Bartłomiej Wróblewski** zgłosił projekt **uchwały** o uczczeniu pracy **Poznańskiego Towarzystwa Przyjaciół Nauk** znajdującego się przy ul. Mielżyńskiego w Poznaniu. Uchwała została przyjęta przez polski sejm. Głosowali za tą uchwałą ludzie ze wszystkich klubów poselskich. To jest bardzo dobry przykład, gdyż pokazuje, że myślenie kategoriami niepartyjnymi, ale wspólnotowymi, polskimi jest bardzo ważne. Ta uchwała jest bardzo ważna i warto o niej pamiętać.

Mówiąc o pracy organicznej w XIX wieku, chciałem przede wszystkim powiedzieć o jej **metodologii**, aby się **zastanowić wspólnie**, co jest aktualne właśnie dzisiaj we współczesnej Polsce.

Praca organiczna prowadzona w XIX wieku była ważna także dlatego, że jej elementem było **rozpoznawanie wad i zalet**, jakie posiada **naród polski**. Oczywiście wady czy zalety także może posiadać człowiek, niemniej jednak uważam, że **naród** jest pewną **wspólnotą** i posiada określone **cechy narodowe**.

Można mówić zatem o **pewnych cechach**, które mogą okazać się nam **przydatne**. Szczególnie ważna jest analiza wad narodowych po to, żeby móc je wyeliminować, aby ich nasilenie się zmniejszyło. Z tego punktu widzenia ważne znaczenie w pracy organicznej ma działalność tych osób, które starają się te wady rozpoznać i zaproponować „leki", które będą miały na celu usunięcie tych wad, a przynajmniej ich zmniejszenie. Jedną z takich osób bardzo ważnych była już tu wspominana generałowa Jadwiga Zamoyska, która umarła w roku 1923. Co ciekawe, przeżyła aż 92 lata. Była więc osobą wiekową. Miała ona wielkie zasługi, jeśli chodzi o **wychowanie młodzieży**. Można powiedzieć, że miała zasługi przede wszystkim w wychowaniu **młodzieży żeńskiej**. Jej metodą pracy była w dużym stopniu praca pisarska oraz **praca wychowawcza**, która się z tego pisarstwa brała. Z tego punktu widzenia warto czytać **jej publikacje**, mając oczywiście **świadomość**, że były one pisane w **konkretnym czasie**, czyli dotyczyły właśnie **okresu zaborów**.

Warto zauważyć, że Jadwiga Zamoyska miała swoje **wielkie zasługi**, gdy chodzi o publikowanie rozmaitego typu **artykułów** i książek na tematy **związane z wychowaniem**. Oczywiście jako osoba wierząca, gorliwa **katoliczka** w tych swoich publikacjach w naturalny sposób nawiązywała do nauki Kościoła katolickiego. Kiedy się czyta publikacje Jadwigi Zamoyskiej, wyraźnie widać, że tematy, jakie poruszała, były związane z tym, że była osobą wierzącą, tzn. pisała o wierze, sakramentach, o pokucie, o kapłaństwie, małżeństwie, o cierpieniu. Na tym podglebiu wyrosły pewne przemyślenia dotyczące sposobu miłowania ojczyzny, tzn. dotyczące **czwartego przykazania Dekalogu**. W związku z tym warto mieć tego świadomość, że zawsze jest tak, że pewne poglądy wyrastają na pewnym **podglebiu ideowym**, światopoglądowym, na pewnych sposobach myślenia. W tym kontekście warto przejść do omówienia tego, **o czym** Jadwiga Zamoyska **pisała**.

Pisząc o wychowaniu, o pracy nad sobą, o rodzajach pracy, dochodziła do **pewnych postulatów**, które też z punktu widzenia **życia narodów** mają ogromne **znaczenie** nie tylko indywidualne, ale też właśnie **wspólnotowe** — dotyczą narodu jako wspólnoty. Jadwiga Zamoyska pisała np. o **sprawach gospodarczych**. Nazywała sprawy gospodarcze sprawami dotyczącymi, jak to określała, gospodarstwa narodowego. Jest to pojęcie bardzo ciekawe, gdyż tak samo, jak mamy **gospodarstwo domowe**, możemy mówić o **gospodarstwie narodowym**. Z tego punktu widzenia to pojęcie stosowane przez Jadwigę Zamoyską jest bardzo **ciekawe**. Pisząc o gospodarstwie narodowym, o sprawach gospodarczych, wskazywała ona na to, żeby zwracać uwagę na kwestie **zdobycia wykształcenia** do pracy w **przemyśle**. Uważała ona, że aby przemysł i handel się rozwijały, potrzebne jest odpowiednie nastawienie, które wynika z **przesłanek patriotycznych**, czyli przesłanek pewnej **ofiar-**

ności. To właśnie Jadwiga Zamoyska pisała o tym, że aby przemysł polski się mógł rozwijać, potrzebne jest pewnego typu występowanie u konsumentów **postawy** takiej **ofiarnej, właśnie patriotycznej**. Wskazywała ona na to, że kupowanie **towarów polskich** oraz korzystanie z **usług polskich** instytucji usługowych jest bardzo ważne. Chodziło jej nie tylko, aby **wybierać polskie produkty** z powodu ich wysokiej jakości i korzystnej ceny, ale dlatego że są po prostu **polskie**. Należy tak czynić po to, aby **poprzeć rozwój** tych polskich **instytucji**. Jeżeliby o tym w ogóle zapomnieć, to nie byłoby dużych szans na **odzyskanie polskiej własności** i na zbudowanie polskiej własności w **przemyśle** czy **handlu**. Jadwiga Zamoyska zwracała uwagę na **ogromne znaczenie języka polskiego**. Mianowicie wskazywała na to, że należy tego **języka strzec**, że jest wielkim **niebezpieczeństwem** proces właśnie **zanikania** obecności **języka polskiego** w przestrzeni **publicznej**.

Ciekawe badania **czasów nam współczesnych** na temat **obecności języka angielskiego** w reklamach telewizyjnych wybranych produktów zawiera praca dyplomowa **Barbary Tobolowej** pt.: „Język angielski w reklamie telewizyjnej" (Wykres 104).

Autorka badała reklamy nadawane w **głównych stacjach telewizyjnych** w Polsce, tj. TVP 1, Polsat i TVN. Badania przeprowadzono w 2012 roku i dotyczyły wybranych produktów. Okazało się, że najwięcej nazw z języka angielskiego pojawiało się w reklamach **kosmetyków** (100%) oraz **elektroniki** (92%). Najmniej zaś nazw angielskich było w reklamach **farmaceutyków** (10%). Badania te pokazują, iż dokonuje się swego rodzaju **inwazja języka angielskiego** do mass mediów w Polsce.

Kiedy czytamy artykuły **Jadwigi Zamoyskiej**, to możemy sobie zdać z tego sprawę, że **pewne uwagi** czynione w XIX wieku mogą być **aktualne** także i **dziś**. Patrząc na współczesne czasy można dostrzec, że tak rzeczywiście jest. Jadwiga Zamoyska, podkreślając **rolę języka polskiego**, nie wiedziała oczywiście, co będzie teraz, ale kiedy obserwujemy nadmierną, wręcz **nachalną obecność** języka **angielskiego**, wypieranie języka polskiego przez angielski[176], to rozumiemy doskonale, iż Jadwiga Zamoyska **miała rację**. Dostrzegała bardzo ważne zjawiska. Dlatego tak ważne znaczenie ma **obrona polskiego języka** także i **dziś**. Co ciekawe Jadwiga Zamoyska pisała, że nie ma na świecie **narodu**, który by tak jak nasz **lekceważył** to, co **własne**, a **hołdował** temu, co **obce**. Oczywiście to są bardzo ostre słowa, ale one wskazują na to, **czym Jadwiga Zamoyska była przejęta**. Była właśnie przejęta tym, że **Polacy** w XIX wieku mieli jednak takie tendencje do tego, żeby **ulegać** rozmaitym modom zagranicznym np. modzie na **francuszczyznę**. W każdym razie nie wchodząc w szczegóły, wyraźnie widać, iż Jadwiga Zamoyska pokazywała **rolę wierności Polsce**, rolę **ofiarności**, a także znaczenie tego, iż należy **popierać polskie towary** czy usługi właśnie dlatego, że wtedy się odbudowuje to, co polskie, odbudowuje się **polską gospodarkę narodową**.

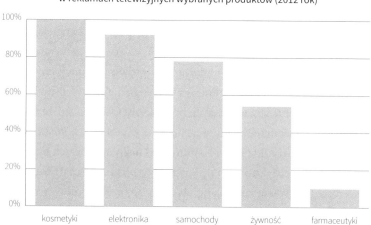

Wykres 104: Obecność języka angielskiego w reklamach telewizyjnych wybranych produktów w 2012 roku w %. Źródło: opracowanie na podstawie badań Barbary Tobolowej.

---

[176] Polszczyzna jako wartość, rozmowa z prof. Andrzejem Markowskim, „Civitas Christiana", luty 2013.

Jadwiga Zamoyska wskazywała też na rolę analizy charakterologicznej Polaków, np. mówiła, że Polakom się wyrzuca to, że jesteśmy niesforni, nieulegli i niezdolni do posłuszeństwa. Jadwiga Zamoyska postawiła **ciekawą tezę**, że to nie jest tak, że u nas nikt nie chce słuchać, ale **problem** jest taki, że **nikt nie chce** czy nie umie **rozkazywać**. To wynikało z jej obserwacji **w tamtym okresie** poczynionych. To wynikało prawdopodobnie z tego, że być może ona uważała, że kluczem jest, aby **byli ludzie**, którzy wezmą na siebie pewną **odpowiedzialność, i by potrafili kierować**. To jest ciekawa obserwacja, która pokazuje, że często spotykamy się z takim powiedzeniem: „**weź coś zrób**", „ty wykonaj". Dużo większym zatem **problemem** jest to, żeby **samemu coś uczynić**, samemu czymś **kierować**, bo wtedy jest to bardzo ważne dla dobra Polski. Jadwiga Zamoyska wyraźnie to podkreślała i to jest wielkie jej **przesłanie**. Jeżeli mówimy o kwestiach poruszanych przez Jadwigę Zamoyską, to nie sposób zapomnieć o jej wielkim **przywiązaniu do ziemi ojczystej**. Ona wskazywała, że właśnie ziemię należy **utrzymać** w **polskich rękach**. Te wszystkie kwestie z utrzymaniem ziemi, **utrzymaniem przemysłu, handlu** w polskich rękach były wyraźnie podkreślane przez **Hipolita Cegielskiego**. To są wielkie przesłania ludzi pracy organicznej. Oni wszyscy zdecydowanie nawiązywali do kwestii **patriotyzmu oddolnego**, czyli do tego, co jest **bardzo ważne**.

Ciekawe badania w grudniu 2016 roku na temat ewentualnej sprzedaży **polskiej ziemi** cudzoziemcom przeprowadził CBOS.

Z badań tych wynikało, iż 76% Polaków deklarowało sprzeciw wobec sprzedaży ziemi cudzoziemcom. Jednocześnie warto zauważyć, iż polscy rolnicy są bardzo przywiązani do polskiej ziemi i wykazują dużą o nią troskę. We wrześniu 2016 roku „Agrofakt" przeprowadził badania na temat planów zakupów ziemi przez gospodarstwa rolne. Badania zawiera poniższy wykres.

Widzimy, iż **zdecydowana większość** gospodarstw rolnych w naszym kraju zamierza **zwiększyć stan posiadania** polskiej ziemi.

Najwięcej deklarujących zakup polskiej ziemi zanotowano w grupach **gospodarstw od 50 do 300 ha**.

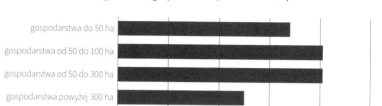

Wykres 105: Odsetek gospodarstw rolnych chcących kupić ziemię w % (wrzesień 2016 rok). Źródło: opracowanie na podstawie badań „Agrofakt".

Warto zauważyć, iż Jadwiga Zamoyska, mówiąc o kwestiach **polskiego narodu,** wspominała także o kwestiach **tradycji.** Wskazywała ona na **rolę tradycji** w życiu **narodu.** Jadwiga Zamoyska mówiła także, że **w XIX wieku** byli tacy, którzy zaczynali **wówczas pytać,** czy lepiej nie byłoby **zaniechać** już ostatecznie wszelkiego starania się o **samoistność narodową,** czy nie lepiej bardziej zapewnić sobie spokojne życie i **pomyślne kariery.** Ludzie ci zadawali sobie wtedy **pytanie:** czy nie lepiej jest, **wchodząc** w myśl zaborczych **rządów** i lojalnie tworząc **nowe słowa** dla nowych zapatrywań, **przeistoczyć się** w Moskali czy w Niemców.

Te słowa były i są teraz **bardzo ważne.** One są ważne w **sensie metodologicznym.** Bo dzisiaj też mogą się pojawiać **takie opinie,** że po co być **Polakiem,** że lepiej być tylko Europejczykiem. Oczywiście, że **Polak** jest Europejczykiem, bo nasz kraj leży w Europie od początków naszej państwowości. Jeśli tak bardzo podkreśla się kwestie europejskości i tylko nad tym się koncentruje bez nawiązywania do polskości, to jest to **niebezpieczne,** gdyż jest to **likwidowanie** narodu polskiego. Trzeba pamiętać, że te sformułowania Jadwigi Zamoyskiej mówiącej o **jej obserwacjach** w okresie XIX wieku mogą być także **aktualne i dziś,** aczkolwiek w innych uwarunkowaniach historycznych i w innym charakterze. Niemniej jednak jest to bardzo ważne, żeby ciągle o tym pamiętać, że **jesteśmy Polakami.**

Rozdział 13: Czym naprawdę są korporacje?

We współczesnym świecie **problem funkcjonowania korporacji** ma bardzo duże znaczenie. Dzieje się tak dlatego, że formy działalności gospodarczej na przestrzeni ostatnich kilkuset lat ulegały modyfikacjom. Obecnie bardzo dużą rolę odgrywają właśnie korporacje, tzn. **spółki akcyjne**.

W 2017 roku magazyn „Forbes" opublikował najcenniejsze marki największych działających na świecie korporacji.

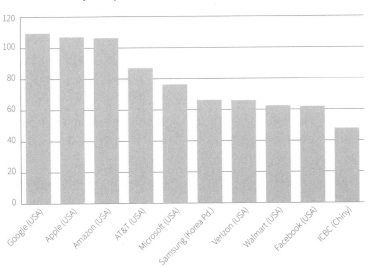

Wykres 106: Najcenniejsze marki świata. Źródło: opracowanie na podstawie rankingu magazynu „Forbes".

Okazało się, że zdecydowanie dominują w tym rankingu marki **korporacji amerykańskich**. W pierwszej dziesiątce znalazło się aż osiem marek amerykańskich. Pierwsze miejsce zajęła firma Google (109,5 mld USD).

Drugą zaś pozycję odnotował Apple (107,1 mld USD), a trzecią Amazon (106,4 mld USD). Co ciekawe, spoza USA były tylko dwie marki: Samsung (66,2 mld USD) oraz ICBC (47,8 mld USD). Oczywiście **pojęcie korporacji** ma różne odcienie, natomiast np. w USA korporacje utożsamia się ze spółkami akcyjnymi. W związku z tym także w innych krajach, również w Polsce, te pojęcia korporacji i spółki akcyjnej mogą być w pewien sposób utożsamiane. Jest to oczywiście kwestia do dyskusji. Są przecież inne **formy działalności gospodarczej** nawet o tej większej skali działania. Niemniej jednak można powiedzieć, że spółka akcyjna i korporacja to mniej więcej to samo.

Korporacje, które działają w **skali międzynarodowej**, mają taki charakter, że ich **centra** decyzyjne mieszczą się w jednym kraju, natomiast działalność korporacji prowadzona jest w wielu różnych krajach. To oczywiście powoduje pewne specyficzne problemy związane z funkcjonowaniem korporacji. Mianowicie korporacje działające w skali międzynarodowej często **przejmują** różne inne **spółki** i to powoduje pewnego typu szanse i zagrożenia. Mianowicie przejęcie takiej spółki oznacza, że **likwidowane są miejsca pracy**, co też wywołuje **niezadowolenie społeczne**. O tego typu roli korporacji pisał **papież Franciszek** w jednej ze swych **encyklik („Laudato si")**[177], gdzie wskazywał na to, że jest to **jedna z cech** międzynarodowych korporacji, które właśnie przez swoje działania dokonują też redukcji etatów poprzez przejmowanie innych przedsiębiorstw czy przenoszenie swojej działalności do innych krajów.

Co ciekawe, również **siostry** z zakonu **św. Franciszka** z Filadelfii, m.in. **Nora Nash,** zainteresowały się horrendalnymi premiami wypłacanymi prezesom największych spółek akcyjnych w USA w 2010 roku.

---

[177] Encyklika papieża Franciszka „Pochwalony bądź". Zob.: https://www.deon.pl/religia/serwis-papieski/dokumenty/encykliki-franciszek/art,11,encyklika-pochwalony-badz.html.

CZYM NAPRAWDĘ SĄ KORPORACJE? 273

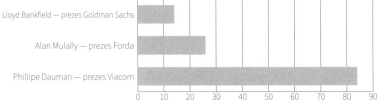

Wykres 107: Premie prezesów wybranych amerykańskich spółek w 2010 roku. Źródło: opracowanie na podstawie danych z portalu Money.pl.

Zdaniem siostry Nory Nash premie wypłacane prezesom spółek są zbyt wysokie, gdyż to przejaw **kultury chciwości**. Zastanawia się ona, czy to **nie grzech**, że toleruje się, iż prezes Goldman Sachs zarabia w **ciągu 3 godzin** swej pracy tyle, ile **przeciętny Amerykanin** przez cały rok[178]. Siostry zakonne są w posiadaniu pewnej ilości akcji Goldman Sachs. Daje to im m.in. prawo do uczestniczenia w **Walnym Zgromadzeniu Akcjonariuszy** banku Goldman Sachs, z czego zamierzały skorzystać. Siostry zapowiadały wówczas, iż zgłoszą **wniosek** o powołanie **specjalnej komisji** celem sprawdzenia, na jakich zasadach są wynagradzani prezesi Goldman Sachs. Wraz z fundacją charytatywną Nathan Cummings Foundation skierowały one prośbę do Komisji Bankowej amerykańskiego Kongresu, by zbadała proporcje między wysokością odpraw i wynagrodzeń najniżej zarabiających pracowników w stosunku do wynagrodzeń najważniejszych dyrektorów.

Zdaniem tych dzielnych franciszkanek największe korporacje amerykańskie nastawione są tylko na zysk, a zapominają jednocześnie o ludziach i podstawowych kwestiach **etyczno-społecznych**. Siostrom zakonnym chodzi o takie postulaty jak: **ochrona** klientów banku, ograniczenie kosztów wynagrodzeń kierownictwa, zwiększe-

---

[178] Zob.: https://finanse.wp.pl/goldman-sachs-na-celowniku-zakonnic-6114283075982977a.

nie przejrzystości działań banku oraz **pamięć o ubogich**. Siostry jednocześnie podkreślają, iż nie chodzi im o podważenie statusu tej czy innej korporacji, a jedynie o **zwiększenie świadomości** działań tych firm, a także o większą odpowiedzialność za ich poczynania rynkowe. Siostra Marijane Hresko podkreśla, iż celem krytyki franciszkanek nie są wysokie zarobki same w sobie, ale brak świadomości, iż **potrzeby ludzkiej istoty** nie są tak wygórowane i nadmiar można bez przeszkód mądrze rozdysponować. Siostry franciszkanki interesują się też działalnością innych korporacji, m.in. Exxon czy Chevron. Działalność tych korporacji budzi zainteresowanie sióstr ze względu na kwestie związane z **ochroną środowiska**.

Ciekawe badania na temat **wiary Polaków** w **Boga** zawiera poniższy wykres.

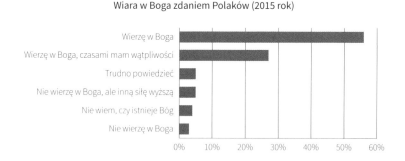

Wykres 108: Wiara w Boga zdaniem Polaków w 2015 roku. Źródło: opracowanie na podstawie badań CBOS.

Widzimy, że zdecydowana większość z nas wierzy w Boga. Część z osób wierzących deklaruje dość silną wiarę (56%), część zaś deklaruje wiarę nieco słabszą (27%). Prawdopodobnie z postulatami sióstr zakonnych z USA zgodziłoby się zatem wielu naszych rodaków. Warto przywiązywać dużą wagę do **społecznej odpowiedzialności** w działalności **korporacji** międzynarodowych.

Jakiego jest Pani/Pan wyznania religijnego w %

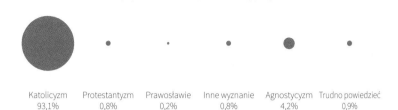

Katolicyzm	Protestantyzm	Prawosławie	Inne wyznanie	Agnostycyzm	Trudno powiedzieć
93,1%	0,8%	0,2%	0,8%	4,2%	0,9%

Wykres 109: Wyznania religijne Polaków w 2012 roku. Źródło: opracowanie na podstawie badań CBOS.

Taką opinię o Polakach mogą potwierdzać również badania na kolejnym wykresie. Z badań wynika, iż **ponad 90%** wszystkich **Polaków** deklaruje, że są **katolikami** (93,1%).

W naszym kraju, jak już wspominaliśmy w poprzednich rozdziałach pracy, **działa PTE „Pocztylion"**, który w polityce inwestycyjnej uwzględnia postulaty **Katolickiej Nauki Społecznej**.

Trzeba też o tym pamiętać, że nawet korporacje działające w skali międzynarodowej — one też mimo że większość akcjonariuszy jest akcjonariuszami pasywnymi — działa w postaci silnego jednoosobowego właściciela. W różnych krajach są pewne różnice, które zależą od tzw. ładu korporacyjnego.

Mamy do czynienia na świecie z różnymi typami ładu korporacyjnego, czyli tego **mechanizmu kierowania korporacją**. Występuje ład korporacyjny **anglosaski**, który dominuje w USA, Wlk. Brytanii, gdzie rola rynku kapitałowego jest stosunkowo wysoka i gdzie przedsiębiorstwa mają głównie cel w postaci **maksymalizowania zysku**.

Warto w tym momencie wspomnieć, iż za jedną z **pierwszych korporacji** na świecie uważa się **Brytyjską Kompanię Wschodnioindyjską**[179]. Była to korporacja handlowa powołana za czasów królowej angielskiej

---

[179] W. Trojanowski, Matka wszystkich korporacji, „Opcja na Prawo", 2017, nr 2, s. 23–25.

Elżbiety I. W 1600 roku królowa Elżbieta nadała tej organizacji specjalne przywileje. Korporacja ta zyskała niemal nieograniczone **uprawnienia gospodarcze**, polityczne, a nawet **militarne**. W pewnym momencie swego istnienia dysponowała nawet **200-tysięczną armią**. Brytyjska Kompania Wschodnioindyjska miała również przywilej **emisji własnego pieniądza**. Jako organizacja handlowa swoją ekspansję kolonialną prowadziła głównie za pomocą środków ekonomicznych takich jak: **wrogie przejęcia gospodarcze** rodzimego biznesu oraz sukcesywną **monopolizację** rynku na terenie całych prowincji (Bengal) i państw (Indie).

Warto wspomnieć, iż w ówczesnej Anglii (czasy ojca Elżbiety, Henryka VIII) **wrogo** odnoszono się do **myśli katolickiej** (skazanie na śmierć **Tomasza Morusa**). To w tamtych czasach usankcjonowano **nadrzędność świeckiego prawa** nad prywatnym sumieniem oraz obiektywnymi wartościami o **charakterze naturalnym**. Miejsce po chrześcijańsku pojmowanego dobra zajęła **korzyść własna**.

Wprowadzono wówczas zasadę: „Jeżeli coś nie jest zabronione przez prawo, wówczas mogę robić to, co mi się podoba we własnym interesie". Tak pojęta zasada skutkowała **wyeliminowaniem tradycyjnego** sposobu **myślenia** o gospodarce i handlu. Zatem miłosierdzie, sumienie, **troska o słabszych** to pojęcia, które nie mieściły się w kategorii owego „**własnego interesu**". To myślenie zaszczepiono wszystkim krajom **skolonizowanym** przez Anglię w **kolejnych wiekach**. Warto o tym pamiętać, omawiając **anglosaski model** ładu korporacyjnego.

Są także korporacje działające w warunkach ładu korporacyjnego **niemiecko-japońskiego**, gdzie się np. bardziej uwzględnia interesy innych tzw. **interesariuszy**, czyli podmiotów zainteresowanych funkcjonowaniem danej korporacji. Przy czym to jest tak, że tego typu korporacje o **modelu niemiecko-japońskim** mają inny charakter niż te pierwsze. W tych drugich dużą **rolę odgrywają pracownicy**, którzy są **włączani** w proces decyzyjny w ramach danej korporacji.

Ciekawe badania dotyczące współczesnych korporacji przedstawił prof. **Paul Dembinski**[180]. Naukowiec ten uważa, że w ciągu ostatnich 30 lat **korporacje umocniły** swoją pozycję w gospodarce światowej. Często dzieje się tak, iż największe korporacje międzynarodowe są w stanie **dyktować warunki** poszczególnym **państwom** w sytuacji, gdy zagrożone są ich interesy gospodarcze. Zdaniem Paula Dembinskiego najpotężniejsze korporacje stają się dziś **graczami politycznymi** i architektami światowego społeczeństwa. Wyniki badań Paula Dembinskiego przedstawia poniższy wykres.

Wykres 110: Cechy największych korporacji międzynarodowych. Źródło: opracowanie na podstawie badań Paula Dembinskiego.

Widzimy, iż faktycznie współczesne korporacje mają **ogromne znaczenie** w gospodarce światowej. Największe z nich wytwarzają prawie 50% całego światowego PKB. Ponadto stanowią one ponad **60% kapitalizacji** wszystkich **spółek akcyjnych** światowego rynku finansowego.

Warto o tym pamiętać, że korporacje są specyficzną formą działalności gospodarczej jako spółki akcyjne. Dlatego też jest tak, że z tytułu emisji akcji potencjalni nabywcy mogą odnieść szereg korzyści czy praw.

Nabywają oni przede wszystkim **prawo do głosowania** na Walnym Zebraniu Akcjonariuszy czy np. prawo do otrzymywania dywidendy

---

[180] Koncerny silne jak państwa. Kto rządzi światem?, „Rzeczpospolita" z 2 marca 2017 roku.

z tytułu posiadania akcji. Tego typu uprawnienia powodują, że korporacje jako twory są tworami bardzo znaczącymi.

Ciekawe zestawienie **typów korporacji** w zależności od wysokości **dywidendy** zawiera poniższy wykres.

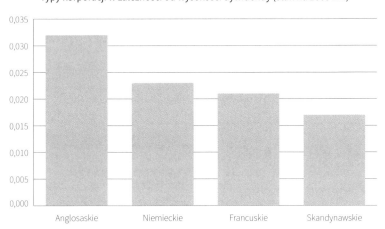

Wykres 111: Typy korporacji w zależności od dywidendy w 2005 roku. Źródło: opracowanie na podstawie badań Magdaleny Broszkiewicz.

Widzimy, iż korporacje **anglosaskie** są bardziej nastawione na **maksymalizację korzyści**[181] dla akcjonariuszy niż np. korporacje skandynawskie, gdzie ten czynnik w ich działalności jest mniej znaczący.

Nawet **Alan Greenspan**, były szef FED-u powiedział, że korporacje mają taki charakter **quasi-państw**, co oznacza, że są to organizacje bardzo silne[182]. Jeżeli porównamy np. PKB w różnych krajach, zwłaszcza tych mniejszych, i sumę aktywów czy przychodów wielkich korporacji, to

---

[181] M. Broszkiewicz, Proces konwergencji regulacji ładu korporacyjnego na rynkach kapitałowych krajów Unii Europejskiej, „Ekonomia", 2011, nr 4, s. 325–340.

[182] A. Greenspan, Mapa i terytorium, Prószyński Media, Warszawa 2014.

widzimy wyraźnie, że te korporacje odgrywają coraz większą rolę w skali międzynarodowej. Do podobnych wniosków dochodzi koreański naukowiec Ha-Joon Chang w swej książce pt.: „**23 rzeczy, których nie mówią ci o kapitalizmie**"[183].

Gdy zapytano się kiedyś **Marka Belki** (byłego prezesa NBP), **kto rządzi światem**, to powiedział, że są to **korporacje**, w tym korporacje **medialne**. W związku z tym warto zastanowić się, jakie są **największe korporacje** na świecie.

Wykres 112: Przychody największych firm medialnych w 2014 roku. Źródło: opracowanie na podstawie magazynu „Forbes".

Ciekawe zestawienie zawiera Wykres 112. Przedstawione są na nim przychody największych firm medialnych na świecie za 2014 rok. Widzimy, iż dominują zdecydowanie koncerny medialne z USA. Pierwsze miejsce pod tym względem zajmuje koncern Alphabet Google, którego

---

[183] H.J. Chang, 23 rzeczy, których nie mówią ci o kapitalizmie, Wydawnictwo Krytyki Politycznej, Warszawa 2013, s. 248–258.

przychody w 2014 roku przekroczyły 59 mld USD. Drugą lokatę zanotował The Walt Disney Company (22,45 mld USD), a trzecią Comcast (19,72 mld USD). Niemniej jednak trafiają się w pierwszej piętnastce prezentowanego rankingu firmy spoza USA. Są to: Bertelsmann (10,04 mld USD), Baidu (7,89 mld USD) oraz Grupo Globo (4,83 mld USD).

Naturalnie trzeba też o tym pamiętać, że korporacje można klasyfikować wedle rozmaitych kryteriów. Jednym z takich kryteriów bardzo ważnych jest kryterium wartości rynkowej. Wartość rynkowa to przemnożenie ilości akcji przez cenę akcji. To pokazuje rolę rynku kapitałowego, rynku akcji w funkcjonowaniu korporacji. Korporacje są często spółkami, których akcje są notowane na giełdzie papierów wartościowych. Pomimo tego, że spółka nie przeprowadza jakichś wielkich emisji, to i tak może pochwalić się ona, że jest transparentna czy wiarygodna. Taka spółka jest doceniana przez **inwestorów prywatnych** lokujących swe kapitały na rynku akcji.

Korporacje jako pewnego typu **twory prawne** mają swoje pozytywne i negatywne **cechy**. Pozytywną stroną korporacji jest to, iż ich działalność opiera się na określonych **procedurach**. Niewątpliwie **znajomość** tych procedur jest bardzo **cenna**. Ułatwia to poruszanie się w świecie współczesnym.

Z drugiej strony wiadomo, że korporacje powodują, że **pracownicy** mają jasno sprecyzowane **zadania**. Jest tak, że często **nie czują oni** tej **swobody decyzyjnej**, jaką np. mają małe i średnie przedsiębiorstwa. To jest kwestia bardzo ważna, aby starać się **równoważyć** różne **działalności gospodarcze**. Chodzi o to, aby obok korporacji mogły się też rozwijać mniejsze przedsiębiorstwa, gdzie występuje większa swoboda decyzyjności.

Skoro korporacje istnieją, to warto zastanowić się nad tym, w **jaki sposób** można mieć **wpływ** na ich sposób **funkcjonowania**. Wielką rolę w ich funkcjonowaniu odgrywają **kodeksy etyczne**, które są wyrazem takiego wewnętrznego **przekonania**, że korporacja powinna działać w sposób zgodny z **etyką**. Nie zawsze tak się dzieje. Jednak wiele **encyklik papieży** porusza kwestie społecznej odpowiedzialności przedsiębiorstwa. Warto zauważyć, iż obecny prezes NBP prof. **Adam Glapiński** w wywiadzie dla tygodnika „**Niedziela**" zwraca uwagę na **etyczny wymiar** działalności gospodarczej. W nawiązaniu do encykliki **Benedykta XVI** „**Caritas in veritate**" zauważa on, że **miłość** to podstawowe przesłanie nauki społecznej **Kościoła katolickiego**. Miłość to zdaniem Adama Glapińskiego **ludzki wymiar ekonomii**. Po to się gospodaruje, żeby polepszać życie człowieka, **rodziny, narodu,** ludzkości[184].

Warto w tym miejscu przytoczyć **przykład** kodeksu etycznego **banków holenderskich**, który zawiera odniesienie do **Boga**. Po ostatnim kryzysie finansowym lat 2007–2009 rozgorzała dyskusja w wielu krajach o **nieetycznych** aspektach działalności banków. Holenderski sektor bankowy doszedł do wniosku, iż trzeba w działalności tamtejszych banków uwzględnić wymiar **etyczny**.

Dlatego wprowadzono obowiązek składania **specjalnych oświadczeń** z odwołaniem wprost do **Boga**. Treść specjalnej przysięgi brzmi: „Przysięgam, że dołożę wszelkich starań, aby zachować i zwiększyć zaufanie do branży usług finansowych. Tak mi **dopomóż Bóg**". Jest to **pierwsza w Europie** tego typu **przysięga bankowców**, która obowiązuje członków zarządów holenderskich banków. Za złamanie przysięgi grożą **kary finansowe**[185].

Korporacje działają także **w Polsce**. Są to korporacje w dużym **stopniu międzynarodowe**. Biorąc pod uwagę listę 500 największych przedsiębiorstw w Polsce, widzimy, że są to w **większości** przedsiębiorstwa **zagraniczne**.

Otwarcie polskiego rynku na prywatyzację i dokonywanie przekształceń własnościowych spowodowało, że w Polsce pojawiły się **wielkie kor-**

---

[184] A. Glapiński, Ludzki wymiar ekonomii, „Niedziela", 2009, nr 34, s. 16–17.
[185] Zob.: http://forsal.pl/artykuly/776021,zaufanie-do-bankow-spada-wiec-holenderscy--bankierzy-przysiegaja-na-boga.html.

poracje międzynarodowe, wielkie spółki akcyjne, które właśnie działają w ten sposób, że **przejmują** polskie **przedsiębiorstwa**. Odgrywają one u nas zatem dużą rolę. W **marketingu i reklamie** jest tak, że korporacje są obecne dlatego, że mają duży **potencjał finansowy** i mogą tam **swobodnie** zaistnieć.

Rola korporacji jest **istotna** przede wszystkim w obszarze **branż usługowych**. Wiadomo, że usługi mają bardzo ważne znaczenie w gospodarce. Ważna jest tu rola szczególnie usług finansowych, a więc m.in. **banków**, ale także **mediów** czy **korporacji handlowych**. To wszystko pokazuje, jak wielką rolę odgrywają korporacje w kształtowaniu **opinii publicznej**.

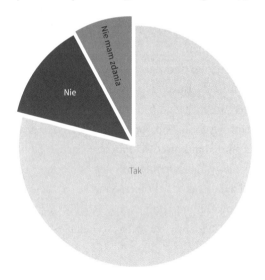

Wykres 113: Co Polacy sądzą o mediach w 2017 roku (w %). Źródło: opracowanie na podstawie badań CBOS.

Obecnie ludzie wyrabiają sobie opinie, jak funkcjonuje świat w dużym stopniu z mediów. A **media** są właśnie tworami **korporacji**. Dlatego jest wielka rola **odpowiedzialności** tych osób, które **pracują na rzecz mediów**, aby miały **świadomość** swych społecznych **obowiązków**.

Ciekawe badania na temat **wpływu mediów** na **opinię publiczną** w Polsce zawiera Wykres 113. Badania te przeprowadził CBOS w kwietniu 2017 roku.

Z badań wynika, iż poszczególne media **interpretują** te same wydarzenia w **różny sposób**. Do polskich widzów dociera bardzo **różny przekaz** tych samych **wiadomości**. To oznacza, iż jak to już wspominaliśmy w poprzednich rozdziałach pracy, **media** reprezentują określony **światopogląd** i mają swoje własne specyficzne **metody oceny rzeczywistości** oparte na **wartościach**, które dane medium **wyznaje**.

Mówiąc o korporacjach, warto wskazać na to, że pojawia się taka **literatura krytyczna** wobec nich[186]. Dzieje się tak dlatego, że **w korporacjach ludzie są** często traktowani i postrzegani jako ci, którzy **mają swoje zadania** do wykonania w ramach poszczególnych etatów. Natomiast nie mają tej swobody decyzyjnej. Dlatego korporacje są **dobrą szkołą życia**, w znaczeniu pozyskiwania wiedzy po to, aby **później iść** do takiej działalności bardziej **swobodnej** opartej na **przedsiębiorczości prywatnej**.

Mamy też ciekawy przykład w Poznaniu, gdzie **doradcy inwestycyjni** z towarzystwa funduszy inwestycyjnych Arka odeszli z korporacji i stworzyli własne instytucje zarządzania aktywami. Są to ludzie, którzy nabyli wiedzę o pracy w korporacjach, a później wykorzystywali to w swej małej działalności gospodarczej. Na Wykresie 114 przedstawiono wyniki funduszy Arka „Akcji Polskich".

Widzimy, iż osoby zarządzające Arką uzyskują **dodatnie stopy zwrotu** z akcji polskich spółek. To pokazuje, iż nie potrzeba być wielką finansową korporacją, aby **odnosić sukcesy** na rynkach kapitałowych.

---

[186] S. Mitchell, Hiperszwindel. Jak oszukują nas hipermarkety i wielkie sieci handlowe, „Wektory", Wrocław 2016.

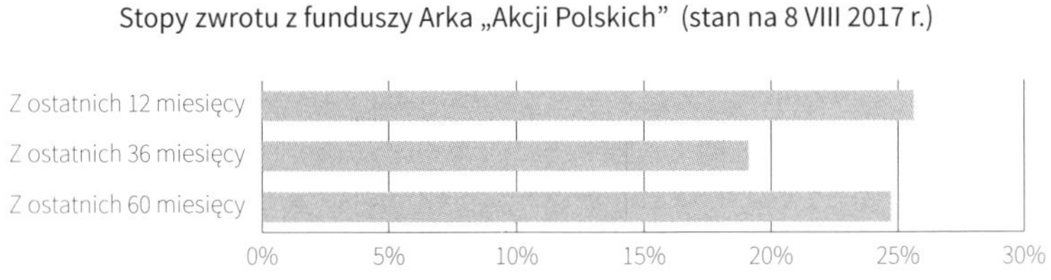

Stopy zwrotu z funduszy Arka „Akcji Polskich" (stan na 8 VIII 2017 r.)

Wykres 114: Stopy zwrotu z funduszy Arka „Akcji Polskich" w %. Źródło: opracowanie na podstawie danych „Arki" (https://arka.pl/notowania/tabele.html).

Mówimy o tym, że **Polska „żyje dzisiaj pod zaborami"** — zabory to dość **ostra forma** nazywania tego, co się teraz dzieje. Jednak coraz więcej osób dostrzega wielką siłę oddziaływania korporacji na nasze **życie codzienne**. Dostrzega to też **papież Franciszek**.

Ważne jest, aby we współczesnym świecie **wskazywać** na to, że **rola** spółek akcyjnych, korporacji jako formy działalności jest olbrzymia. Chcąc **zrównoważyć** ich **wpływ,** należy **działać** w sposób **bardzo sprytny,** poprzez **promocję** tego, co **małe,** tego co bardziej **elastyczne**.

Korporacje z natury rzeczy są jednak nastawione na maksymalizację zysku. Co prawda korporacje zauważają problematykę odpowiedzialności społecznej, jednak mimo wszystko zysk jest dla nich najważniejszy.

Ciekawa sytuacja panuje w **niemieckich korporacjach.** Występuje tam silne **oddziaływanie związków zawodowych**, które pilnują bardzo skrupulatnie **czasu pracy**. Jedna z Polek pracujących w **berlińskiej korporacji** była bardzo zaskoczona pewną praktyką funkcjonowania w zakładzie, w którym pracowała. Otóż gdy czasami zostawała po pracy **„po godzinach",** spotykała się z bardzo **ostrą reakcją** szefa tamtejszych **związków zawodowych**. W wielu bowiem niemieckich korporacjach **nadgodziny są nieakceptowane,** a wyznaczony czas pracy to świętość[187].

---

[187] Zob.: http://natemat.pl/199673,tak-wyglada-praca-w-niemieckim-korpo-polska--inzynier-po-18-zwiazkowiec-kazal-mi-wylaczyc-komputer-i-isc-do-domu.

Pilnowaniem czasu pracy zajmuje się największy związek zawodowy w Niemczech „Deutscher Gewerkschaftsbund", który liczy 6 mln członków. Od każdego z członków pobiera składki w wysokości 1% **wynagrodzenia** pracowników. W zamian za to walczy o **ich prawa**: czas pracy, warunki i wynagrodzenie.

Co ciekawe, nasi rodacy jako pracownicy należą do największych **pracoholików**. Pokazuje to poniższy wykres.

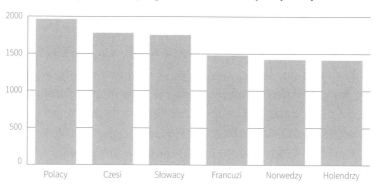

Wykres 115: Liczba godzin przepracowanych przez pracowników w wybranych krajach w 2015 roku. Źródło: opracowanie na podstawie badań OECD.

Badania na ten temat przeprowadził OECD. Okazało się, iż jesteśmy jednym z najdłużej pracujących narodów. Czas pracy **polskich pracowników** wyniósł w 2015 roku **1963 godziny** w całym roku. To o wiele więcej niż liczba godzin przepracowanych przez **Czechów** (1779 godziny), **Słowaków** (1754 godziny) oraz **Francuzów** (1482 godziny).

Warto wskazać na stosunek korporacji do **pracy w niedzielę**. W Polsce w największych korporacjach handlowych **niedziela** jest **dniem pracującym**. Szansą na to, by zrównoważyć wpływ korporacji, jest popieranie czynem i w sposób oddolny i odgórny przedsiębiorstw małych, gdzie często występuje **wolna niedziela**. Przykładem tego są **sklepy „Społem"** czy inne **małe sklepy handlowe,** które **szanują** wolną niedzielę.

Co ciekawe, są kraje w Europie, w których występują duże **ograniczenia pracy** w niedziele. Do krajów tych należą: Niemcy, Austria, Francja, Belgia, Holandia, Luksemburg, Grecja i Węgry. Niemal całkowity **zakaz pracy w niedzielę** obowiązuje w **Niemczech i Austrii**, poza stacjami benzynowymi i sklepikami na stacjach kolejowych. Przykładowo w **Holandii** pracę w niedzielę regulują przepisy prawa miejscowego. W **Luksemburgu** zaś duże sklepy mogą być otwarte tylko w **pierwszą niedzielę miesiąca** w godz. od 14.00 do 18.00[188].

Świat korporacji jest **światem trudnym,** ale światem, w którym przyszło nam żyć. Dlatego warto pozyskiwać **wiedzę o korporacjach**, o tym w jaki sposób one funkcjonują, jakie są ich zalety i wady, po to, aby móc przeciwdziałać ewentualnym zagrożeniom poprzez **promowanie** przedsiębiorstw **małych i średnich,** przedsiębiorstw **rodzimych**. To bardzo ważne przesłanie tego fragmentu pracy. Te małe przedsiębiorstwa są bowiem przeniknięte bardziej **humanizacją** stosunków **pracy.**

Należy pamiętać, że korporacje są to **twory** bardzo silnie **chronione,** jeśli chodzi o ochronę „**dobrego ich imienia**". W ich **kodeksach etycznych** są zapisy o tym, że pracownik jest zobowiązany do bardzo szeroko pojętej **tajemnicy zawodowej.** Oznacza to, że pracownik danej korporacji nie powinien za bardzo nic mówić publicznie o tym, co się dzieje w korporacji. To pokazuje bardzo wyraźnie, że korporacje są tworami takimi **bardzo szczelnymi,** jeśli chodzi o kwestie **tajemnicy** na zewnątrz i jej ujawniania. To oznacza, że działając w różnych warunkach korporacji, warto także **uczyć** się od **nich** po to, aby móc tę rywalizację **z nimi wygrać.**

---

[188] Zob.: http://www.polskieradio.pl/42/273/Artykul/1597001,Zakaz-handlu-w-niedziele--w-ktorych-krajach-UE-obowiazuje.

W poprzednich rozdziałach pracy często podawałem przykład polskiego serialu telewizyjnego „Najdłuższa wojna nowoczesnej Europy". Aby ten serial miał także odniesienie do współczesnych warunków, to trzeba pamiętać, że dzisiaj tym naszym **przeciwnikiem** nie są tym razem Niemcy, ale **korporacje**, które działając w **skali międzynarodowej**, mają swoje zalety i wady. Dlatego trzeba zawsze pytać, jakiego typu **podglebie ideowe** stoi za funkcjonowaniem **korporacji**. Czy nie jest to czasami podglebie o charakterze takim **ateistycznym**. Trzeba zawsze o tym pamiętać.

Aby refleksja nad korporacjami była dogłębna, warto wsłuchiwać się także w głos tych, którzy są **artystami,** którzy tworzą **filmy** o roli korporacji. Przykładem takiego filmu jest **„Obce ciało" Krzysztofa Zanussiego,** gdzie przedstawiono rolę pewnych szans i zagrożeń, które płyną z pracy w korporacjach. Jest to bardzo ważne. Film ten powinien być przedmiotem refleksji wielu prezesów spółek giełdowych po to, żeby dokonać refleksji nad swoimi celami jako pracownika korporacji, który pełni ważne funkcje. W filmie tym jest m.in. pokazane, że panuje w korporacjach **poprawność polityczna.** Ponadto w korporacji, gdzie pracuje główny bohater tego filmu, ukazana jest wielka **niechęć do religii,** wręcz **nienawiść** do przekonań **religijnych.** Kierownictwo korporacji każe przekonania religijne odłożyć na bok. Tak aby nie były one obecne w pracy.

Ciekawe informacje o korporacjach farmaceutycznych publikuje portal internetowy „Nieznany Świat". W jednym z artykułów podano **13 nieznanych faktów** o sposobach działania współczesnych **korporacji farmaceutycznych**[189]. Autorzy artykułu „13 tajemnic korporacji farmaceutycznych, o których nie chcą, żebyś wiedział" podają kilka zaskakujących informacji. Jedną z nich zawiera poniższy wykres.

Na Wykresie 116 jest pokazana skuteczność sprzedawanych przez korporacje farmaceutyczne leków w walce z różnymi dolegliwościami

---

[189] Zob.: http://www.nieznanyswiat.pl/nieznany-%C5%9Bwiat/artyku%C5%82y/1026--trzyntajemn.

ludzi. Z badań wynika, iż skuteczność ta nie jest zbyt wysoka. **Najniższą skuteczność** odnotowano w przypadku leków onkologicznych (25%) oraz na alzheimera (30%).

Skuteczność wybranych grup leków sprzedawanych przez korporacje farmaceutyczne

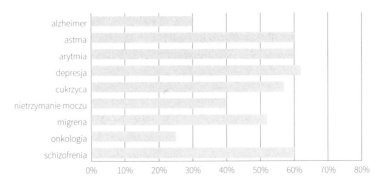

Wykres 116: Skuteczność wybranych grup leków sprzedawanych przez korporacje farmaceutyczne. Źródło: opracowanie na podstawie badań portalu „Nieznany Świat".

Mówiąc o roli korporacji w świecie współczesnym, warto nawiązać także do **roli uniwersytetów**. Powstaje pytanie, po co mówimy w tym miejscu o uniwersytetach.

Warto zauważyć, że w życiu są takie sytuacje, gdzie jakaś instytucja, jak uniwersytet, może podlegać różnego typu przekształceniom. Może się zdarzyć, że pod wpływem różnego typu procesów zaczyna on przybierać np. cechy jakiejś innej instytucji.

Uniwersytet czy **uczelnie wyższe** mogą zacząć w pewnym stopniu **przypominać korporacje**. Czy tak się dzieje? To zależy od ludzi, od tego jacy ludzie pracują na uczelniach. Po to jest ta książka, aby **nasza uczelnia (Uniwersytet Ekonomiczny w Poznaniu)** była właśnie **uniwersytetem**, który niesie ważną **odpowiedzialność społeczną**. To jest tak, że pewne **cechy korporacji** mogą być **wchłaniane** w sposób **funkcjonowania** uniwersytetu.

CZYM NAPRAWDĘ SĄ KORPORACJE?

Niedawno ukazała się na polskim rynku wydawniczym książka pt.: „Quo vadis universitas? Diagnoza i scenariusze rozwoju". Ta książka została wydana przez Wydawnictwo Uniwersytetu im. Kardynała Stefana Wyszyńskiego[190].

W książce tej znajdujemy artykuł **Joanny Wylężałek** ze Szkoły Głównej Gospodarstwa Wiejskiego w Warszawie. Autorka omawia rolę uniwersytetu w świecie współczesnym. Pokazuje ona **wpływ myślenia korporacyjnego** na sposób funkcjonowania **uniwersytetu**. Twierdzi ona, że wpływ ten zaczął się uwidaczniać w okresie ostatnich 25 lat. Pojawiło się zjawisko finansowania uniwersytetów ze źródeł pozabudżetowych. Inspiracją były uniwersytety w USA. Od pewnego czasu w innych krajach i w Polsce uniwersytety zaczęły poszukiwać nowych źródeł finansowania dla swej działalności na wzór przedsiębiorstw prywatnych.

Zaczęto rozumować, że **kryzys,** jaki przeżywały USA w zakresie swojej **konkurencyjności,** mógł być spowodowany, jak to określono, sposobem funkcjonowania uniwersytetów. Pewne cechy korporacji zostały przejęte przez uniwersytety. Tego typu tendencja pojawia się także i w innych krajach.

Warto o tym pamiętać, że **uniwersytet** ma swoją **misję,** którą jest **odpowiedzialność społeczna.** Dlatego warto, aby uniwersytet nie stał się w pełnym tego słowa znaczeniu korporacją, lecz aby pełnił swoją misję społeczną. Aby to było możliwe, to zależy wszystko od każdego z nas, od każdego naukowca, od studenta, od wszystkich członków społeczności akademickiej.

Warto przypomnieć, że **w średniowieczu** uniwersytetami nazywano **te uczelnie,** które miały **wydziały teologiczne.** Nasza uczelnia (Uniwersytet Ekonomiczny w Poznaniu) nie ma wydziału teologicznego, ale liczne

---

[190] S.H. Zaręba, A. Niedźwiedź, Quo vadis universitas?, Wyd. Uniwersytetu Kardynała Stefana Wyszyńskiego, Warszawa 2016.

fragmenty niniejszej książki wprowadzają pewne **elementy duchowe** do rozważań związanych z **patriotyzmem**.

Takimi elementami są rozważania co do **encyklik papieskich**. Czyni się to po to, aby wskazać na rolę tej pewnej **warstwy duchowej**, rolę encyklik, nauczania Kościoła. To jest ważne, dlatego że dzięki temu można będzie nadal uniwersytety traktować jako instytucje pełniące ważną misję społeczną. To wszystko zależy od nas.

Ciekawe badania na temat **motywów** podejmowania **studiów wyższych** przez **młodych Polaków** przeprowadził CBOS w 2013 roku. Wyniki badań zawiera poniższy wykres.

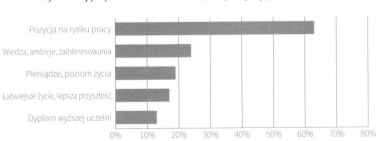

Wykres 117: Czynniki podejmowania studiów wyższych przez młodych Polaków w % (styczeń 2013 rok). Źródło: opracowanie na podstawie badań CBOS.

Widzimy, iż młodzi Polacy wiążą studia z perspektywą lepszej **pozycji na rynku pracy** (63%). Wysoki odsetek uzyskały także wiedza, ambicje i zainteresowania (24%) oraz pieniądze, poziom życia (19%). Warto, aby w przyszłości jednym z motywów młodych ludzi podejmowania studiów w naszym kraju stały się przesłanki patriotyczne. Wymaga to oczywiście odpowiedniego przygotowania i żmudnej pracy organicznej w zakresie wychowania młodzieży na niższych szczeblach szkolnictwa w naszym kraju.

Co ciekawe, Joanna Wylężałek mówi we wspomnianym już artykule, że **jednym z zadań** uniwersytetu jest **służba narodowi** i **społeczeństwu**.

To jest bardzo ważne. To oznacza, że tego typu myślenie pojawia się w ramach refleksji o uniwersytetach. Autorka ta przytacza wypowiedź jednego z polskich socjologów, **Piotra Sztompki**, który twierdził, że **wkład do uniwersalnej nauki socjologii** będzie możliwy tylko wówczas, gdy będzie on **inspirowany własnymi doświadczeniami**, emocjami związanymi i zrodzonymi z **narodowych korzeni**. Widzimy wyraźnie, że to **myślenie narodowe** występuje w polskiej nauce. Dlatego warto przeglądać moją stronę internetową eryklon.pl, gdzie poczyniłem wpis „**Jestem polskim naukowcem, więc mam obowiązki polskie**"[191]. To jest właśnie ta działalność, która powoduje, że uniwersytet niekoniecznie przejmuje wszelkie **cechy korporacji**. Jeżeli mówimy, żeby nie wszystko funkcjonowało jak korporacja, to dlatego by uniwersytet pozostał uniwersytetem.

Warto zauważyć, że np. **Jan Paweł II** podczas mszy kanonizacyjnej błogosławionej **królowej Jadwigi** powiedział, że ona ma wielkie zasługi dla Polski. Dlatego, że swoje królewskie berło oddała uniwersytetowi, sama zaś posługiwała się pozłacanymi drewnianymi berłami. To pokazuje jej wielką **skromność jako osoby**, która chciała służyć. Dlatego warto właśnie **jej imię szerzyć** jako wielkiej **polskiej królowej**, która **doceniała** rolę **uniwersytetu**. Dzisiaj we współczesnym świecie uniwersytety, uczelnie wyższe mogą być nadal uniwersytetami i nadal ten **element uniwersytecki**, a nie korporacyjny może tam być obecny. Dlatego tak **ważną misję** do spełnienia **ma ta książka**. Jest to misja **patriotyzmu gospodarczego dla Polski**. To jest bardzo istotne. Kiedy mówimy o roli korporacji, to ważne znaczenie ma też to, żeby **nie wszystko** się stawało **jako korporacja**. W tym **wielka rola uniwersytetów** szkół wyższych i tej **książki**.

---

[191] Zob.: http://eryklon.pl/.

Rozdział 14: Rodzina nadzieją narodu

Dobiegają końca nasze rozważania poświęcone idei patriotyzmu gospodarczego. To dla mnie duża satysfakcja, duży powód do zadowolenia, że wykłady z „Patriotyzmu gospodarczego" udało się **doprowadzić do końca.**

Na początku chciałbym właśnie powiedzieć, że wykłady z „Patriotyzmu gospodarczego" nawiązują do **rodziny** jako **wspólnoty** będącej nadzieją **narodu.** Przy czym warto przypomnieć, że przez naród możemy rozumieć zarówno wspólnotę w sensie etnicznym, jak i też wspólnotę w sensie obywatelskim. Generalnie tak jest, że niezależnie od tych obydwu definicji rodzina i tak odgrywa bardzo ważną rolę w życiu narodu. Ciekawe badania na temat **roli rodziny** w życiu **Polaków** prezentuje Wykres 118.

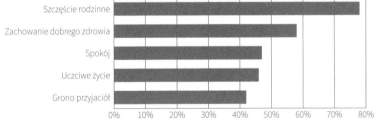

Wykres 118: Najważniejsze **wartości** w życiu Polaków w % (2013 r.). Źródło: opracowanie na podstawie badań CBOS.

Z badań CBOS z 2013 roku wynika, iż szczęście rodzinne stanowi niepodważalną wartość w życiu Polaków. Tę wartość ceni aż 78% naszych rodaków. Drugie miejsce pod tym względem zajęło zachowanie dobrego zdrowia (58%), a trzecie spokój (47%).

Rodzina jako **wspólnota naturalna** ma zatem **wielkie znaczenie**. Z tego też powodu polska konstytucja chroni rodzinę, mówiąc o tym, że **rodzina i małżeństwo** znajdują się pod szczególną ochroną państwa. Jest to ważna deklaracja Konstytucji RP, która powinna wywołać określone pozytywne skutki.

Na Wykresie 119 zaprezentowano kolejne ciekawe badanie CBOS z 2013 roku.

CBOS badał preferowane przez Polaków **formy rodzin**. Zdecydowanie najbardziej preferowaną formą okazała się **rodzina mała** składająca się z rodziców i dzieci (55%). Drugą preferowaną formą była **rodzina duża wielopokoleniowa** składająca się z dziadków, rodziców i dzieci (29%). Kolejne formy miały zaś niewielkie preferencje wśród Polaków. Wszystkie te badania potwierdzają, iż **rodzina** stanowi bardzo ważne **spoiwo łączące cały nasz naród**.

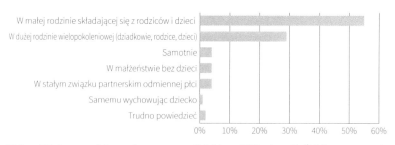

Wykres 119: Formy rodziny preferowane przez Polaków w 2013 roku w %. Źródło: opracowanie na podstawie badań CBOS.

W sensie ekonomicznym **rodzina** ma wielkie znaczenie i z tego też powodu **powinna** ona **być chroniona** przez różnego typu instytucje. O rodzinę powinny dbać przede wszystkim **instytucje państwowe**, choć są też przykłady innych **instytucji niepaństwowych**, które mogą o rodzinę dbać. Jeśli chodzi o rolę państwa, to warto wskazać na realizowany obecnie program 500+. Były w przeszłości realizowane inne programy, jak np. pewne ulgi podatkowe, czy tzw. Kosiniakowe czy becikowe, które zaczęły się od okresu rządów 2005–2007. To były pierwsze elementy spójnej, świadomej polityki prorodzinnej, które się w Polsce pojawiły. Polityka prorodzinna ma wielkie znacznie, gdyż dzięki niej uwzględnia się fakt, iż człowiek, który żyje w rodzinie i który podejmuje się **trudu wychowania dzieci** może liczyć na wsparcie przez państwo. Wsparcie to może polegać na przyznawaniu różnego typu **ulg** czy **dodatków finansowych**. Jest to wynikiem takiego przekonania, że rodzina wymaga wsparcia. Można zawsze dyskutować o różnych **formach wsparcia rodziny**, ale jest niewątpliwie bardzo ważne, aby ta rodzina była wspierana. Ciekawe badania na temat **dzietności** w krajach Unii Europejskiej w 2015 roku zawiera poniższy wykres.

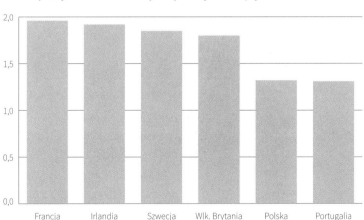

Wykres 120: Współczynnik dzietności w wybranych krajach europejskich w 2015 roku. Źródło: opracowanie na podstawie danych Eurostat.

Wyliczony współczynnik **dzietności** zapewniający **zastępowalność pokoleń** to 2,1. Z badań Eurostatu wynika, iż wszystkie kraje członkowskie UE miały ów współczynnik w 2015 roku poniżej 2,1. Najbardziej zbliżyły się do tego poziomu granicznego Francja (1,96) oraz Irlandia (1,92). Przykładowo współczynnik 1,96 dla Francji oznacza, że na 100 kobiet w wieku rozrodczym przypadało 196 urodzonych dzieci. Niestety nasz kraj, Polska (1,32), zajmuje jedno z niższych miejsc w omawianym rankingu. Dlatego potrzebna jest radykalna zmiana tego stanu rzeczy w kierunku poprawy dzietności w naszym kraju. Bardzo ważny jest pod tym względem program 500+, który m.in. ma pomóc w poprawie dzietności polskich kobiet.

Warto zauważyć, iż program 500+ funkcjonuje już od **kwietnia 2016 roku** i dotyczy wsparcia rodzin. W szczególności bardzo ważne znaczenie ma to, że on służy **wsparciu rodzicielstwa** i dlatego ma on ważny cel demograficzny. Wykres poniżej przedstawia stosunek Polaków do programu 500+ w momencie jego startu w 2016 roku.

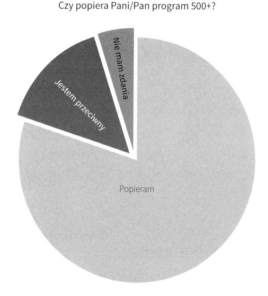

Wykres 121: Stosunek Polaków do programu 500+ na początku 2016 roku (w %). Źródło: opracowanie na podstawie badań CBOS.

Widzimy, iż zdecydowana **większość naszych rodaków** popierała program 500+ **(80%)**. Na początku 2016 roku, gdy ten program był uruchamiany, były **wielkie nadzieje** Polaków, iż program ten wywoła **pozytywne skutki** w polskiej gospodarce.

Trzeba obserwować, jak ten program wygląda w praktyce. Ogólnie można powiedzieć, że widzimy wyraźnie, iż ten program doprowadził do tego, że zmniejszyła się skłonność do wyjazdu z Polski naszych rodaków na trwałe. To jest bardzo ważne, dlatego że jednym ze skutków realizacji idei patriotyzmu gospodarczego jest ograniczenie skłonności Polaków do emigracji. Ten program 500+ oznacza też dodatkowy impuls konsumpcyjny, co również wspiera rozwój gospodarczy.

Warto zauważyć, iż CBOS przeprowadził badania **po roku** od wprowadzenia programu 500+. Ich wyniki są przedstawione na Wykresie 122.

Okazało się, iż Polacy w większości **bardzo dobrze lub dobrze** oceniają program 500+ **(52%)**. Negatywnie program ten jest oceniany zaledwie przez 10% naszych rodaków.

Z badań wynika także, że bardzo mało osób zrezygnowało z pracy z uwagi na program 500+. Zatem ten program **nie prowadzi** do **dezaktywizacji** osób zawodowo czynnych. Choć mogą być takie przypadki. Niemniej jednak skala tego typu sytuacji nie jest duża.

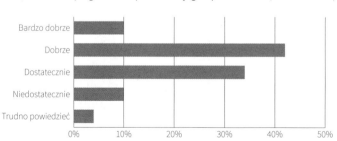

Jak Pani/Pan ocenia program 500+ po roku od jego wprowadzenia (marzec 2017 r.)?

Wykres 122: Stosunek Polaków do programu 500+ w marcu 2017 roku (w %). Źródło: opracowanie na podstawie badań CBOS.

Można ogólnie powiedzieć, że **rodzina** jest **nadzieją narodu**, ponieważ stanowi jakby taki element **wspólnoty naturalnej**, gdzie człowiek się kształtuje i **uczy się** określonych postaw także patriotycznych. Dlatego tak ważne jest, aby rodzina była doceniona także w programach szkolnych, gdzie np. realizowany jest program do życia w rodzinie. Kluczowa jest zatem kwestia wychowania w rodzinie.

Jeżeli popatrzymy na różne uwarunkowania rozwoju rodziny, to zobaczymy, że w porównaniu do krajów zachodnich sytuacja rodziny w Polsce jest bardziej korzystna, np. w kwestii tradycji rodziny wielopokoleniowej czy kwestii rozwodów czy innych negatywnych objawów.

Badania na temat **rozwodów** w wybranych krajach europejskich zawiera poniższy wykres. Okazuje się, iż do krajów, gdzie rozpada się najwięcej rodzin należą: Portugalia (68%), Czechy (66%), Hiszpania (61%).

Jeśli chodzi o **nasz kraj**, to sytuacja nie wyglądała w 2015 roku tak dramatycznie jak w innych krajach. W **Polsce** mieliśmy o wiele mniej rozwodów **(27%)** niż na Zachodzie Europy. Choć są kraje, w których rozwodów było jeszcze mniej niż u nas, np. Włochy (26%) czy Grecja (25%).

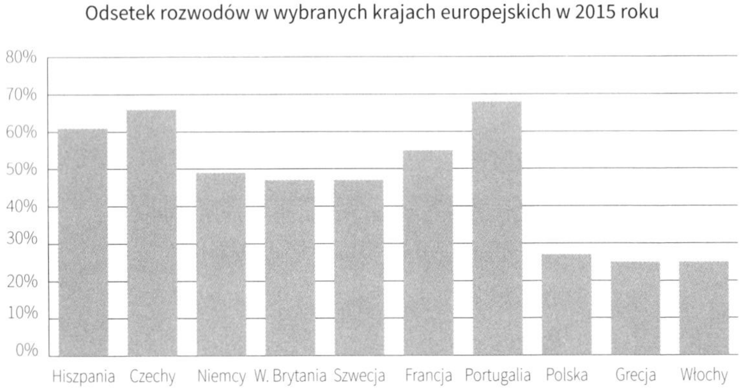

Wykres 123: Odsetek rozwodów w wybranych krajach europejskich w 2015 roku (w %). Źródło: opracowanie na podstawie danych Eurostat.

Warto pamiętać, że **rodzina** ma znaczenie jako **podmiot gospodarczy**. Dużą rolę odgrywają w gospodarce **spółki rodzinne**, które z uwagi na swój charakter mają szanse na trwałość i na to, by realizowane były też inne cele niż zysk. Ważnym bowiem celem może być trwałość przedsiębiorstwa rodzinnego. Dlatego tak istotne znaczenie mają przedsiębiorstwa rodzinne. Przedsiębiorstwa te ogrywają ważną rolę w rozwoju danej gospodarki.

Ciekawe badania na temat postrzegania przez Polaków firm rodzinnych zawiera Wykres 124.

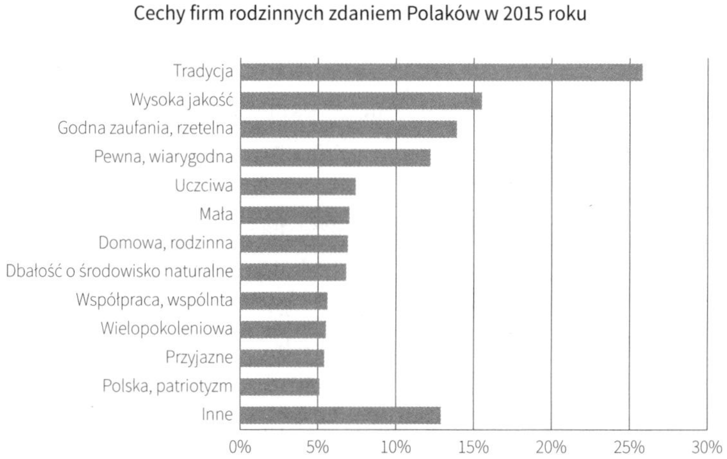

Cechy firm rodzinnych zdaniem Polaków w 2015 roku

Tradycja
Wysoka jakość
Godna zaufania, rzetelna
Pewna, wiarygodna
Uczciwa
Mała
Domowa, rodzinna
Dbałość o środowisko naturalne
Współpraca, wspólnta
Wielopokoleniowa
Przyjazne
Polska, patriotyzm
Inne

0%   5%   10%   15%   20%   25%   30%

Wykres 124: Cechy firm rodzinnych zdaniem Polaków w 2015 roku (w %). Źródło: opracowanie na podstawie badań Fundacji „Firmy Rodzinne".

Z badań wynika, iż Polacy bardzo pozytywnie postrzegali w 2015 roku firmy rodzinne. Nasi rodacy kojarzyli firmy rodzinne z tradycją (28,8%), z wysoką jakością (15,5%), zaufaniem i rzetelnością (13,9%), wiarygodnością (12,6%), a także z uczciwością (7,4%).

Warto też o tym pamiętać, że kwestia rodziny ma znaczenie z punktu widzenia różnych spółek, które mają np. akcjonariuszy związanych z jakąś pewną rodziną w tym sensie, że członkowie **rodziny** posiadają pakiety **kontrolne akcji** w spółce. Jest tak, że nawet w publikacjach poświęconych przedsiębiorstwom rodzinnym pojawiają się różnego typu **zestawienia spółek**, w których funkcjonuje **rodzina jako właściciel**. To jest bardzo ważne, dlatego że dzięki temu możemy się przekonać, iż rodzina ma wielkie, bardzo pozytywne znaczenie z punktu widzenia zarówno wychowania człowieka do społeczeństwa, do narodu i aktywności patriotycznej, jak i też może być tym podmiotem gospodarującym.

Warto tu wspomnieć o **osobach**, twórcach **prężnych polskich** firm **rodzinnych**, które osiągnęły sukces w działalności gospodarczej. Niewątpliwie do takich osób można zaliczyć **prof. Janusza Filipiaka**, twórcę firmy Comarch z branży informatycznej, **Ryszarda Florka**, założyciela firmy Fakro produkującej okna dachowe, oraz **Tomasza Zaboklickiego**, współtwórcę bydgoskiej Pesy, firmy produkującej pojazdy szynowe.

Janusz Filipiak zapytany w wywiadzie dla „Gazety Bankowej", **czym** jest **patriotyzm gospodarczy**[192], odpowiada, iż to przede wszystkim **wspieranie polskiej przedsiębiorczości**, czyli firm z polskim właścicielem lub akcjonariuszem większościowym, które mają centralę w Polsce. Jego zdaniem, mimo że jego firma działa m.in. w Brazylii, to jednak zysk przyniesie do Polski. Centrum zysku jego firmy **zawsze** będzie w **Polsce**. To jest najlepszy wyraz **szacunku dla ojczyzny**, czyli **patriotyzm** gospodarczy.

Warto także wspomnieć, iż **Ryszard Florek** często w swoich wywiadach **zachęca Polaków** do **współpracy**. Jest on zdania, że jeżeli nie **nauczymy się** ze sobą **współpracować** jako **wspólnota narodowa,** to nie uda nam się nigdy dogonić Zachodu. Ryszard Florek uważa, że kraj,

---

[192] System Filipiaka, „Gazeta Bankowa", 2015, nr 4.

który opiera swój rozwój na **inwestorach zagranicznych**, jest krajem **półkolonialnym**[193].

Z kolei **Tomasz Zaboklicki** w jednym z wywiadów na pytanie, czy nie miał **pokusy,** aby sprzedać „Pesę" jakiemuś zagranicznemu potentatowi odpowiedział, iż to byłoby ze **szkodą** dla **naszego kraju.** Jego zdaniem „**Pesa**" powinna pozostać **polska,** po to aby pokazać, iż **Polacy** potrafią stworzyć coś z czego **nowe pokolenia** będą mogły być **dumne**[194].

Szczególne znaczenie mają wydawałoby się **drobne,** ale bardzo ważne **jednostki gospodarcze,** jak np. **jakieś sklepy,** gdzie **małżonkowie** często wykonują określone **zadania gospodarcze.** To jest bardzo ważne, bo to **umacnia rodzinę.** Można powiedzieć, że tradycja wspólnego gospodarowania rodzinnego jest oczywiście związana w dużym stopniu także z kwestiami funkcjonowania rolnictwa. W literaturze polskiej możemy wielokrotnie spotykać się z tego typu przykładami, np. „**Chłopi**", „Nad Niemnem". Widzimy tam wyraźnie, że **kwestia rodziny aktywnej** na polu gospodarczym w **rolnictwie** jest **bardzo ważna.**

Mówiąc o kwestiach prorodzinnych trzeba się zastanowić, jakie są **prawa rodziny.** Rodzina jest **wspólnotą naturalną,** bardzo ważną i **cenioną** przez osoby o **różnych poglądach.** Warto zauważyć, że Polska jest krajem o **tradycji chrześcijańskiej,** co jest zaznaczone nawet w preambule polskiej Konstytucji.

Warto wskazać na inicjatywę **Stolicy Apostolskiej,** która wydała **Kartę Praw Rodziny**[195]. W Karcie tej są omówione prawa rodziny, które obligują różnego typu władze publiczne do otoczenia opieką rodzinę.

---

[193] Zob.: https://www.forbes.pl/przywodztwo/ryszard-florek-prezes-fakro-wielkie--koncerny-zrobily-z-polski-kraj-polkolonialny/254vfpw
[194] Zob.: https://www.forbes.pl/przywodztwo/tomasz-zaboklicki-pesa-produkuje--najwiecej-tramwajow-na-swiecie/8mdvtvh.
[195] Karta Praw Rodziny. Zob.: http://www.duszpasterstworodzin.gniezno.opoka.org.pl/upload/files/dokumenty_kosciola/karta_praw_rodziny.pdf.

Jeśli chodzi o **objęcie rodziny opieką,** to są różnego typu dyskusje, kto powinien się tym zajmować. Warto tu wspomnieć znanego przedsiębiorcę francuskiego **François Michelina,** długoletniego **prezesa firmy** oponiarskiej „Michelin". François Michelin był przez ostatnie **47 lat** dyrektorem generalnym **Grupy Michelin** założonej przez jego **dziadka Eduarda.**

François Michelin przez całe swe życie był **żarliwym katolikiem.** Jego zdaniem **tożsamość** dobrze funkcjonującego przedsiębiorstwa bliska jest tożsamości rodziny. Rodzina i przedsiębiorstwo, wedle przykazania Boga, powinny czynić sobie ziemię poddaną[196].

Podkreślał on, że konieczne są **takie zarobki** dla rodzin, które pozwolą **jednemu** z członków rodziny **pozostać w** domu, aby opiekować się **dziećmi.** Podawał on przykład **swego dziadka,** malarza, który rozwinął przemysł oponowy dzięki temu, że potrafił odkryć dobre cechy ludzi, pomagając im odnaleźć te zalety, które naprawdę mieli oni w sobie.

Zdaniem François Michelina dla przedsiębiorcy **etyką** powinno być **poszanowanie ludzi,** co polega na stawianiu przed nimi **jakiegoś problemu** i szukaniu **rozwiązania,** które następnie przekazuje się **klientowi.**

W tym miejscu rozważań wrócę do badań w książce „Siedem kultur kapitalizmu", gdzie pytano o to np., jak przedsiębiorstwo powinno traktować osoby, które posiadają dzieci. W różnych krajach odpowiedzi na to pytanie były różne. Okazywało się generalnie, że w krajach anglosaskich jak: USA, Wlk. Brytania, uważa się, że wynagrodzenie pracownika nie powinno zależeć od tego, czy posiada on rodzinę (dzieci) czy nie. Są natomiast takie kraje, jak Japonia czy Włochy, gdzie odpowiedzi są już trochę inne.

Większość co prawda myśli jak Amerykanie, jednak **duży odsetek ludzi** uważa, że należy przy **uposażeniu pracownika** uwzględnić to, czy

---

[196] Zob.: https://wpolityce.pl/swiat/243366-we-francji-pozegnano-znanego-przedsiebiorce-francoisa-michelina-zarliwego-katolika.

ma **rodzinę** czy **nie**. Widać, że w pewnych krajach to myślenie charakterystyczne dla korporacji występuje, a w innych tego myślenia w ogóle nie ma. Zasadniczo w wielkich **korporacjach międzynarodowych** przy wymiarze wynagrodzenia **nie uwzględnia się** faktu posiadania **rodziny**. Dlatego gdy mówi się o **rozwoju firm rodzinnych**, to traktuje się je jako takie **antidotum** na rozwój **wielkich korporacji**, w których tego **elementu prorodzinnego** nie ma de facto ujętego. Można powiedzieć, że są takie raporty pokazujące, że **kryzys finansowy** lat 2007–2009 doprowadził do **spadku zaufania** konsumentów do **bezimiennych koncernów międzynarodowych**. Konsumenci, jak to podkreślono, ufają **biznesom z twarzą**.

Przykładowo **prof. Jan Klimek** (z SGH) twierdzi, że **firma rodzinna** samo, że tak się nazywa, jest pewną **marką**[197]. Dodaje on, że w Szwajcarii czy Niemczech dla banków **firmy rodzinne** są bardziej **wiarygodne** niż korporacje czy startupy po prostu dlatego, że za firmą rodzinną stoi **nazwisko właściciela,** czyli warto być **firmą rodzinną** i tym się szczycić.

Ciekawe badania na temat tego, **dlaczego Polacy** chętnie kupują **produkty firm rodzinnych**, zawiera poniższy wykres. Z badań wynika, iż Polacy w 2015 roku doceniali produkty **firm rodzinnych**. Większość naszych rodaków kupowała produkty firm rodzinnych, gdyż uważała, że **sami właściciele** wykazują dużą **troskę** o **jakość** tych produktów (52%). Ważnymi czynnikami skłaniającymi do wyboru produktów firm rodzinnych były też: **polskie pochodzenie** produktu (22,8%) oraz **sprawiedliwe traktowanie pracowników** (14%).

W Polsce takie postrzeganie firm rodzinnych dopiero się zaczyna. To jest bardzo ważne. Jeżeli jest tak, że na Zachodzie takie firmy rodzinne są bardziej wiarygodne dla banków, a w Polsce dopiero się to zaczyna, to pokazuje, że mamy taką a nie inną strukturę własnościową sektora

---

[197] J. Klimek, W rodzinnej firmie. Powstanie, rozwój, zagrożenia i szanse, Wydawnictwo Menedżerskie PTM, Warszawa 2014.

bankowego. To, że udział kapitału zagranicznego jest duży, pokazuje, że nie jest to do końca korzystne. Lepiej popierać rodzimy kapitał w bankowości, który będzie **wspierał firmy rodzinne**. Wypowiedź profesora Jana Klimka na to wskazuje.

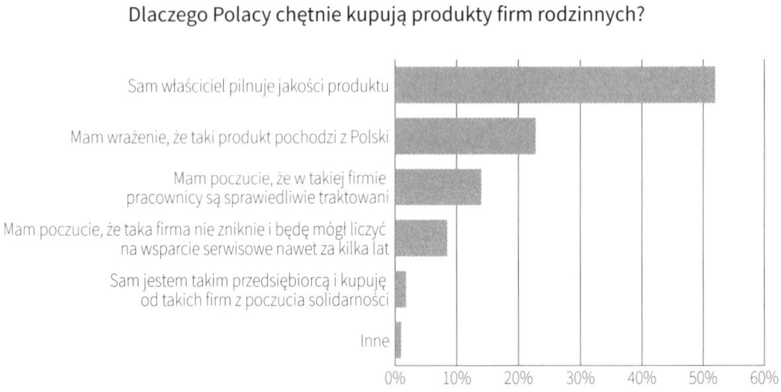

Dlaczego Polacy chętnie kupują produkty firm rodzinnych?

Wykres 125: Skłonność Polaków do zakupu produktów firm rodzinnych w 2015 roku (w %). Źródło: opracowanie na podstawie badań Fundacji „Firmy Rodzinne".

Kolejne ciekawe badania na temat funkcjonowania **firm rodzinnych** w Polsce zawiera Wykres 126.

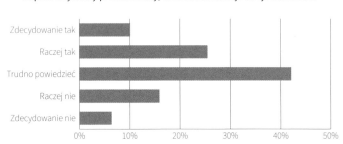

Wykres 126: Gotowość ponoszenia przez Polaków większych wydatków na zakupy produktów firm rodzinnych w 2015 roku (w %). Źródło: opracowanie na podstawie badań Fundacji „Firmy Rodzinne".

Okazało się, że ponad jedna trzecia naszych rodaków była gotowa w 2015 roku ponosić większe koszty na zakup produktów firm rodzinnych (35,6%). Polacy zapewne mieli świadomość, iż płacąc za produkty firm rodzinnych nierzadko wyższą cenę, doceniają wysoką jakość tych produktów, a także wspierają poprzez takie działania polskich przedsiębiorców. Jeżeli chodzi o kwestie firm rodzinnych w naszym kraju, to blisko **36%** firm jest **przedsiębiorstwami rodzinnymi**. One się same tak deklarują, tak same się nazywają. Te firmy tworzą ok. **18% PKB** w Polsce. Wynika to z raportu „**Firma rodzinna to marka**", który przygotował instytut „**Biznesu rodzinnego**". Wiele firm nie przyznaje się do **rodzinności**, bo nie chce tego podkreślać. Niemniej jednak 828 tys. firm działających w Polsce deklaruje, że są firmami rodzinnymi. Natomiast aż 2 mln firm to firmy potencjalnie rodzinne, gdzie właścicielami są rodziny, ale nie przyznają się do rodzinności, bo z jakichś powodów uważają, że nie jest to im potrzebne. Zatem firmy rodzinne istnieją w Polsce i są wielką szansą na przeciwdziałanie wadom korporacji. Są one szansą na umocnienie praw rodziny.

Gdy mówimy o **prawach rodzin**, czy w kontekście **Karty Praw Rodziny** czy innych aspektach, i podkreślamy, że **rodzina** jest **wielką** dla nas **wartością**, to te materialne podstawy funkcjonowania rodziny są bardzo ważne. Dlatego tak istotne znaczenie ma program 500+, który wspiera rodzinę i wzmacnia jej bezpieczeństwo. Pojawiają się opinie, że program ten może zniechęcać do aktywności zawodowej. Trzeba jednak pamiętać, że tego typu przypadki są jednostkowe. Mamy do czynienia z **narodem polskim**, który jest **narodem** bardzo **przedsiębiorczym**. Trudno oczekiwać, aby to zniechęcało do aktywności gospodarczej. Zawsze można ten program 500+ udoskonalać, ale nie należy tak generalizować i tego typu przekazu dawać, że to zniechęca ludzi do pracy. To jest kwestia wsparcia rodzin i uwzględnienia tego, że **rodziny są siłą**.

Człowiek bowiem, gdy funkcjonuje w **świecie** współczesnym, to może w swych deklaracjach popierać wszystkich ludzi, ale nie jest w stanie tego zrobić w **praktyce**. Musi on wybrać i **koncentrować się** na odpowiedzialności za tych, wobec których jest **najbliżej**, bo za nich jest szczególnie **odpowiedzialny**. Warto tu zacytować prymasa **Stefana Wyszyńskiego**, który mówił: na zasadzie *ordo caritatis*, w porządku miłowania nie jesteśmy w stanie pomóc biedakowi z Kalkuty, który gdzieś cierpi, ale możemy mu **pomóc modlitwą**, ewentualnie mogą mu pomóc **organizacje charytatywne** międzynarodowe. Możemy jednak pomóc **sąsiadowi z ulicy**. To zatem polega na tym, że człowiek z natury rzeczy nie jest w stanie pomóc wszystkim, dlatego **powinien koncentrować się** na pomocy **najbliższym**. Tak ważne zatem znaczenie ma rodzina.

Mówi się w naszym kraju, że występuje **kryzys zaufania** wzajemnie do siebie. To jest pewien problem, jednak trzeba pamiętać o pewnej gradacji zaufania. Człowiek nie może mieć zaufania do wszystkich, bo wszystkich nie zna. Realizm podpowiada, że największe zaufanie jest do rodziny. Dlatego tak ważne znaczenie ma polityka prorodzinna. W tej **Karcie Praw Rodziny** stworzonej przez **Stolicę Apostolską** mówi się o **polityce prorodzinnej**.

Warto w tym miejscu powiedzieć parę słów o Unii Europejskiej. Mam na myśli **dokumenty UE**, które są wydawane przez jej organy i stawiają Polsce **pewne wymagania**. Np. w ramach zaleceń dla Polski. Warto zapytać, czy tam w tych zaleceniach **są kiedykolwiek** stwarzane jakieś **elementy sugerujące**, że Polska powinna prowadzić politykę prorodzinną? **Nie!**

Dlatego, że Unii Europejskiej po prostu na tym nie zależy. Unia Europejska jest takim ugrupowaniem, któremu nie zależy, by Polska prowadziła politykę prorodzinną. UE jest instytucją, która z natury rzeczy nie składa się, jak to powiedział kiedyś były prezydent Polski, **prof. Lech Kaczyński**, z samych „Polsk", ale z innych krajów. Dlatego jest to organizacja, która ma charakter międzynarodowy, **ponadnarodowy**. To de facto w tym sensie jest **instytucją obcą**. Nie w znaczeniu negatywnym, bo obcokrajowcom należy się szacunek. Tyle tylko, że jest to organizacja, która nie ma **celów polskich**. Dlatego **Unia Europejska nie będzie popierać** polityki prorodzinnej, ponieważ jej na tym **nie zależy**.

Musimy politykę prorodzinną **własnymi rękami promować**. Dlatego tak ważne jest, że **po wielu latach** udało się **wprowadzić** te elementy **polityki prorodzinnej**. Uwzględniają one fakt, że **Polacy żyją w rodzinach**. Także ci, którzy rodziny nie założyli, też patrzą **realistycznie** na rozwój **Polski**.

Warto obserwować, **którzy politycy**, w swoich wypowiedziach **podkreślają potrzebę** prowadzenia **polityki prorodzinnej**, a którzy negują to. W dzisiejszym świecie, gdzie człowiek czuje się zagubiony, **istotne znaczenie** ma **rodzina**. To jest bardzo ważne, bo w sytuacjach trudnych ludzie odwołują się do tego, co jest im najbliższe. Natomiast Polacy jako wspólnota liczą głównie na swój **polski rząd**, a nie na rząd Unii Europejskiej, czy jakiejś instytucji zewnętrznej. To jest naturalne. Dlatego ten porządek *ordo caritatis* wymaga szczególnego **wsparcia rodzin** — **firmy rodzinne** są ogromnie **istotne**. Są one, można powiedzieć, firmami, które działają w bardzo ciekawych branżach. Otóż **32% firm rodzinnych** działa w **branży handlowej** (handel hurtowy i detaliczny), 16% to przetwórstwo przemysłowe, 12% budowlane. Widzimy więc bardzo wyraźnie, że ten polski handel, małe sklepy to są szańce obrony polskości na polu gospodarczym.

Ciekawe badania na temat **osób tworzących i pracujących** w firmach rodzinnych w Polsce zawiera Wykres 127.

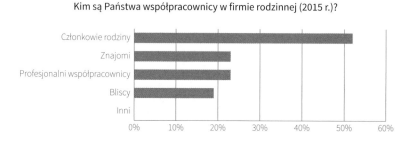

Wykres 127: Wspólnicy firm rodzinnych w Polsce w 2015 roku (w %). Źródło: opracowanie na podstawie badań Fundacji „Firmy Rodzinne".

Z badań wynika, iż **wspólnikami** firm rodzinnych w 2015 roku byli głównie **członkowie rodziny** (52%). Ważnymi grupami współtworzącymi firmy rodzinne byli też **znajomi** (23%), **profesjonalni** współpracownicy (23%) oraz bliscy (19%). To pokazuje, jak silne są więzi łączące ludzi działających w firmach rodzinnych jako specyficznych wspólnot osób na polu gospodarczym.

Dlatego **małe sklepy,** piekarnie, **rzeźnie,** sklepy mięsne czy inne firmy rodzinne **są kluczem** rozwoju **Polski.** Podczas gdy **odsetek firm rodzinnych** w Polsce wynosi **36%,** to w innych krajach jest wyraźnie więcej. Np. w USA czy Kanadzie ponad 80% to są przedsiębiorstwa rodzinne, w krajach zachodnich ok. 70–80%. To oznacza, że kluczem jest to, aby firmy rodzinne powstawały. Jest to możliwe. Kluczowe znaczenie ma tworzenie różnego typu ułatwień dla firm. Uznanie faktu, że firmy rodzinne są solą polskiej ziemi, bo one są dobrą przeciwwagą dla wielkich korporacji. Jest to bardzo istotne, aby przy tworzeniu prawa zawsze to uwzględniać.

Bardzo ważne znaczenie ma także kwestia **stabilności prawa** i ilości przepisów. Gdy zobaczymy na **ilość aktów prawnych,** to w ostatnich latach w Polsce nastąpiło ich silne zwiększenie. Chodzi o to, aby przepisy prawne były bardziej stabilne i przyjazne dla polskiej przedsiębiorczości.

Bardzo ważne znaczenie dla tych firm ma **patriotyzm gospodarczy.** On powoduje, że **ludzie,** którzy są **wychowani** w takim przekonaniu w szkołach podstawowych, średnich i wyższych, będą bardziej świadomie **popierać** to co **polskie,** co **rodzime.** Ludzie tak wychowani będą świadomie popierać polskie firmy rodzinne, **robiąc** w nich **zakupy.**

Polskie firmy rodzinne w zdecydowanej większości (ponad 80%) działają na **polskim rynku.** Można powiedzieć, że tylko 12% działa na **rynkach zagranicznych.** To są jednak firmy najbardziej z Polską związane. Jeżeli mówimy o **patriotyzmie gospodarczym,** to kluczowe znaczenie mają właśnie firmy rodzinne. One są najbardziej prostą materialną egzemplifikacją tego, co mówi „Rota". Albowiem „twierdzą nam będzie każdy próg", tak nam dopomóż Bóg. To Maria Konopnicka o tym mówiła. Dziś każda firma rodzinna jest na wagę złota. Jest szańcem, redutą. To ogromnie istotne i dlatego ważne znaczenie mają wszelkiego typu publikacje, w których się promuje firmy rodzinne. Warto zauważyć, iż większość firm na świecie to firmy rodzinne (66%). Dane na ten temat prezentuje Wykres 128.

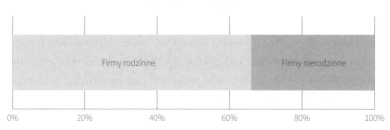

Wykres 128: Udział firm rodzinnych w gospodarce globalnej w 2015 roku (w %). Źródło: opracowanie na podstawie badań Fundacji „Firmy Rodzinne".

Warto zauważyć, iż **wiele polskich firm rodzinnych** w formie spółek akcyjnych jest notowanych na giełdzie warszawskiej. Być może warto na polskiej giełdzie utworzyć indeks firm rodzinnych. Np. w jednym z tygodników był artykuł na temat firm rodzinnych („Uważam Rze"), w którym wymieniono te firmy. Jest bardzo ważne, aby ten indeks powstał. Jeśli giełda jest w polskich rękach, to tego typu indeks firm rodzinnych można utworzyć.

Warto zauważyć, że istnieją pewne **badania międzynarodowe**, które mówią, że właśnie **indeksy firm rodzinnych** osiągają **wyższe stopy zwrotu** aniżeli **główne indeksy giełdowe**. Badania takie prowadził m.in. **Rafał Konieczny**, dyrektor doradców klienta Credit Swiss.

Na Wykresie 129 pokazano **udział w kapitalizacji spółek rodzinnych** poszczególnych kontynentów i regionów świata.

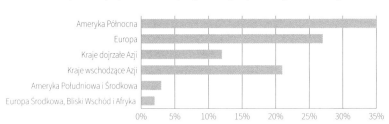

Wykres 129: Udział w **kapitalizacji spółek rodzinnych** poszczególnych kontynentów i regionów w 2015 roku (w %). Źródło: opracowanie na podstawie badań Credit Suisse.

Widzimy, iż w 2015 roku znaczny udział w **kapitalizacji firm rodzinnych** w omawianym indeksie stanowiły spółki z Ameryki Północnej, głównie z USA (35%). Duży udział w kapitalizacji firm rodzinnych miały również spółki z Europy, głównie Europy Zachodniej (27%) oraz kraje wschodzące z Azji (21%).

Rafał Konieczny pokazuje, że kursy **akcji firm rodzinnych** zachowują się na giełdzie bardzo **korzystnie** dla **inwestorów**. Często nawet zachowują się **lepiej** od **głównych** indeksów giełdowych. **Indeks** grupujący firmy rodzinne zawiera **920 spółek giełdowych**. Badania były prowadzone w latach 2005–2015. Okazało się, że w owych latach spółki rodzinne dały inwestorom **wyższe o 4,5%** stopy zwrotu aniżeli **indeks** grupujący wszystkie spółki[198].

Wyraźnie zatem widać, że **potencjał** do tworzenia tego typu indeksów **występuje**. To zatem **zaniedbanie** w naszym kraju trzeba jak najszybciej **naprawić**. Nawet na Zachodzie są tworzone **takie indeksy** spółek rodzinnych. Te działania **promują rodzinę**. **Taki indeks** na giełdzie warszawskiej może się nazywać np. „**Pro-familia**" lub „Polska Rodzina" lub „**Biało-Czerwoni**" lub „Rodzime Polskie Orły" czy też „Giełdowa Rodzina".

---

[198] Zob.: https://research-doc.credit-suisse.com/docView.

RODZINA NADZIEJĄ NARODU

Wówczas będzie szansa wzbudzić zainteresowanie inwestowaniem na polskiej giełdzie w tego typu indeksy spółek rodzinnych.

Mówiąc o firmach rodzinnych, warto pamiętać, że pojęcie to może być bardzo różnie pojmowane. Nawet gdy spojrzymy na definicję, to widzimy wyraźnie, że nie jest to tak do końca jasne. Niemniej jednak ciągle ten element rodzinny się tam pojawia. To, że jest to firma rodzinna jest istotną marką. To pokazuje, że jest **głód rodziny**.

We współczesnych czasach, gdy występuje atak na rodzinę i ograniczane są jej prawa, warto zwracać uwagę na rolę rodziny w gospodarce. Naturalną dążnością człowieka jest **ratunek dla rodziny**. Siły, które atakują rodzinę i negują jej sens, chcą ośmieszyć jej rolę w gospodarce. Te **siły** jednak paradoksalnie pokazują, jak silna jest tęsknota za rodziną, skoro tak z nią walczą. Dlatego tak kluczowe znaczenie ma, aby z Polski wychodziły wszelkie impulsy, które mówią, że polityka prorodzinna jest tak bardzo ważna. To nie było w minionych latach tak oczywiste.

Warto przypomnieć, iż w latach 90. XX wieku negowano potrzebę obrony rodziny. Gdy pojawiały się głosy o potrzebie wsparcia rodzin i uwzględniania w polityce gospodarczej elementów prorodzinnych, to było to **negowane** i **ośmieszane**. Jednym z takich przeciwników polityki prorodzinnej był np. Leszek Balcerowicz. To właśnie wyraźnie pokazuje, że jest to myślenie indywidualistyczne, które zakłada, że w ogóle nie należy uwzględniać faktu istnienia rodziny w polityce. Jest to zdecydowanie sprzeczne z myśleniem do nastawienia prorodzinnego. Nawet teraz, gdy pojawiają się koncepcje modyfikacji programu 500+ czy innych rozwiązań, to krytycy programu 500+ uwzględniają go, by jednak wesprzeć rodzinę czy rodzicielstwo.

To jest bardzo ważne, gdyż to oznacza, że w Polsce mogą się **pojawiać** pewne **poglądy,** które mogą jednoczyć Polaków, np. większość Polaków jest niechętna euro. To bardzo dobrze, że stoimy **jako Polacy** na gruncie **własnej waluty** i że się upowszechnia to przekonanie, że wsparcie dla rodzin jest czymś **ważnym**. To pokazuje, że gdy głosi się pewne niewygodne dla niektórych poglądy, to jest się uważanym za dziwaka. Potem się inni dołączają. Następnie na zasadzie różnych mechanizmów dołączają się jeszcze inni. Kluczowe znaczenie ma to, aby firmy rodzinne były popierane, aby były promowane.

Podawałem w rozdziale 11 niniejszej książki przykład wywiadu dla „Naszego Dziennika", gdzie pytano mnie, jak edukować młodzież w duchu patriotycznym. Powiedziałem wówczas, że **patriotyzm** ten powinien być promowany i omawiany **na różnych przedmiotach**, i na Wiedzy o społeczeństwie, Języku polskim, Religii i innych przedmiotach, gdzie wskazywano by na rolę spółek, **przedsiębiorstw rodzinnych**. To jest **przyszłość** naszego narodu. **Naród** bez stabilnych i silnych **rodzin** nie może **przetrwać**, bo człowiek ma prawo **do gniazda** określonej wspólnoty, gdzie **się czuje** najbardziej **bezpiecznie**.

Ta wspólnota jest rodziną i dlatego trzeba zawsze uważać, aby decyzje gospodarcze służyły rodzinie i umacniały ją na poziomie moralnym. Pojawiają się marsze dla rodziny, dla życia.

Pozytywnie **należy powitać** przywrócenie **święta Trzech Króli**. Jest to święto bardzo rodzinne. Jest to święto szczególnie związane z kultem Świętej Rodziny. Wielu obcokrajowców uważa, iż nasz naród jest, jak żaden inny naród na świecie, **Narodem Maryjnym**. Dlatego w naszym narodzie jest tak wielki kult **Matki Bożej** i świąt związanych z jej osobą. Warto zauważyć, iż w 2017 roku obchodziliśmy 100-lecie **Objawień Fatimskich**. Przesłanie płynące z Objawień Fatimskich jest szczególnie aktualne dzisiaj. Wielokrotnie na **aktualność tych objawień** w czasach nam **współczesnych** zwracała uwagę **siostra Łucja dos Santos** (jedna z trojga świadków objawień w portugalskiej Fatimie w 1917 roku)[199]. To właśnie siostra Łucja chce nas współczesnych przestrzec, że **walka dobra**

---

[199] Zob.: https://pl.wikipedia.org/wiki/%C5%81ucja_dos_Santos.

ze złem w dzisiejszych czasach rozegra się właśnie wokół **rodziny**[200]. Warto pamiętać, iż **wielkim propagatorem** Objawień Fatimskich był **polski papież św. Jan Paweł II**. Należy zauważyć, iż same święta w Polsce, w polskiej tradycji, np. **Boże Narodzenie**, są też bardzo **rodzinne**. Tak samo **Wszystkich Świętych** jest również bardzo rodzinne. Widzimy wyraźnie, że to jest **polska siła**. To ogromnie ważne, że w Polsce się wciąż docenia **rolę rodziny**. Nawet nasi rodacy, którzy przyjeżdżają z Zachodu do Polski doceniają to, jak np. **prof. Kilian Munyama**. Ów **profesor** urodził się w **Zambii** i przyjechał do Polski. Pracuje obecnie na Uniwersytecie Ekonomicznym w Poznaniu. Co ciekawe, przyznał on, że tym, co **mu imponuje** u **Polaków**, jest to, że **Polska jest przywiązana** do obchodzenia **świąt**, np. Bożego Narodzenia czy Wszystkich Świętych. Widać wyraźnie, że to jest polska siła, gdyż **nawet obcokrajowcy to cenią**. Trzeba to utrzymywać i dalej **utrwalać**.

Dlatego **program 500+** jest tak **ważnym przełomem**. Musimy go udoskonalić. Można go **rozwijać**. Są potrzebne różne postulaty i dyskusje. Ale atak na ten program taki frontalny czy lekceważenie tego problemu wydaje mi się bardzo groźne. Dlatego, że to jest kwestia wsparcia dla tej wspólnoty najbardziej naturalnej, także w kontekście przeciwstawienia się temu, co mówiliśmy o inwazji międzynarodowych koncernów. Kierują się one zupełnie inną logiką niż logika rodziny, logika firmy rodzinnej. To jest bardzo ważne. Tak ogromne **znaczenie** ma praca **naukowców**. Ważne jest wydawanie **różnych publikacji** na temat **szans i zagrożeń** firm rodzinnych. To ogromnie istotne, że firmy rodzinne są stosunkowo małe. Jest tam zatem **większa swoboda decydowania**. Są różnice w stosunku do korporacji, np. w kwestii handlu. **Rodzina** jest **przyszłością** naszego **narodu**, który przetrwał bardzo wiele lat, w bardzo trudnych sytuacjach

---

[200] 100-lecie objawień w Fatimie, „Nasz Dziennik", z 13–14maja 2017 roku. Zob.: http://naszdziennik.pl/wiara-kosciol-na-swiecie/173733,obchody-jubileuszu-100-lecia-objawien-w--fatimie.html.

przez zabory i przez okupację, a także przez różne inne doświadczenia. Dlatego tak ważne byłoby, aby postawić na rodzinę jako wspólnotę naturalną, wspólnotę bardzo istotną. To jest kwestia ochrony praw rodzicielskich. To, co **umacnia rodzinę**, jest bardzo ważne dla **przyszłości** naszego **narodu**.

Kluczem tych wszystkich **wykładów** z „**Patriotyzmu gospodarczego**", które były prezentowane na Uniwersytecie Ekonomicznym w Poznaniu, jest to, aby **nasz naród przetrwał** i się dalej **rozwijał**, żeby się Polska rozwijała. By jak powiedział prymas **kardynał Stefan Wyszyński:** pierwszą **po Bogu** miłością była **Polska**. To jest bardzo istotne dla tych wykładów, które się kończą. To jest **przesłanie tych wykładów**, które mówią, że jesteśmy ludźmi, mieszkańcami także Europy, ale przede wszystkim **jesteśmy Polakami**. To jest **nasza narodowość**. Musimy tego **strzec** na każdym **obszarze życia**. Na każdym obszarze życia także w **sferze gospodarczej**.

Dlatego, że **nikt za nas** nie będzie bronił naszych **polskich spraw**. Musimy być **realistami**. Tak jak koszula jest bliższa ciału, tak każdy broni tego, co swoje. Trzeba sobie jasno to powiedzieć, że wszelkie programy oparte na założeniach internacjonalizmu i promowaniu tego, co zagraniczne, kosztem tego, co polskie, są ułudą. Prymas **Stefan Wyszyński** w swym **testamencie** pisał, że musimy się **strzec ułudy internacjonalizmu**. Powiedział, że to, **co** mógł czynić w ciągu swojego życia, starał się czynić dla narodu, dla Polski.

Teraz, kiedy się kończą wykłady z „Patriotyzmu gospodarczego", chciałbym **podziękować wszystkim** za uczestniczenie w nich i zachęcić jeszcze do dyskusji i **przemyśleń** po to, aby Polska trwała, **abyśmy** właśnie **trwali** przy naszej **ojczyźnie,** przy **Polsce.**

Zakończenie

Tematyka patriotyzmu gospodarczego nabiera w naszym kraju coraz większego znaczenia. To bardzo dobrze, gdyż dzięki temu pogłębia się przekonanie o potrzebie podejmowania wszelkich działań mających na celu **odzyskiwanie, utrwalanie oraz poszerzanie polskiej własności** w naszej gospodarce. Wydaje się, że kluczowe znaczenie ma w tym kontekście zarówno **repolonizacja** sektora **bankowego**, jak również repolonizacja **mediów**. Doświadczenie wielu krajów świata pokazuje, że u źródeł ich **sukcesu gospodarczego** leżała **aktywna polityka proeksportowa** realizowana w gospodarce z przeważającym udziałem **kapitału rodzimego** w sektorze bankowym.

Ważne jest więc, aby podejmować wszelkie działania mające na celu promowanie idei patriotyzmu gospodarczego. Potrzebny jest nam zarówno **oddolny**, jak również **odgórny** patriotyzm gospodarczy. Z długofalowego punktu widzenia **oddolny patriotyzm gospodarczy** jest o tyle **ważniejszy**, że umożliwia on **rozwój narodu** nawet w sytuacji, gdy władze publiczne nie realizują w dostatecznym stopniu **zasad patriotycznych**. Generalnie jednak warto, aby oddolny patriotyzm gospodarczy **uzupełniony** był o **odgórną** wersję owego **patriotyzmu**. W tym kontekście bardzo ważną rolę mogą odgrywać instytucje edukacyjne. Już w szkołach podstawowych powinien być szerzony patriotyzm gospodarczy na różnych przedmiotach, gdzie powinny być propagowane jego elementy.

Najlepiej aby tematyka patriotyzmu gospodarczego poruszana była np. na zajęciach z **Języka polskiego**, gdzie podkreślano by wagę utrzymania **własnego języka** jako ważnego **atrybutu** naszej **narodowości**. Tematyka patriotyzmu gospodarczego mogłaby również być obecna podczas zajęć z **Historii**, gdzie przedstawiano by np. różne **aspekty pracy organicznej** prowadzone w XIX wieku pod zaborami. Można też powiedzieć, że warto by **nasycić elementami** patriotyzmu gospodarczego przedmiot

Wiedza o społeczeństwie, gdzie można by omówić katalog powinności obywatelskich oraz obowiązków władzy w zakresie patriotyzmu gospodarczego. Być może w ramach **Wychowania do życia w rodzinie** można by przedstawić charakterystykę **firm rodzinnych**. Oczywiście wielką rolę odgrywają zajęcia z **Religii**, a także z **Etyki**, gdzie temat patriotyzmu też mógłby być podejmowany. Jak wiadomo, patriotyzm jest **obowiązkiem moralnym** wynikającym z **czwartego przykazania Dekalogu**.

W debacie na temat **roli** patriotyzmu gospodarczego warto szczególnie **wsłuchiwać się** w głos polskich **przedsiębiorców**, w głos członków zarządów podmiotów gospodarczych znajdujących się pod kontrolą **kapitału polskiego**. W tym kontekście warto przytoczyć **pięć zasad patriotyzmu gospodarczego** sformułowanych przez prezesa polskiej spółki informatycznej Asseco Poland **Adama Górala**. Zasady te brzmią następująco:

Po pierwsze, **płacimy podatki** w miejscu powstawania przychodów. Polak w Polsce, Słowak na Słowacji. Przez to pokazujemy swój szacunek do **społeczności i kraju**, w którym firma sprzedaje swoje produkty i usługi.

Po drugie, wspieramy **rodzime produkty i przedsiębiorców**, bo jeśli tylko cena i jakość produktów nie odbiegają od innych, zawsze staramy się wybierać produkty wyprodukowane w naszym kraju.

Po trzecie, **współpracujemy z Polakami** za granicą. Razem możemy się wspierać i budować relacje, które będą pomocne dla obu stron. Polacy za granicą mogą na bazie naszych firm i produktów osiągać własne sukcesy, a z drugiej strony to naturalnie najlepsi ambasadorowie naszego kraju i polskich produktów.

Po czwarte, jesteśmy zawsze otwarci na zagranicę i inne kultury. Uczymy się od innych, wspieramy inwestycje zagraniczne oraz ekspansję międzynarodową. Dzięki temu możemy skutecznie prowadzić działalność w innych krajach oraz **współpracować** z przedsiębiorstwami zagranicznymi tworzącymi w Polsce dobre **miejsca pracy**.

Po piąte, pracując w firmie zagranicznej, budujmy wartość dodaną

ZAKOŃCZENIE 317

dla naszego kraju. Warto cenić menedżerów pracujących dla firm zagranicznych, którzy starają się w swoich koncernach promować nasz kraj i przyciągać **dodatkowy kapitał** na **inwestycję** w wartość dodaną, nie traktując Polski jedynie jako rynku zbytu.

Mam nadzieję, że książka, którą mam zaszczyt przedstawić polskim czytelnikom, **będzie inspiracją** dla każdej i każdego z **nas**. Byłoby wielkim sukcesem, gdyby z okazji **setnej rocznicy** odzyskania **niepodległości** przez Polskę dyskusja o potrzebie promowania i wdrażania **idei patriotyzmu gospodarczego** w poszczególnych dziedzinach życia w naszym kraju stała się jeszcze **bardziej dynamiczna**. Warto nawiązywać do myśli ekonomistów okresu międzywojennego, którzy reprezentowali **myślenie narodowe**.

Należy czynić co tylko w naszej mocy, aby zastanowić się, w jaki sposób myślenie owych ekonomistów może być wykorzystane w świecie współczesnym. Niewątpliwie tym, co różni czasy obecne od okresu międzywojennego czy też okresu zaborów, jest wielka **rola Internetu** w XXI wieku. Z tego też punktu widzenia tak **wielkie znaczenie** ma **promocja** wszelkiego typu **stron internetowych** oraz w ogóle wszelkiej aktywności **internetowej** dotyczącej zagadnień **patriotyzmu gospodarczego**.

Książka ta powstała właśnie dlatego, aby zachęcić wszystkich **członków naszego narodu** do jeszcze **silniejszej refleksji** nad tym, jak w konkretnych warunkach **XXI wieku** można i należy propagować **zasady patriotyzmu gospodarczego**. Jestem bowiem głęboko przekonany, że **narody wciąż trwają** i że w analizach ekonomicznych nie należy pomijać faktu istnienia narodów. Przecież nawet w nauce już obecnie mówi się o zagadnieniach **etnocentryzmu konsumenckiego**, co przecież z ideą patriotyzmu gospodarczego jest w dużym stopniu **związane**.

W swojej książce mówiłem o różnych elementach ryzyka o pewnych zagrożeniach. Chciałbym jednak, aby **wydźwięk** tej książki miał charakter **bardzo ofensywny** i **optymistyczny**. Chodzi o to, aby przekonanie o tym, że walka o odzyskiwanie, utrwalanie i poszerzanie polskiej własności stawało się zjawiskiem coraz **bardziej powszechnym**. W tej walce potrzebna jest każda osoba świadoma swej polskiej narodowości.

Jeszcze **Polska** nie zginęła!

BIBLIOGRAFIA

Adamus W., Perspektywy wejścia Polski do UGW, w: Systemy gospodarcze i ich ewolucja, pod red. S. Swadźby, Katowice 2008.

Apelska J., Polscy piłkarze z flagą UE na koszulkach?, „Wprost" z dnia 14 marca 2012 roku.

Badania wizerunkowe Polski i polskiej gospodarki w krajach głównych partnerów gospodarczych, Ageron Polska, Warszawa, czerwiec 2011.

Baranowski P., Optymalna stopa inflacji w modelowaniu wzrostu gospodarczego, „Ekonomista", 2008, nr 4.

Bartoszewicz M.G., Odnowić oblicze ziemi. Patriotyzm w nauczaniu Jana Pawła II, w: Solidarność krok po kroku, Centrum Myśli Jana Pawła II, Warszawa 2015.

Barwiński M., Pojęcie narodu oraz mniejszości narodowej i etnicznej w kontekście geograficznym, politycznym i socjologicznym, „Acta Universitatis Lodziensis. Folia Geographica Socio-Oeconomica", 2004, nr 5.

Bilińska-Reformat K., Dewalska-Opitek A., Wykorzystanie etnocentryzmu konsumenckiego w kształtowaniu wizerunku sieci handlowych, w: Etnocentryzm na rynku produktów żywnościowych. Stan i perspektywy rozwoju.

Broszkiewicz M., Proces konwergencji regulacji ładu korporacyjnego na rynkach kapitałowych krajów Unii Europejskiej, „Ekonomia", 2011, nr 4.

Chang H. J., 23 rzeczy, których nie mówią ci o kapitalizmie, Wydawnictwo Krytyki Politycznej, Warszawa 2013.

Cukiernik T., Dziesięć lat w Unii. Bilans członkostwa, Wektory, Wrocław 2015.

Czerniak A., Stefański M., Małe i średnie firmy w Polsce — bariery i rozwój, Polityka Insight, 2015.

Dąbrowski T.J., Majchrzak K., Społeczna odpowiedzialność banków w kontekście walutowych kredytów hipotecznych, Ce De Wu, Warszawa 2016.

Ertmańska K., Zachowania konsumenckie — etnocentryzm, internacjonalizm i kosmopolityzm konsumencki, Studies and Proceedings of Polish Association Knowledge Management, 2011, nr 51.

Estulin D., Prawdziwa historia Klubu Bilderberg, Wydawnictwo Sonia Draga, Katowice 2009.

Figiel A., Etnocentryzm konsumencki. Produkty krajowe czy zagraniczne, Polskie Wydawnictwo Ekonomiczne, Warszawa 2004.

Frankowski F., Każdy idzie na referendum, Homilia wygłoszona w grudniu 2002 roku w Godziszowie, „Nasz Dziennik" z 6 stycznia 2003 roku.

Gądecki S., Jędraszewski M., Dekalog, Wydawnictwo Świętego Wojciecha, Poznań 2016.

Gedymin O., Strategie gospodarcze i drogi rozwoju, Wydawnictwo Wyższej Szkoły Finansów i Zarządzania w Białymstoku, Białystok 1999.

Glapiński A., Ludzki wymiar ekonomii, „Niedziela", 2009, nr 34.

Głąbiński S., Ekonomika narodowa, Narodowa polityka ekonomiczna, Ateneum, Lwów, 1928.

Głąbiński S., Ekonomika narodowa. Teoria ekonomiki narodowej, Ateneum, Lwów 1927.

Głąbiński S., Nauka o skarbowości, Nakładem autora, Lwów 1925.

Góral A., Pięć zasad patriotyzmu gospodarczego, „Gazeta Prawna" z dnia 25 października 2016 roku.

Greenspan A., Mapa i terytorium, Prószyński Media, Warszawa 2014.

Gruszecki T., Teoria pieniądza i polityka pieniężna, Oficyna Ekonomiczna, Warszawa 2004.

Hampden-Turnner Ch., Trompenaars A., Siedem kultur kapitalizmu, Wolters Kluwer, Warszawa 2012.

Hat A., Smyczek S., Etnocentryzm konsumencki na rynku usług finansowych, Wydawnictwo Uniwersytetu Ekonomicznego w Katowicach, Katowice 2016.

Instytucje i obywatele UE, CBOS, kwiecień 2014.

Jan Paweł II, List o ustanowieniu św. Tomasza Morusa patronem rządzących i polityków, Rzym, 31 października 2000 roku.

Jan Paweł II, Pamięć i tożsamość, Wydawnictwo Znak, Kraków 2005.

Kaczyńska D., Kapitał ma narodowość. Polscy gracze przechodzą do ofensywy, Instytut Jagielloński, Warszawa, sierpień 2016.

Karwowski J., Polityka kursowa w Polsce: czy rzeczywiście nie ma alternatywy dla euro, w: Rynki finansowe wobec procesów globalizacji, pod red. L. Pawłowicza, R. Wierzby, Uniwersytet Gdański-Gdańska Akademia Bankowa, t. II, Gdańsk-Jurata 2003.

Kawalec S., Gozdek M., Raport dotyczący optymalnej struktury polskiego systemu bankowego w średnim okresie, Capital Strategy, Warszawa 2012.

Kaźmierczak A., Czas na patriotyzm ekonomiczny, Blog „Naszego Dziennika" z dnia 25 marca 2015 roku.

Kaźmierczak A., Polityka pieniężna w gospodarce otwartej, Wydawnictwo Naukowe PWN, Warszawa 2008.

Kaźmierczak A., Integracja Polski ze strefą euro — szanse i wyzwania, w: Nauki finansowe wobec współczesnych problemów gospodarki polskiej, pod red. J. Czekaja, T. IV, Akademia Ekonomiczna w Krakowie, Kraków 2004.

Kaźmierczak A., Współczesny przedsiębiorca jako dobry Samarytanin, w: Twarze świętości, pod red. K. Dybel, Z. Zarębianki, Wyd. Uniwersytetu Papieskiego Jana Pawła II, Kraków 2016.

Kaźmierczak M., Determinanty zarządzania społecznie odpowiedzialnego w sektorze małych i średnich przedsiębiorstw, Wydawnictwo Uniwersytetu Ekonomicznego w Poznaniu, Poznań 2017.

Kieżun W., Patologia transformacji, Wydawnictwo Poltext, Warszawa 2012.

Klimek J., W rodzinnej firmie. Powstanie, rozwój, zagrożenia i szanse, Wydawnictwo Menedżerskie PTM, Warszawa 2014.

Kłusek S., Czym jest polityka, Informator Bankowości Spółdzielczej z 19 stycznia 2009 roku.

Kłusek S., Emperia Holding, Kongres 590 i WIG-POL, Analizy-rynkowe.pl z 17 listopada 2016 roku.

Kłusek S., Popieram polskiego złotego, Informator Bankowości Spółdzielczej z 30 października 2008 roku.

Kłusek S., Thomas Bulkowski z odsieczą, Analizy-rynkowe.pl z 31 lipca 2016 roku.

Kłusek S., Z punktu widzenia zwolennika polskiego złotego, Informator Bankowości Spółdzielczej, z 12 listopada 2008 roku.

Koncerny silne jak państwa. Kto rządzi światem?, „Rzeczpospolita" z 2 marca 2017 roku.

Konopnicka M., Rota, „Przodownica", Kraków 1908.

Krąpiec M., Język i świat realny, Wydawnictwo KUL, Lublin 2015.

Krąpiec M., Rozważania o narodzie, Instytut Edukacji Narodowej, Lublin 1998.

Kropiwnicki J., Planowanie makroekonomiczne w Korei Południowej, „Gospodarka Narodowa", 1995, nr 10.

Kubin T., Polityczne implikacje wprowadzenia unii walutowej w Europie, Wydawnictwo Uniwersytetu Śląskiego, Katowice 2007.

Lachowski S., Droga ważniejsza niż cel, Studio Emka, Warszawa 2012.

Lityńska A., Idea narodu i gospodarstwa narodowego oraz program przemian politycznych i społeczno-gospodarczych II Rzeczpospolitej w ujęciu Romana Rybarskiego, 2006, PTE, Zeszyty Naukowe nr 4.

Łangowska D., Łacek T., Zaranek E., Wusek I., Rola i pozycja kobiet w rodzinie, Uniwersytet Zielonogórski, Zielona Góra 2008.

Łoń E., Czym jest patriotyzm gospodarczy, „Nasz Dziennik", z 20 lutego 2017.

Łon E., Dlaczego Polska nie powinna wchodzić do strefy euro, NBP, październik 2007.

Łon E., Gra na zwyżkę i zniżkę na rynku kontraktów terminowych na WIG 20 w 2015 roku, konferencja w Wałczu, 2015.

Łon E., Jestem naukowcem polskim, więc mam obowiązki polskie, wywiad dla PAP z dnia 30 stycznia 2017 r.

Łon E., Konwergencja makroekonomiczna a koniunktura na rynku akcji, Studia Prawno-Ekonomiczne, t. LXXXII, 2005.

Łon E., Makroekonomiczne uwarunkowania koniunktury na polskim rynku akcji w świetle doświadczeń międzynarodowych, Wydawnictwo Akademii Ekonomicznej w Poznaniu, Poznań 2006.

Łon E., Odbudowa polskiego stanu własności w systemie bankowym jako przesłanka rozwoju gospodarczego Polski, „Actum", 2009, nr 5.

Łon E., Optymizm konsumencki, Donald Trump oraz inne uwarunkowania, wywiad dla PAP z dnia 10 lipca 2017 roku. Zob.: http://eryklon.pl/.

Łon E., Polski Exim Bank, „Bank", 2004, nr 11.

Łon E., Powiązania amerykańskiej polityki budżetowej i pieniężnej z sytuacją na dojrzałych i wschodzących rynkach akcji, Wydawnictwo SIN Sp. z o.o., Sopot 2011.

Łon E., Są dobre wzory, „Gazeta Bankowa", nr 33 z dnia 16 sierpnia 2004 roku.

Łon E., Stabilność jako atut w polskiej polityce pieniężnej, wywiad dla PAP z dnia 12 czerwca 2017 roku.

Łon E., Współczesna wojna handlowa, „Nasz Dziennik", z 16 sierpnia 2016.

Łopuszański J., O Polskę zgodną z wolą Bożą, Porozumienie Polskie, Warszawa 2014.

Maison D., Baran T., Dobre bo (nie)polskie? O uwarunkowaniach i konsekwencjach etnocentryzmu konsumenckiego, „Marketing i Rynek", 2014, nr 10.

Masłowska G., "Jeżeli naród polski straci swój język ojczysty, przestanie istnieć", Blog "Naszego Dziennika", wpis z dnia 13 czerwca 2013 roku.

Masłowska G., Dlaczego nie warto przyjmować euro, "Nasz Dziennik", z dnia 22 lutego 2009 roku.

Masłowska G., "Jak budować polską wspólnotę", Blog "Naszego Dziennika", wpis z 3 czerwca 2015 roku.

Masłowska G., Nie wchodźmy do strefy euro, "Nasz Dziennik" z dnia 19 października 2015 roku.

Masłowska G., Przemówienie w Sejmie RP, Posiedzenie nr 24 z dnia 23 października 2012 roku.

Mazur J., Likwidacja polskiego złotego likwidacją polskiego państwa, Tygodnik "Głos" z 1 lipca 2002 r.

Mazur J., Unia walutowa jako instrumentalna przesłanka zbieżności makroekonomicznej państw członkowskich Unii Europejskiej, cykl artykułów opublikowanych na przełomie lat 2002–2003 w Tygodniku "Głos".

Mitchell S., Hiperszwindel. Jak oszukują nas hipermarkety i wielkie sieci handlowe, "Wektory", Wrocław 2016.

Młodzieżowe Forum Chrześcijańskie, Skąd imieniny?, Czat z 2007 roku.

Nowacki R., Etnocentryzm konsumencki a kultywowanie polskości w reklamie, "Handel Wewnętrzny", 2014, nr 3.

Oblicza dumy Polaków, konferencja WSKSiM z dnia 25 stycznia 2017 roku.

Oblicza patriotyzmu, pod red. J. Sadowskiego, Wydawnictwo WAM, Kraków 2009.

Oblicza patriotyzmu. Rozprawy i szkice, pod red. H. Kieresia, Wydawnictwo WSKSiM, Toruń 2007.

Olczyk E., Niepodlegli mówią po polsku, "Rzeczpospolita" z dnia 10 listopada 2014 roku.

Plan na rzecz Odpowiedzialnego Rozwoju, Ministerstwo Rozwoju, Warszawa 2016.

BIBLIOGRAFIA

Podręcznik pokolenia JP 2, Duszpasterstwo Akademickie Dominikanów, Poznań 2008, s. 762-770.

Polskość jest przywilejem, pod red. J. i L. Sosnowskich, Biały Kruk, Warszawa 2016.

Polszczyzna jako wartość, rozmowa z prof. Andrzejem Markowskim, „Civitas Christiana", luty 2013 r.

Recepcja Planu na rzecz Odpowiedzialnego Rozwoju, CBOS, nr 66, 2016 rok.

Relacje inwestorskie spółek kapitałowych, pod red. G. Łukasik, Difin, Warszawa 2013.

Repolonizacja Polski, pod red. J. i L. Sosnowskich, Biały Kruk, Warszawa 2016.

Rezler M., Nie tylko orężem, Dom Wydawniczy Rebis, Poznań 2013.

Rosińska-Bukowska M., Najpotężniejsze korporacje współczesnego świata, Case studies, Łódź 2011.

Ryba M., Odkłamać wczoraj i dziś, Wydawnictwo Prohibita, Warszawa 2014.

Rybarski R., Bojkoty ekonomiczne, Księgarnia Gebethnera, Kraków 1916.

Rybarski R., Naród jednostka i klasa, Nakładem Gebethnera i Wolfa, Kraków 1926.

Rybarski R., Przyszłość gospodarcza Polski, Zakłady Graficzne Konarzewskiego, Warszawa 1933.

Rybarski R., System ekonomii politycznej. Psychologia społeczno-gospodarcza, Wydawnictwo Kasy im. Mianowskiego, Warszawa 1939.

Shimp T., Sharma S., Consumer ethnocentrism: construction and validation of the CETSCALE, Journal of Marketing Research, No 27, August 1987.

Skopiec D., Adekwatność poziomu i struktury rezerw dewizowych Chin, „Studia Ekonomiczne", 2016.

Służebnica Boża Jadwiga z Działyńskich Zamoyska mówi do nas, „Scriptor", Gniezno 2013.

Sobczak K., Czynniki sukcesu małych i średnich przedsiębiorstw z kapitałem polskim i zagranicznym — analiza porównawcza, Wydawnictwo Uniwersytetu Ekonomicznego w Poznaniu, Poznań 2014.

System Filipiaka, „Gazeta Bankowa", 2015, nr 4.

Szołtun A., Systemy bankowe w Azji Południowo-Wschodniej, „Materiały i Studia", 2002, nr 3.

Szromnik A., Wolanin-Jarosz E., Etnocentryzm konsumencki na zglobalizowanym rynku — czynniki i procesy kształtowania cz. 1, „Marketing i Rynek", 2014, nr 4.

Szromik A., Wolanin-Jarosz E., Diagnoza etnocentryzmu konsumenckiego Polaków z wykorzystaniem metody CETSCALE, „Konsumpcja i Rozwój", 2013, nr 1.

Świder W., Patriotyzm konsumencki — oddolna inicjatywa odbudowy kapitału polskiego, „Pieniądze i Więź", 2016, nr 1.

Trojanowski W., Matka wszystkich korporacji, „Opcja na prawo", 2017, nr 2.

Wolanin-Jarosz E., Etnocentryzm w środowisku międzynarodowym — studium rynkowe Euroregionu Karpackiego, Difin, Warszawa 2015.

Wyszyński S., Homilia wygłoszona podczas uroczystości świętego Stanisława w Krakowie w dniu 12 maja 1974 roku.

Wywiad z Januszem Filipiakiem, „Gazeta Bankowa", 2015, nr 4.

Z dziejów polskiego patriotyzmu, pod red. J. Kloczkowskiego, Ośrodek Myśli Politycznej, Kraków 2007.

Zaborowski J., Profesor Roman Rybarski (wspomnienie), Studia Iuridica 1993, t. XXV.

Zaleska M., Patriotyzm może przynieść wymierne korzyści, „Rzeczpospolita" z dnia 23 czerwca 2016 roku.

Zaręba S. H., Niedźwiedź A., Quo vadis universitas?, Wyd. Uniwersytetu Kardynała Stefana Wyszyńskiego, Warszawa 2016.

Zaufanie społeczne jako nowoczesna forma patriotyzmu i obywatelskości, pod red. S. Rudnickiego, Wyd. Wyższa Szkoła Europejska im. ks. Józefa Tischnera, Kraków 2008.

Zweig J., Twój mózg, twoje pieniądze, Edit Biznes, Warszawa 2010.

Żyro T., Wstęp do politologii, Wydawnictwo PWN, Warszawa 2010.

SPIS WYKRESÓW

Wykres 1: Badania na temat patriotyzmu Polaków w 2014 roku.
Wykres 2: Wyniki sondażu CBOS w odpowiedzi na pytanie, za kogo uważają się nasi rodacy.
Wykres 3: Opinie Polaków na temat przyjmowania uchodźców (fundusze unijne).
Wykres 4: Opinie Polaków na temat przyjmowania uchodźców (badanie odnośnie do członkostwa w UE).
Wykres 5: Badania ankietowe na temat społecznej odpowiedzialności polskich małych i średnich przedsiębiorstw.
Wykres 6: Cele przedsiębiorstwa w wybranych krajach.
Wykres 7: Wynagrodzenia a liczebność rodziny pracownika w wybranych krajach.
Wykres 8: Zatrudnianie pracowników a staż pracy w wybranych krajach.
Wykres 9: Opodatkowanie polskich i zagranicznych firm za lata 2014– –2015.
Wykres 10: Wielkość podatku CIT w 2015 roku zapłacona przez 5 polskich największych płatników.
Wykres 11: Wielkość podatku CIT w 2015 roku zapłacona przez 5 zagranicznych największych płatników.
Wykres 12: Wartości korporacyjne instytucji finansowych w wybranych krajach.
Wykres 13: Zaufanie wśród Polaków w latach 2002–2008.
Wykres 14: Zaufanie Polaków wśród rodzin, znajomych i sąsiadów w latach 2002–2008.
Wykres 15: Zaufanie do banków ze strony ich klientów (stan na 2016 rok).
Wykres 16: Preferencje zakupowe polskich konsumentów.
Wykres 17: Pochodzenie produktów a skłonność do zakupów.
Wykres 18: Patriotyzm konsumencki a poczucie tożsamości narodowej.

Wykres 19: Determinanty wyboru sieci handlowej Biedronka przez polskich konsumentów.
Wykres 20: Wykorzystanie polskich nazw do promocji produktów.
Wykres 21: Cechy polskich instytucji finansowych.
Wykres 22: Czynniki wyboru usług finansowych przez polskich konsumentów.
Wykres 23: Identyfikacja Polaków ze sprawami swojej ojczyzny.
Wykres 24: Gotowość Polaków do poświęceń względem ojczyny.
Wykres 25: Poczucie dumy narodowej wśród Polaków.
Wykres 26: Definicja prawdziwego patriotyzmu Polaków.
Wykres 27: Struktura własnościowa polskiej gospodarki (stan na koniec 2015 roku).
Wykres 28: Liczebność, zatrudnienie i przychody ze sprzedaży podmiotów gospodarczych działających w Polsce.
Wykres 29: Struktura branżowa sektora MSP działającego w Polsce na tle grupy 9 krajów UE (Niemcy, Francja, Wlk. Brytania, Hiszpania, Włochy, Czechy, Węgry, Rumunia i Słowacja).
Wykres 30: Wzrost wartości dodanej małych, średnich i dużych firm na tle realnego tempa PKB w Polsce w latach 2005–2014 w %.
Wykres 31: Udział kapitału zagranicznego w sektorze bankowym danego kraju (stan na koniec 2009 roku).
Wykres 32: Udział kapitału zagranicznego w sektorze bankowym w Polsce w %.
Wykres 33: Wydatki na badania i rozwój jako % PKB w wybranych krajach w 2015 roku.
Wykres 34: Struktura branżowa generowanych przychodów Listy 500 przedsiębiorstw.
Wykres 35: Największe banki świata wg aktywów w bln USD (stan na koniec 2015 roku).
Wykres 36: Dynamika kredytów wybranych banków w Polsce w latach 2009–2010 w %.

Wykres 37: Ranking ważności miejsca wytwarzania produktu w pkt.
Wykres 38: Znaczenie pochodzenia produktu przy zakupach Polaków.
Wykres 39: Znaczenie miejsca wytwarzania produktu przy zakupach Polaków.
Wykres 40: Stopień etnocentryzmu a wiek konsumentów.
Wykres 41: Stopień etnocentryzmu a miejsce zamieszkania konsumentów.
Wykres 42: Stopień etnocentryzmu a sytuacja finansowa konsumentów.
Wykres 43: Preferencje produktów żywnościowych wg ich pochodzenia.
Wykres 44: Opinie Polaków na temat motywów polskości w reklamach.
Wykres 45: Symbole polskości w oczach naszych rodaków.
Wykres 46: Przesłanki patriotyczne w reklamach produktów
Wykres 47: Opinie głównych partnerów gospodarczych o Polsce.
Wykres 48: PKB per capita wg parytetu siły nabywczej w wybranych krajach w USD.
Wykres 49: Różnica między PNB a PKB w wybranych krajach jako % PKB.
Wykres 50: Luka podatku VAT w wybranych krajach.
Wykres 51: Rezerwy walutowe w wybranych krajach.
Wykres 52: Międzynarodowa pozycja inwestycyjna netto w wybranych krajach.
Wykres 53: Aktywa największych exim banków świata.
Wykres 54: Wartość rynkowa 100 największych korporacji międzynarodowych w latach 2009–2016 w bln USD.
Wykres 55: Rodzaje mediów i ich udział w wydatkach na reklamę (stan na koniec 2016 roku).
Wykres 56: Dynamika wydatków na reklamę w poszczególnych mediach w Polsce.
Wykres 57: Odsetek osób korzystających z Internetu w wybranych krajach (stan na koniec 2016 roku).
Wykres 58: Odsetek osób korzystających z Internetu wg wieku (stan na koniec 2016 roku).

Wykres 59: Odsetek osób korzystających z Internetu w ciągu tygodnia w latach 2004–2015.

Wykres 60: Wydatki na reklamę zagranicznych sieci handlowych działających w Polsce.

Wykres 61: Poparcie własnej waluty w wybranych krajach (stan na koniec lutego 2017 roku).

Wykres 62: Liczba polskich banknotów w obiegu na koniec II kwartału 2017 roku w mln sztuk.

Wykres 63: Liczba polskich monet w obiegu na koniec II kwartału 2017 roku w mln sztuk.

Wykres 64: Zaufanie do banków komercyjnych i Narodowego Banku Polskiego w % (2015 r.).

Wykres 65: Relacja podaży pieniądza do PKB w wybranych krajach (w 2016 r.).

Wykres 66: Roczna stopa inflacji w Japonii w latach 2003–2017 w %.

Wykres 67: Udział poszczególnych walut w obrotach na światowym rynku walutowym w % (wg par walutowych) w 2016 roku.

Wykres 68: Zainteresowanie banków centralnych wykorzystywaniem akcji spółek w polityce monetarnej.

Wykres 69: Pozabankowe formy pozyskiwania kapitałów przez przedsiębiorstwa w 2015 roku w mld zł.

Wykres 70: Struktura aktywów polskiego rynku finansowego w mld zł (stan na koniec 2016 roku).

Wykres 71: Obroty na giełdzie warszawskiej w mld zł (stan koniec 2016 roku).

Wykres 72: Kapitalizacja giełdy warszawskiej w latach 2013–2016.

Wykres 73: Liczba klientów domów maklerskich w Polsce w latach 2013–2016.

Wykres 74: Liczba spółek krajowych i zagranicznych notowanych na giełdzie warszawskiej.

Wykres 75: Akcjonariat giełdy warszawskiej na koniec lipca 2017 roku.

Wykres 76: Aktywa OFE z podziałem na polskie i zagraniczne.

Wykres 77: Notowanie indeksu WIG 20 w latach 2007–2017.

Wykres 78: Branżowa struktura polskiego PKB w % w 2016 roku.

Wykres 79: Udział poszczególnych sieci handlowych na polskim rynku w kategorii „spożywcze" w % (stan na koniec 2016 roku).

Wykres 80: Udział poszczególnych sieci handlowych na polskim rynku w kategorii „dom i ogród" w % (stan na koniec 2016 roku).

Wykres 81: Udział poszczególnych sieci handlowych na polskim rynku w kategorii „drogerie" w % (stan na koniec 2016 roku).

Wykres 82: Przychody ze sprzedaży poszczególnych sieci handlowych na rynku produktów żywnościowych i drogeryjnych na Węgrzech w 2010 roku.

Wykres 83: Struktura sprzedaży poszczególnych produktów w sieciach handlowych w Polsce w 2015 roku w %.

Wykres 84: Zaufanie Polaków do sieci handlowych w 2016 roku w %.

Wykres 85: Przychody ze sprzedaży sieci handlowych w Polsce na koniec 2015 roku (w mln zł).

Wykres 86:. Struktura akcjonariatu banku PEKAO S.A.

Wykres 87: Skłonność do emigracji Polaków w latach 2010–2016 (w %).

Wykres 88: Kraje emigracji zarobkowej naszych rodaków w 2016 roku (w %).

Wykres 89: Emigracja Polaków wg grup społeczno-zawodowych w 2016 roku (w %).

Wykres 90: Największe skupiska Polaków na świecie w tys. osób.

Wykres 91: Czynniki powodujące emigrację Polaków.

Wykres 92: Długość pobytu Polaków za granicą.

Wykres 93: Program 500+ a skala biedy w Polsce w 2016 roku.

Wykres 94: Dzieci wg miejsca zamieszkania korzystające z programu 500+.

Wykres 95: Czynniki, które sprzyjały odzyskaniu przez Polskę niepodległości w 1918 roku.

Wykres 96: Wydatki na edukację w wybranych krajach UE jako % PKB (stan na 2014 r.).

Wykres 97: Sposoby promocji patriotyzmu poprzez historię Polski.

Wykres 98: Koncepcja dzisiejszego patriotyzmu Polaków.

Wykres 99: Wydarzenia historyczne, z których Polacy są dumni w % (badania z 2016 roku).

Wykres 100: Jakie wartości cenią sobie Polacy (grudzień 2015 r.).

Wykres 101: Z których Polaków jesteśmy dumni w % (badania z 2016 roku).

Wykres 102: Jakie wartości są najważniejsze dla kobiet w % (maj 2008 r.).

Wykres 103: Aktywność poszczególnych szkół w projektach „Akademii Nowoczesnego Patriotyzmu".

Wykres 104: Obecność języka angielskiego w reklamach telewizyjnych wybranych produktów w 2013 roku.

Wykres 105: Odsetek gospodarstw rolnych chcących kupić ziemię w % (wrzesień 2016 rok).

Wykres 106: Najcenniejsze marki świata.

Wykres 107: Premie prezesów wybranych amerykańskich spółek w 2010 roku.

Wykres 108: Wiara w Boga zdaniem Polaków w 2015 roku.

Wykres 109: Wyznania religijne Polaków w 2012 roku.

Wykres 110: Cechy największych korporacji międzynarodowych.

Wykres 111: Typy korporacji w zależności od dywidendy w 2005 roku.

Wykres 112: Przychody największych firm medialnych w 2014 roku.

Wykres 113: Co Polacy sądzą o mediach w 2017 roku.

Wykres 114: Stopy zwrotu z funduszy Arka „Akcji Polskich" w %.

Wykres 115: Liczba przepracowanych godzin przez pracowników w wybranych krajach w 2015 roku.

Wykres 116: Skuteczność wybranych grup leków sprzedawanych przez korporacje farmaceutyczne.

Wykres 117: Czynniki podejmowania studiów wyższych przez młodych Polaków w % (styczeń 2013 rok).

Wykres 118: Najważniejsze wartości w życiu Polaków w % (2013 r.).
Wykres 119: Formy rodziny preferowane przez Polaków w 2013 roku w %.
Wykres 120: Współczynnik dzietności w wybranych krajach europejskich w 2015 roku.
Wykres 121: Stosunek Polaków do programu 500+ na początku 2016 roku.
Wykres 122: Stosunek Polaków do programu 500+ w marcu 2017 roku.
Wykres 123: Odsetek rozwodów w wybranych krajach europejskich w 2015 roku (w %).
Wykres 124: Cechy firm rodzinnych zdaniem Polaków w 2015 roku (w %).
Wykres 125: Skłonność Polaków do zakupu produktów firm rodzinnych w 2015 roku (w %).
Wykres 126: Gotowość ponoszenia przez Polaków większych wydatków na zakupy produktów firm rodzinnych w 2015 roku (w %).
Wykres 127: Wspólnicy firm rodzinnych w Polsce w 2015 roku (w %).
Wykres 128: Udział firm rodzinnych w gospodarce globalnej w 2015 roku (w %).
Wykres 129: Udział w kapitalizacji spółek rodzinnych poszczególnych kontynentów i regionów w 2015 roku.

SPIS ZDJĘĆ

Zdjęcie 1: Członkowie Rady Polityki Pieniężnej IV kadencji.
Zdjęcie 2: Baner reklamujący stronę „Swój do swego po swoje".
Zdjęcie 3: Baner reklamujący stronę „Swojaka".
Zdjęcie 4: Baner reklamujący lokowanie pieniędzy w polskich bankach.
Zdjęcie 5: Baner pokazujący, które produkty są polskie, a które zagraniczne.
Zdjęcie 6: Baner reklamujący spędzanie wakacji w Polsce.

Zdjęcie 7: Baner reklamujący potrzebę promocji polskiej gospodarki.
Zdjęcie 8: Rola kapitału niemieckiego w mediach.
Zdjęcie 9: Struktura własnościowa prasy lokalnej w naszym kraju.
Zdjęcie 10: Plakat promujący konkurs „Korzyści posiadania przez Polskę własnej waluty".
Zdjęcie 11: Baner reklamujący sklepy kapitałowo polskie.
Zdjęcie 12: Oficjalny logotyp „Akademii Nowoczesnego Patriotyzmu".

SPIS TABEL

Tabela 1: Zestawienie podatku dochodowego z przychodami firm polskich i zagranicznych za lata 2014–2015.
Tabela 2: Lista spółek należących do indeksu Respect (stan na 29 czerwca 2017 r.).
Tabela 3: Udział konsumpcji prywatnej w PKB oraz PKB per capita w wybranych krajach.
Tabela 4: Struktura własnościowa wybranych banków komercyjnych działających w Polsce.
Tabela 5: Badania pracowników banków działających w Polsce: Czy sądzi Pani/Pan, że Polska powinna przystąpić do strefy euro i zastąpić polskiego złotego walutą euro? Odpowiedzi w %:
Tabela 6: Lista polskich podmiotów gospodarczych należących do Klubu Partnera przy Uniwersytecie Ekonomicznym w Poznaniu.

SPIS RYSUNKÓW

Rysunek 1: Mapa Polski w okresie międzywojennym.
Rysunek 2: Mapa współczesnej Polski.